PM Project Management
ツールの実践的活用法

さまざまな課題に挑戦するPMたち

編著：
PMI日本支部
［PMツールの実践的活用］プロジェクト

鹿島出版会

PMI、PMP、PMBOK、OPM3 は、プロジェクトマネジメント協会(PMI)の登録商標です。
ITIL は、英国政府 Office of Government Commerce(OGC)の登録商標です。

はじめに

　かつて経営の主流は、大量生産・大量販売に代表される定常業務でした。しかし、経営環境や市場がめまぐるしく変化する近年の状況下で、経営の本流にプロジェクト型の取り組みが必須になりました。プロジェクト・マネジャー（PM）は、単に現場プロジェクトの進捗を担うだけではなく、経営と現場をつなぐ役割を期待されています。プロジェクトマネジメント協会（PMI）では、そのニーズに対応して、プロジェクトマネジメント知識体系ガイド第4版（以下PMBOK® ガイドと呼ぶ）やプログラムマネジメント標準など、プロジェクトマネジメントに必要なさまざまな知識を体系化した標準を整備しています。

　一方、品質マネジメント、調達システム、スケジューリング、その他の分野で数多くのマネジメント・ツールが開発されており、プロジェクトマネジメントの分野でも、それらを含む多くのプロジェクトマネジメント・ツール（以下PMツールと呼ぶ）が活用されています。

　プロジェクトに関わる人々は、その目的を共有し同じベクトルをもって活動するものの、立場、専門スキル、経験の異なるさまざまなステークホルダーが集結するため、コミュニケーションがきわめて重要な知識エリアだと言われています。それ故に、プロジェクトマネジメントは人に依存せざるを得ない性質があり、その成功は参加するメンバーに大きく左右されます。この問題を解決する方法の1つが「PMツールの有効活用」です。つまり、企業活動の中にあるプログラムやプロジェクトでは、「PMツールの有効活用は、メンバー間に円滑な意思疎通（コミュニケーション）をもたらし、プロジェクトを成功に導く」ものと言えます。

　本書では、製造業界に生きるある中規模の企業が、経営の危機的状況を打開するために行う『業務改革プログラム』を題材にして、PMツールの活用により問題解決に当たる姿を物語風にまとめています。プログラム発足の状況や、その中で実施されるITプロジェクトについて、通常のセオリーに沿ったツールの使い方だけではなく、一風変わった使い方を工夫するPMも登場します。

　経営から現場まで広く視野に納め、今日的なプロジェクトマネジメントを実践する観点から各PMツールの実践的な活用法を解説することを試みました。プロジェクトを経験の浅い若手PMには座右の教材として、熟練PMには、ある種の振り返りのきっかけにしていただければと思う次第です。本書をお楽しみいただき読者のみなさまの何らかの「気付き」になれば、執筆者一同この上ない喜びです。

本書に登場する会社と登場人物

　本書は、電子部品を製造販売する中堅メーカー（XYZ 電子株式会社：略称 XYZ 社）が、世界的経済不況のあおりを受けて急激に悪化した業績を立て直すために、社運をかけて実施する大規模な『業務改革プログラム』の様子を描いています。その中で登場する XYZ 社の関係者、協力会社の面々（各々のプロジェクト・マネジャー）が、さまざまな難題に対して「PM ツール」を使って解決していく様子を、62 のエピソードとして紹介しています。

　『業務改革プログラム』傘下の 3 つのシステム開発プロジェクトは、PMI 日本支部編（2009）『戦略的 PMO －新しいプロジェクトマネジメント経営』（オーム社）に登場したシステム・インテグレータ ABC 社がプライム・コントラクタとして受注し、『戦略的 PMO』で活躍した社員がそれぞれの役割で再登場します。

● XYZ 電子株式会社の登場人物

登場人物	所属／役職	関わり方
岡田室長	経営企画室 室長 （PG 推進室 室長）	『業務改革プログラム』の発足とともに、プログラム・マネジャーに着任（経営企画室 室長の任を解かれ、プログラムに専念する。）後に『業務改革プログラム推進室』（PG 推進室）の室長になり、プログラムを指揮する。
中沢課長	生産管理部生産計画課　担当課長	S&OP プロジェクトの PM
川島部長	生産管理部 担当部長	SCM プロジェクトの PM
遠藤部長	技術管理部 担当部長（女性）	PLM プロジェクトの PM
本田部長	情報システム部 担当部長	IT センター・プロジェクトの PM
大熊	経営企画室	『業務改革プログラム』メンバーの PM
小倉	（PG 推進室）	後に PG 推進室に異動する。

● 協力会社とその登場人物

協力会社	登場人物	役割	関わり方
ABC ソリューションズ社			システム開発会社（SIer）。S&OP プロジェクト、SCM プロジェクト、PLM プロジェクトの 3 つのプロジェクトをプライムで受注する。
	北島	PMO マネジャー	ABC 社全体の PMO マネジャー、標準 PMO の立場で支援
	谷	統括 PM	ABC 社が受注した以下のプロジェクトの統括 PM 開発部門　部長
	谷本	PM（若手）	S&OP プロジェクトの PM を担当
	楢崎	PM（中堅）	SCM プロジェクトの PM を担当
	玉田	メンバー	楢崎 PM の下で SCM プロジェクトに参加 システム開発を担当する開発責任者
	長谷部	PM（ベテラン）	PLM プロジェクトの PM を担当
	駒野	メンバー	長谷部 PM の下で PLM プロジェクトに参加 新製造装置の調整を実施する開発責任者
DEF システム開発社			ABC 社の協力会社。小規模システム開発を専門とする高品質技術集団。
	稲本	PM（ベテラン）（女性）	ABC 社の谷氏の依頼で、プロジェクトに参加。ABC 社を支援。
	大久保	メンバー（女性）	稲本 PM の下で、S&OP プロジェクトに参加。ベテラン SE
GHI 製造設備社			製造装置メーカー。新しい装置を XYZ 社より受注し、生産システムを ABC 社と共同で開発する。
	長友	製造責任者（PM）	XYZ 社の PLM プロジェクトに参加。PM の役割を果たす。
	岡崎	メンバー	長友 PM の下で PLM プロジェクトに参加。製造部門の責任者。
JKL システムインフラ社			システム基盤構築ベンダー。IT センター・プロジェクトを受注する。
	松井	PM（ベテラン）	XYZ 社の IT センター・プロジェクトの PM を担当。
	森本	メンバー	松井 PM の下で、XYZ 社のプロジェクトに参加。構築リーダー。
MNO システムサービス社			アウトソーシング会社。XYZ 社の IT センター運用業務を受託する。
	マルクス	PM（中堅）	XYZ 社の本田部長の下で、IT センター・プロジェクトの PM を担当。
PQR コンサルティング社			コンサルタント会社。XYZ 社「PG 推進室」に加わり『業務改革プログラム』を立ち上げる。
	中村部長	プログラム・マネジャー補佐	XYZ 社の『業務改革プログラム』の立上げに向けて、PG 推進室を支援

本書で紹介するエピソードと PM ツールについて

　本書は、個々の PM ツールそのものを解説した専門書ではありません。第 1 章から始まるエピソードは、その場面ごとに登場する PM ツールの活用の仕方を説明しています。2 年間にわたる物語に登場するさまざまな立場の PM たちが、様々な事態に遭遇し、その状況に最適な PM ツールを活用して難関を切り抜ける様子を紹介しています。

　本書に登場する PM ツールは、それぞれのエピソードごとに 1 つというわけではありません。1 つのエピソードに複数の PM ツールを紹介していたり、同じ PM ツールが複数のエピソードに登場したりしています。これは PM ツールの活用方法がフレキシブルで如何ようにも応用ができるからです。

　本書の図表で紹介している PM ツールは主として参考資料 [1] および [2] から引用していますが、お勧めする PM ツールをそれらに限定するものではありません。また、例示した PM ツールが必ずしもエピソードの内容を詳細に反映させたものではありません。紙面の関係上、簡略化されていることをご了承ください。本書をもとに、PM ツールの各種の専門書をご参考に、さまざまな PM ツールをみなさまの実践の現場に合うように独自の形態にテーラリングしてご活用ください。

　本文で登場するシステム開発会社である ABC 社、DEF 社は、いずれも自社に社内標準がありました。ABC 社では、PMO が導入され、品質向上と効率化を目指して PMO 標準ツールの活用を始めていました。しかし、ABC 社も DEF 社も自社の標準を必ずしもそのまま実践で活用するわけではありません。

　標準化の目的は、担当の PM の個性に依存しがちなプロジェクト管理手法を統一し、品質と効率を向上させることです。しかし実際のプロジェクトにあっては、標準を無理に当てはめようとすると、かえって歪みを生むこともあります。実践では標準に準拠しつつ、プロジェクトごとに臨機応変に修正しながら活用する術が必要です。

　本書に記述されたエピソードはまったくの創作で、実在の企業になんら関係がありません。また記述された内容（ビジネス環境や業務施策、システム機能や構成、プロジェクトの進め方など）について、その有用性や整合性を保証するものではありません。
PM ツールの活用については、一貫性や網羅性に制約されることなく、エピソードごとにいろいろなアイデアを提起していますので、読者のみなさまは、これを参照ケースとして、ご自身のケースに適合するよりよい解決策を見出していただきますようお願いいたします。

エピソードのタイトルの表示は、次の形式になっています。
エピソード番号．[会社名・プログラム／プロジェクト名] テーマ／PM ツール名
　（例）エピソード 1．[XYZ 社・業革] 環境の変化、新たな施策／戦略マップ

目　次

はじめに ……………………………………………………………………… iii
本書に登場する会社と登場人物 …………………………………………… iv
本書で紹介するエピソードとPMツールについて ……………………… vi

序章 …………………………………………………………………………… 1
　本書のストーリー …………………………………………………………… 1
　本書で扱うプログラム／プロジェクトの範囲 …………………………… 4
　　　column1　ポートフォリオ、プログラム、プロジェクト …………… 9

第1章　準備段階 ………………………………………………………… 11
　プロローグ（社運を賭けて） ……………………………………………… 11
　企画フェーズ ……………………………………………………………… 13
　　1.［XYZ社・業革］環境の変化、新たな施策／戦略マップ ………… 13
　　2.［XYZ社・業革］戦略目標からアクション・プラン立案／バランス・
　　　　スコアカード ……………………………………………………… 16
　　3.［XYZ社・業革］戦略に整合した優先度設定／ポートフォリオ …… 20
　　4.［XYZ社・業革］コンサルタントの選定／コンサルタント選定ガイド …… 23
　　企画フェーズを終えて …………………………………………………… 27
　構想フェーズ ……………………………………………………………… 28
　　5.［XYZ社・業革］効果的な情報伝達と情報共有／
　　　　電子メール利用ガイド …………………………………………… 28
　　6.［XYZ社・業革］ステークホルダーの特定／ステークホルダー登録簿 …… 33
　　7.［XYZ社・業革］効率的な会議運営／会議運営ガイド …………… 37
　　8.［PQR社・業革］プログラム・ベネフィットの認識／プログラム憲章 …… 40
　　9.［PQR社・業革］プログラム・ベネフィットへの道／
　　　　プログラム・ロードマップ ……………………………………… 44
　　10.［PQR社・業革］プログラム・レベルのリスク特定／リスク区分 …… 48
　　構想フェーズを終えて …………………………………………………… 52

第2章　計画段階 …… 53

計画フェーズⅠ（プログラム計画） …… 54

11. ［XYZ社・業革］プロジェクト・マネジャーの選任／選任ガイド …… 54
12. ［XYZ社・業革］プロジェクトの開始／プロジェクト憲章 …… 59
13. ［XYZ社・業革］商流・物流・金流・情報流の可視化／ステークホルダー関係図 …… 63
14. ［XYZ社・S&OP］業務・相互関係の可視化／ユースケース図 …… 67
15. ［XYZ社・S&OP］問題究明と課題定義　／問題分析ツール群 …… 70
16. ［XYZ社・S&OP］あるべき姿の創造／グループ発想技法 …… 74
17. ［XYZ社・S&OP］ビジネス要求の収集／要求事項文書 …… 77
18. ［XYZ社・S&OP］プロジェクト実現性の検討／WBS …… 81
19. ［XYZ社・S&OP］開発機能の優先順位付け／得点モデル …… 84
20. ［XYZ社・業革］SIerの選定／SIer選定ガイド …… 87
21. ［XYZ社・ITC］ITセンターのアウトソース先／提案依頼書 …… 91
22. ［XYZ社・ITC］リスクを抽出・分析／リスク・チェックリスト …… 95

計画フェーズⅠ（プログラム計画）を終えて …… 100

計画フェーズⅡ（プロジェクト計画） …… 101

23. ［ABC社・S&OP］PMO出動。若手PM抜擢／標準テンプレート …… 101
24. ［ABC社・S&OP］メンバーが集まらないリスク／SWOT分析 …… 104
25. ［ABC社・PLM］PMの任命／プロジェクトマネジメント計画書 …… 108
26. ［ABC社・SCM］納得できる見積金額／見積り手法 …… 113
27. ［JKL社・ITC］不確かなインフラ要件の確定／ヒアリングシート …… 117
28. ［JKL社・ITC］納品物確定・ゴールへの第一歩／スコープ記述書 …… 123
29. ［JKL社・ITC］コストを考慮したリスク対応計画／リスク登録簿 …… 127

計画フェーズⅡ（プロジェクト計画）を終えて …… 131

column2　実行段階で要件定義？ …… 132

第3章　実行段階 …… 133

構築フェーズⅠ（システム開発の開始） …… 134

30. ［ABC社・S&OP］進捗確認と報告頻度／モニタリング …… 134
31. ［ABC社・S&OP］相反する現場の要求／要求事項トレーサビリティ・マトリックス …… 137
32. ［ABC社・SCM］変更のコントロール／変更管理フロー …… 142
33. ［ABC社・SCM］プロジェクト進捗把握／マイルストーン分析 …… 146

34. ［JKL社・ITC］成果物に関する顧客合意のための立脚点／アーンド・
バリュー分析 ………………………………………………………… 150
35. ［ABC社・S&OP］標準遵守と実践での変更／標準テンプレート ………… 154
36. ［ABC社・SCM］的確なリスク・コントロール／リスク登録簿 ………… 157
37. ［JKL社・ITC］決まらぬ設計を裁定／重み付け得点法 ………………… 162
38. ［JKL社・ITC］海外との共同作業の留意点／品質マネジメント計画書 … 166
39. ［GHI社・PLM］短納期への対応／CPMダイアグラム ………………… 170
40. ［XYZ社・業革］予期せぬ工場統廃合の激震／影響確認リスト ………… 174
41. ［XYZ社・業革］戦略に整合した優先度見直し／ポートフォリオ ……… 177
構築フェーズIの中断（工場統廃合によるプログラム変更）………………… 179
　　column3　工場閉鎖と雇用の問題 ……………………………………… 180

第4章　実行段階（2）………………………………………………… 181

構築フェーズIの再スタート（変更の受入れ、再開発）…………………… 183
42. ［DEF社・S&OP］品質保証の責任範囲／品質保証フロー ……………… 183
43. ［DEF社・S&OP］あいまいな作業範囲の決定／スコープ記述書 ……… 188
44. ［DEF社・S&OP］急激なスタート、社内の絆／バー・チャート ……… 193
45. ［DEF社・S&OP］短期プロジェクトの見積即答／類推見積り ………… 197
46. ［ABC社・SCM］トラブル原因の深堀／特性要因図 …………………… 200
47. ［JKL社・ITC］品質の継続確認／品質改善ロードマップ ……………… 204
48. ［GHI社・PLM］不安要素が残る見直し／予定・実績管理 …………… 208
49. ［ABC社・PLM］人員（リソース）の見直し／スキル・マトリックス … 213
50. ［DEF社・S&OP］要求が収束しない追加開発／課題管理表 …………… 217
51. ［GHI社・PLM］リスク対応計画で発生を予防／リスク分析 ………… 220
52. ［DEF社・S&OP］作業追加でもスケジュールを死守／クラッシング …… 224
53. ［GHI社・PLM］他案件の納品対応による影響／リソース管理 ……… 228
54. ［ABC社・PLM］作業工程の見直し／ファスト・トラッキング ……… 232
55. ［JKL社・ITC］必要な人材の見積り／コスト・ベースライン ………… 236
構築フェーズI（変更の受入れ、再開発）を終えて ………………………… 240
　　column4　プロジェクト／プログラムでのリスク・マネジメントとERM… 241
構築フェーズII（システム・テスト）………………………………………… 242
56. ［JKL社・ITC］パフォーマンスの壁／討議ガイド …………………… 242
57. ［ABC社・S&OP］運用テストの役割見直し／ワークパッケージ ……… 246
58. ［ABC社・PLM］予想を超えた障害発生／原因分析 …………………… 250

構築フェーズⅡ（システム・テスト）を終えて ……………………………… 255
　移行フェーズ ……………………………………………………………………… 256
　　59.［ABC社・S&OP］移行の盲点、実は多様な利用現場／移行計画書 ……… 256
　　　移行フェーズを終えて ………………………………………………………… 259

第5章　運用段階 …………………………………………………………… 261

　運用フェーズ ……………………………………………………………………… 262
　　60.［XYZ社・ITC］ITIL® 運用の開始／品質改善ロードマップ …………… 262
　　　運用フェーズについて ………………………………………………………… 265
　　　　column5　ITIL® による運用について ………………………………… 266
　継続的改善フェーズ ……………………………………………………………… 267
　　61.［ABC社・S&OP］活かせこの経験、教訓の継承／教訓の知識ベース …… 267
　　62.［XYZ社・業革］プログラムの終結／プログラム終結報告書 …………… 272
　　　継続的改善フェーズについて ………………………………………………… 278
　　　エピローグ ……………………………………………………………………… 279

終章 ………………………………………………………………………………… 281

　　『業務改革プログラム』を終えて ……………………………………………… 281

おわりに ………………………………………………………………………… 283

　付録 ………………………………………………………………………………… 285
　　A.　XYZ電子株式会社の概要 …………………………………………………… 285
　　B.　『業務改革プログラム』の構成要素 ………………………………………… 291
　　C.　本文のエピソードと知識エリアの関連 …………………………………… 298
　参考文献 …………………………………………………………………………… 300
　用語説明 …………………………………………………………………………… 301
　　経営／業務関連用語 ……………………………………………………………… 301
　　プロジェクトマネジメント関連用語 …………………………………………… 302
　　ITシステム開発関連、その他 …………………………………………………… 302
　索引 ………………………………………………………………………………… 304

図表目次

図 01　プログラムの各段階 …………………………………………………………… 4
図 02　『業務改革プログラム』の体制 ……………………………………………… 5
図 03　S&OP プロジェクトの体制 …………………………………………………… 6
図 04　SCM プロジェクトの体制 ……………………………………………………… 6
図 05　PLM プロジェクトの体制 ……………………………………………………… 7
図 06　IT センター・プロジェクトの体制 ………………………………………… 8
表 01　XYZ 社の経営状況 ……………………………………………………………… 1
図 1　戦略マップ ……………………………………………………………………… 15
図 2　戦略マップ（業務改革追加後）……………………………………………… 15
図 3　ポートフォリオ（バブル・チャート）……………………………………… 22
図 4　コミュニケーションの基本モデル ………………………………………… 30
図 5　ステークホルダー関係図 (1) ………………………………………………… 35
図 6　ステークホルダー分析グリッド (1) ………………………………………… 35
図 7　キャッシュフロー ……………………………………………………………… 46
図 8　『業務改革プログラム』および管理ベネフィットのロードマップ …… 47
図 9　ステークホルダー関係図 (2) ………………………………………………… 64
図 10　ステークホルダー関係図 (3) ………………………………………………… 65
図 11　ユースケース図（販売管理システム）…………………………………… 69
図 12　S&OP プロジェクトにおける WBS ………………………………………… 83
図 13　提案依頼書（RFP）…………………………………………………………… 93
図 14　サービスレベル合意書（SLA）……………………………………………… 94
図 15　XYZ 社標準リスク・チェックリスト ……………………………………… 97
図 16　リスク登録簿 (1) ……………………………………………………………… 98
図 17　マスター・スケジュール …………………………………………………… 111
図 18　類推見積り／係数見積り／ボトムアップ見積り ……………………… 115
図 19　ヒアリングシート …………………………………………………………… 120
図 20　アンケート …………………………………………………………………… 121
図 21　スコープ記述書の項目 ……………………………………………………… 125
図 22　WBS (1) ………………………………………………………………………… 125
図 23　リスク登録簿 (2) …………………………………………………………… 129
図 24　モニタリング（管理図）…………………………………………………… 136
図 25　ステークホルダー分析グリッド (2) ……………………………………… 139
図 26　変更管理フロー ……………………………………………………………… 144

図 27	S カーブで表現されたコスト・ベースライン	148
図 28	マスター・スケジュール（バー・チャート）	152
図 29	アーンド・バリュー分析	152
図 30	論理的順序関係付バー・チャート（スケジュール差異分析の報告例）	152
図 31	変更要求票	156
図 32	リスク登録簿（3）	159
図 33	重み付け得点法	164
図 34	品質マネジメント計画書（責任分担マトリックス部分）	168
図 35	CPM ダイアグラム	172
図 36	品質保証フロー	186
図 37	スコープ記述書	190
図 38	WBS（2）	191
図 39	マイルストーン・チャート	195
図 40	バー・チャート	195
図 41	類推見積り	198
図 42	特性要因図	202
図 43	パレート図	202
図 44	品質改善ロードマップ（1）	206
図 45	WBS（3）	210
図 46	予定・実績管理（詳細スケジュールによる管理）	211
図 47	プロジェクトのスキル・マトリックス	215
図 48	発生確率・影響度マトリックス	222
図 49	リスク登録簿（4）	222
図 50	クラッシング	226
図 51	リソース管理	230
図 52	ファスト・トラッキング	234
図 53	コスト計画の見直し（ボトムアップ見積り）	238
図 54	コスト・ベースライン	238
図 55	討議ガイド	244
図 56	XYZ 社におけるワーク・パッケージ	248
図 57	特性要因図	252
図 58	品質チェックリスト	253
図 59	移行計画書（抜粋）	258
図 60	品質改善ロードマップ（2）（継続的サービス改善プロセスとのリンク）	264
図 61	教訓の整理方法	269
図 62	プログラム状況報告書	274
図 63	BSC と管理ベネフィットの確認	275
図 64	プログラム・ロードマップと管理ベネフィット	275

図 65	見直し後のキャッシュフロー		275
図 66	プログラム終結報告書		276

表 1	バランス・スコアカード		18
表 2	バランス・スコアカード（業務改革追加後）		18
表 3	コンサルタント選定ガイド		25
表 4	各種ツールの活用ガイド（電子メール利用ガイドなど）		30
表 5	ステークホルダー登録簿		34
表 6	会議運営ガイド		39
表 7	プログラム憲章を構成する要素		42
表 8	『業務改革プログラム』プログラム憲章		42
表 9	『業務改革プログラム』のBSCとベネフィット		46
表 10	管理ベネフィットの定義		47
表 11	プログラム・リスク区分		49
表 12	プログラム・リスク一覧		50
表 13	プロジェクト・マネジャーの選任ガイド		56
表 14	プロジェクト・マネジャー候補の評価方法		57
表 15	プロジェクト憲章の項目		61
表 16	ニーズや要求事項を調査する各種PMツール群		72
表 17	優先順位を付ける各種PMツール群		72
表 18	グループ意思決定技法		72
表 19	グループ発想技法		75
表 20	各部門から提案された要求事項（Howで整理）		79
表 21	各部門から提案された要求事項（Whyで整理）		80
表 22	既存機能　対　新規開発　比較表（得点モデル）		86
表 23	SIer選定ガイド		89
表 24	PMOの主な機能		102
表 25	要員計画		105
表 26	ABC社のS&OPプロジェクト要員一覧		106
表 27	要員に関するSWOT抽出		106
表 28	要員に関するSWOT分析		107
表 29	プロジェクトマネジメント計画書の項目		111
表 30	確認項目表		139
表 31	要求事項トレーサビリティ・マトリックス		140
表 32	プログラム変更の影響確認リスト		175
表 33	課題管理表		219
表 34	プロジェクト・レベルの教訓		269
表 35	プログラム・レベルの教訓		270

表36　ABC社 パッケージ・カスタマイズに関する教訓知識ベース …………………… 270
表37　スコープマネジメント計画書 …………………………………………………… 271

『業務改革プログラム』のコンポーネント ……………………………………………… 281

付図1　組織図 …………………………………………………………………………… 287
付図2　事業形態（第59期10月『業務改革プログラム』開始時）………………… 288
付図3　事業形態（第61期7月『業務改革プログラム』終結時予定）…………… 288
付図4　事業所の配置（本社、工場、販社、ITセンター）………………………… 289
付図5　新ITセンターの概要 ………………………………………………………… 290
付図6　『業務改革プログラム』の全体像 …………………………………………… 291
付図7　単一フェーズのプロジェクト・ライフサイクル ………………………… 292
付図8　S&OPプロジェクトのライフサイクル …………………………………… 292
付図9　SCMプロジェクトのライフサイクル ……………………………………… 293
付図10　PLMプロジェクトのライフサイクル ……………………………………… 293
付図11　ITセンター・プロジェクトのライフサイクル …………………………… 294
付図12　体制図（XYZ社：プログラム発足）……………………………………… 294
付図13　体制図（XYZ社：プロジェクト発足）…………………………………… 295
付図14　体制図（SIer：プロジェクト体制）……………………………………… 295
付図15　マスター・スケジュール …………………………………………………… 296

付表1　XYZ社 会社概要 ……………………………………………………………… 285
付表2　沿革 ……………………………………………………………………………… 285
付表3　事業所 …………………………………………………………………………… 286
付表4　プロジェクトマネジメント知識エリアとの対応 …………………………… 298

序 章

本書のストーリー

＞ XYZ社の経営状況

表01　XYZ社の経営状況

（億円）	第54期	第55期	第56期	第57期	第58期	第59期上期
売上高	390	410	460	560	520	180
売上原価	291	308	347	431	408	145
（原価率）	75%	75%	76%	77%	79%	81%
売上総利益	99	103	113	129	112	35
販売費および一般管理費	78	82	87	106	115	47
（販管費率）	20%	20%	19%	19%	26%	26%
営業利益	21	21	25	22	－3	－12

　XYZ社グループは60年の歴史を持つ電子部品メーカーです。主な製品は、抵抗器、コンデンサ、バリスタ、LEDなどのコンポーネント（構成部品）が中心で健全な経営を信条にこれまで順調に成長してきました。

　XYZ社の経営状況は第57期決算までは伸長率2～5％で売上を延ばしてきたものの第57期下期から売上が前年同期比マイナスに変わりはじめました。これは世界的な経済危機による需要の落ち込みが原因でした。第58期は、新たな中期経営計画スタートの年にあたり、さまざまな施策の実行に着手する中、第58期下期以降の売上は急速に悪化しました。

　第59期上期の経済状況は、中国の景気に助けられる形で底打ち感を呈するものの、引き続き各企業は設備投資を押さえ、個人消費も全般的に低迷していました。XYZ社グループを取り巻く電子部品関連市場は、緩やかな回復傾向にあるものの、まだ需要は低水準な状況となっています。

　XYZ社は、引き続き中期経営計画で策定した施策に取り組みます。LED関連製品の市場の需要は緩やかに増加しますが、厳しい競争のために低調に推移し今ひとつXYZ社の売上げに繋がりません。人件費、経費の削減、拠点の統廃合をはじめとした各種の節減策や、LED事業の拡大を目指したM＆Aなどの積極的投資も行ってきましたが、第59期上期の業績は大幅に落ち込み、売上高は180億円（前年同期比30％減）、営業損失が12億円（前年同期は3億円の営業損失）になりました。

＞第 59 期 9 月末の取締役会で抜本的業務改革を決定

　第 59 期 9 月末、取締役会における決定により、改革企画書立案がはじまります（企画フェーズの開始）。

　中期経営計画（3 カ年計画）の 2 年目を迎えていた XYZ 社では、「景気は底を打ったが今後数年間は需要の回復は見込めず、自社の企業構造を抜本的に変革しないと会社が存続できない」と判断します。緊急対策としての施策の検討に入り、10 月末に 4 つの施策からなる『業務改革プログラム』を企画します。そして業務改革が専門の PQR コンサルティング社の協力を得て、12 月末には業務改革構想書（『業務改革プログラム』のプログラム憲章）をまとめ、翌 1 月に『業務改革プログラム』の詳細計画をスタートさせます。総投資額 20 億円、期間 1 年半に及ぶ、XYZ 社の社運を賭けたプログラムです。

　4 つの施策は、それぞれ『業務改革プログラム』配下のプロジェクトとして立案され、第 59 期 3 月末に各プロジェクトのプロジェクト憲章がまとめられます。

＞＞ 4 つの施策

① S&OP プロジェクト：セールス・アンド・オペレーションズ・プランニング
　　需要と供給のバランスをとり、リードタイムを短縮して顧客サービスを向上しながら経営効率を最大化する。
② SCM プロジェクト：サプライチェーン・マネジメント
　　効率的な調達・生産・販売プロセスを確立して、材料供給者から製品ユーザーまでの物流を最適化し、在庫の削減を図る。
③ PLM プロジェクト：プロダクト・ライフサイクル・マネジメント
　　製品データのグローバルな統合とカスタム設計機能の現地化を行い、コンカレント開発を導入して、新製品立上げ期間を短縮するとともにライフサイクルを通じて効率化を図る。
④ IT センター・プロジェクト：分散しているシステムを海外拠点に統合し、運用業務も日本の IT センターから移転して、海外にアウトソーシングする。

　①から③の 3 つのプロジェクトは基幹システムの全面的な再構築であり、その効率的な運用のために④の IT センター・プロジェクトが企画されました。IT センターを海外に設置するのは XYZ 社として初めての試みです。

　XYZ 社は『業務改革プログラム』推進協力会社の選定を行い、①から③のシステム開発のプライム・コントラクタとして ABC ソリューションズ社と契約します。また、IT センターのハードウェアや基盤整備を JKL システムインフラ社に依頼し、シンガポールにサービスセンターを持つアウトソーシング専門の MNO システムサービス社を運用保守のパートナーとして選びます。

＞第60期4月プロジェクト・スタート

　4つの施策として検討されたプロジェクトのうち、まずS&OPプロジェクト、SCMプロジェクト、ITセンター・プロジェクトがスタートします。PLMプロジェクトは5カ月遅れの第60期9月にスタートすることになりますが、納期の関係でそれを待たずに第60期8月、新規に導入する製造装置をGHI製造設備社に先行発注します。

　第60期第一四半期を終わっても業績は思うように回復しません。経営陣はキャッシュフローの観点からすべての投資案件の予算を10％カットすることを決めます。設計フェーズがほぼ終わりに近づいていた『業務改革プログラム』もその例外ではありません。各プロジェクトとも要件の絞り込みを行います。

＞第60期上期終了時（9月末）工場統廃合を決定

　『業務改革プログラム』とは別に、製造管理部の主管で進行中であった生産革新プロジェクトが、中国工場を閉鎖しベトナム工場へ統合することを決定します。そのため、『業務改革プログラム』も、工場統廃合の決定事項を開発中のシステムに組み込むように要求されます。ABC社は、設計、製造、販売の業務ルールも製造工程も異なっている両工場を簡単には統合できず、プロジェクトの難関を迎えます。そして、突然の計画変更に対応するためDEFシステム開発社に協力を求めます。

　ITシステム構築の終盤における仕様の追加変更はスケジュールおよびコストへの影響が大きく、XYZ社は、変更影響がもっとも大きいS&OPプロジェクトについて4月に予定していたサービスインを7月に延期することを余儀なくされます。

＞第61期5月移行フェーズに突入

　プライム・コントラクターであるABC社は、S&OPシステムについては3カ月延期したものの4月末には無事にテスト済みシステムを納品し、移行フェーズに入って各拠点へ展開します。そして、第61期7月本稼働を迎えることになります。

本書のストーリー

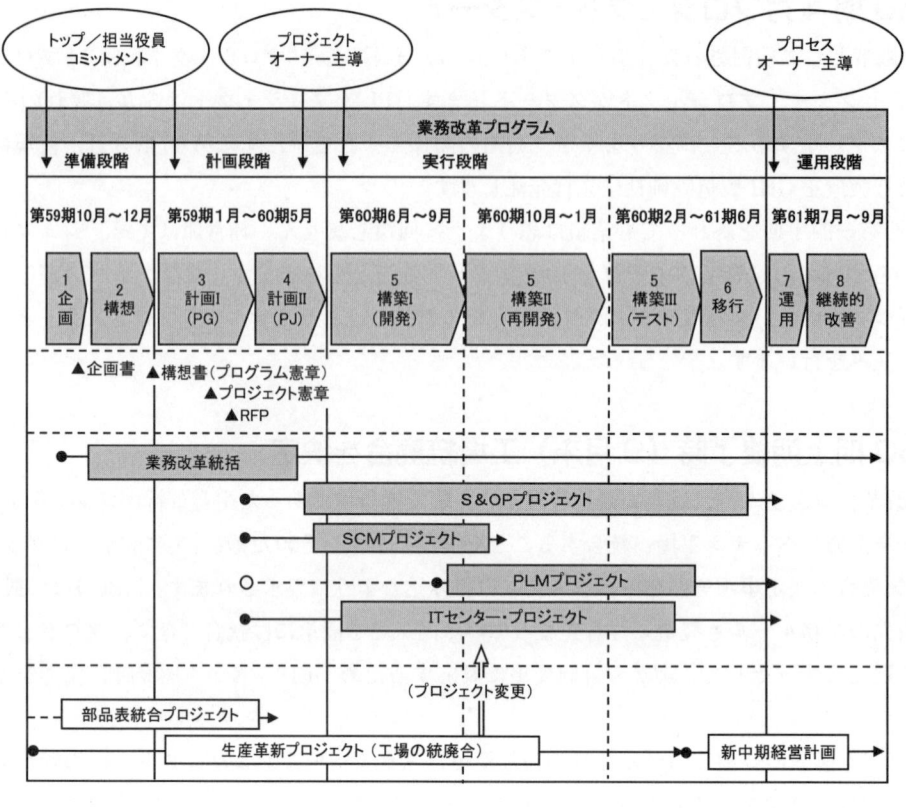

図01 プログラムの各段階

本書で扱うプログラム／プロジェクトの範囲

　XYZ社は、取締役会で決定した施策『業務改革プログラム』を受けて、推進組織として業務改革プログラム推進室（以下PG推進室と呼ぶ）が始動します。その管轄下で、以下の4つのプロジェクトを実行します。

① S&OPプロジェクト
② SCMプロジェクト
③ PLMプロジェクト
④ ITセンター・プロジェクト

　本書では、PG推進室のメンバーおよび4つのプロジェクトに関わる登場人物が、社内外の影響を受けながら、プロジェクトマネジメント・ツール（PMツール）を駆使してさまざまな課題を乗り越える様を62のエピソードにして紹介しています。

＞業務改革プログラム

＞＞概要と特徴

　取締役会の命を受けて経営企画室の岡田室長が中心になり『業務改革プログラム』が企画されます。その後、岡田室長はPG推進室の室長として、プログラムの全体を統括していきます。

＞＞予算と期間（計画時）

　　　予算：20億円（下記4プロジェクトの合計）
　　　期間：第59期10月～第61期6月（21カ月）

＞＞体制

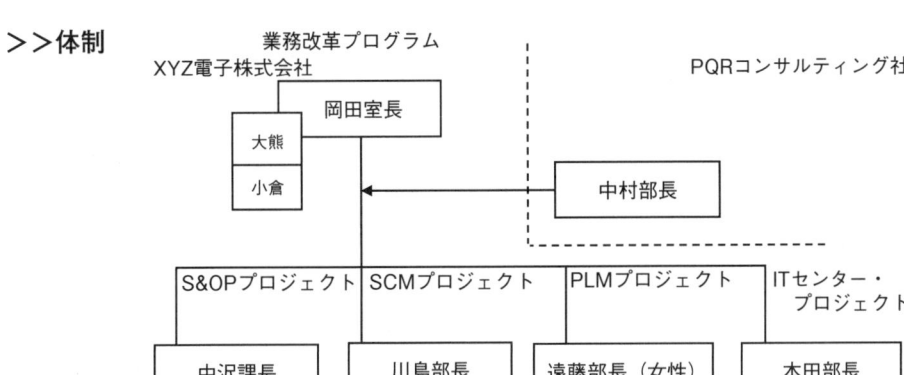

図02　『業務改革プログラム』の体制

＞S&OPプロジェクト

＞＞概要と特徴

　S&OP（生産と販売の同期化）はSCMの戦略レベルの施策であり、ERPの拡張として考えられることもあります。XYZ社では、お客様の実需を把握して販売と調達・生産の同期をとることにより、滞留在庫を極小化するとともに、納入リードタイムを短縮してお客様サービスの向上を図ることを目的とします。

　第60期9月の取締役会でXYZ社は、中国工場を閉鎖しベトナム工場に統合する決定が下されます。そこでS&OPプロジェクトは予想外の影響をうけ、SIer（システム・インテグレータ）であるABC社は急遽DEFシステム開発社に応援を求めます。

＞＞予算と期間（計画時）

　　　予算：2.5億円
　　　期間：第59期3月～第60期3月（13カ月）

>＞体制図

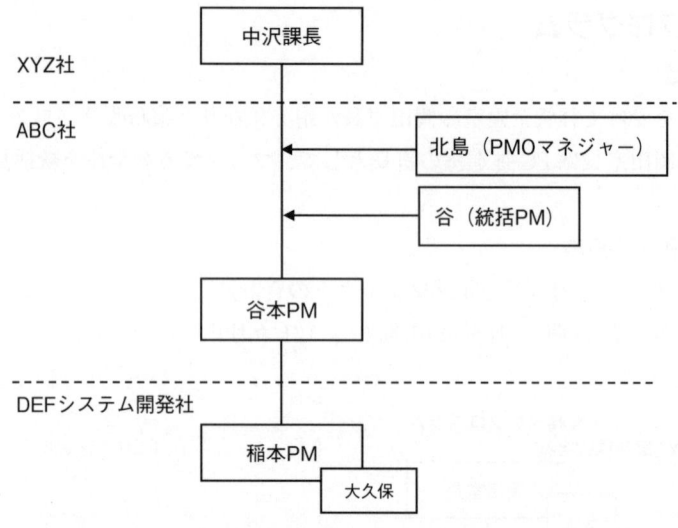

図03　S&OP プロジェクトの体制

＞ SCM プロジェクト
＞＞概要と特徴

　主に物流拠点を軸とするロジスティクス戦略の見直しで、平準化された効率的な物流システムを再編して物流在庫水準を低減し、物流コストを削減することを計画します。さらに S&OP プロジェクトとも連携することになります。

＞＞予算と期間（計画時）

　　　　予算：8.5 億円
　　　　期間：第 59 期 3 月〜第 60 期 12 月（10 カ月）

＞＞体制

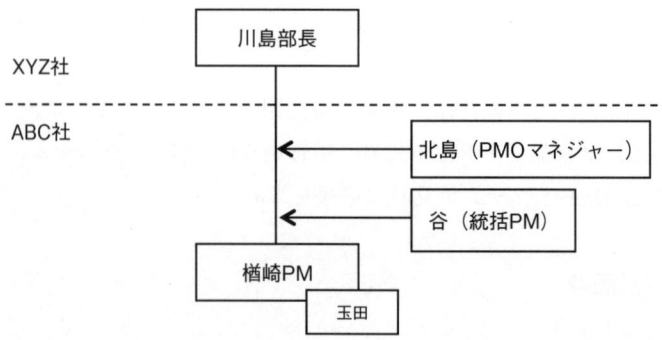

図04　SCM プロジェクトの体制

＞PLMプロジェクト

＞＞概要と特徴

　調達設計を導入し材料調達を効率化するとともに部品設計の海外移管を行うことが計画されます。最初に行われるのは設計や調達、生産ラインで使用しているさまざまなBOM（部品表）を統合することですが、この活動はすでに先行しているためストーリーには登場しません。BOM統合に続いて、主力商品のコンカレント開発を推進することになり、3D－CADから工程情報の自動設定が可能な製造装置を導入することになりました。その製造装置メーカーとしてGHI製造設備社が加わります。さらにS&OPプロジェクトとも連携することになります。

＞＞予算と期間（計画時）

　　　予算：4億円
　　　期間：第60期9月〜第60期3月（7カ月）

＞＞体制

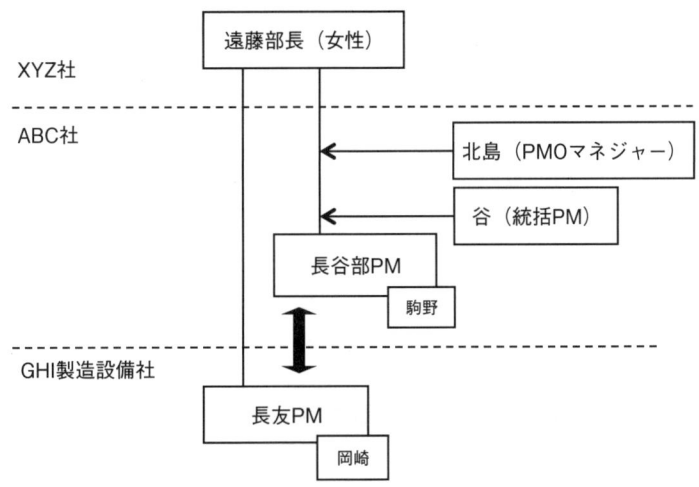

図05　PLMプロジェクトの体制

＞ITセンター・プロジェクト
＞＞概要と特徴
　XYZ社はシンガポールに本番環境を移動し、センター運用のアウトソーシングを行う予定です。しかしながら開発環境と災害対策環境は引き続き日本のITセンターに残し、規模の縮小を考えています。このインフラと基盤システムの構築を請け負ったのがJKLシステムインフラ社です。JKL社は、MNOシステムサービス社と協力しながら、シンガポールの本番環境を構築していくことになります。

＞＞予算と期間
　　　　予算：5億円
　　　　期間：第59期3月～第61期4月（14カ月）

＞＞体制

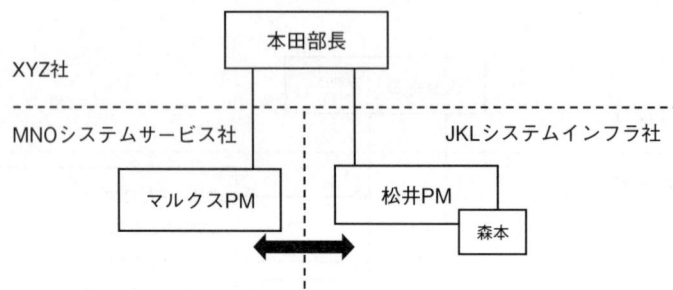

図06　ITセンター・プロジェクトの体制

＞生産革新プロジェクト（工場の統廃合）
＞＞概要と特徴
　第58期4月に制定された中期経営計画の主要な施策を担うプロジェクトで、生産コストの削減、とくに固定費の削減を目指しています。現在の検討課題は工場の統廃合（中国工場の縮小・閉鎖とベトナム工場の拡張）ですが、諸般の事情からこのプロジェクトは計画どおりには進みませんでした。
　第60期9月、ようやく工場の統廃合が決定します。このプロジェクトは『業務改革プログラム』に影響を及ぼす外的要因になり、『業務改革プログラム』は変更を余儀なくされます。本文ではエピソード40、41でその影響を検討しています。

Column 1

ポートフォリオ、プログラム、プロジェクト

　ここでは、ポートフォリオ、プログラム、プロジェクトについてご紹介します。

　「ポートフォリオとは、戦略的なビジネス目標達成のために求められる効果的なマネジメントを促進するため、プロジェクトまたはプログラム、および他の活動を集合したものである。ポートフォリオを構成するプロジェクトまたはプログラムは独立したものでも、相互依存関係があってもよい」

（ポートフォリオマネジメント標準）

　「プログラムとは、プロジェクトを個々にマネジメントすることでは得られないベネフィットとコントロールを実現するために、調和のとれた方法でマネジメントされる相互に関連するプロジェクトのグループである。プログラムには、プログラム内の個々のプロジェクトのスコープ外となる作業が含まれることがある。プログラムは、さまざまなコンポーネントから構成されている。これらのコンポーネントのほとんどは、プログラム内の独立したプロジェクトであるが、別のコンポーネントとして、プログラムをマネジメントするのに必要なマネジメント活動およびインフラストラクチャーがある。このようにプログラムは、プログラム内にある個々のプロジェクトのスコープ外の関連作業の要素（たとえばプログラムそれ自身のマネジメント）を含むことがある」

（プログラムマネジメント標準）

　「プロジェクトとは、独自のプロダクト、サービス、所産を創造するために実施する有期性のある業務である。プロジェクトの有期性とは、明確な始まりと終わりがあることを示すものである。プロジェクトが終わりとなるのは、プロジェクト目標が達成されたとき、もしくは、プロジェクトが中止されたときである」

（PMBOK® ガイド）

第1章　準備段階

プロローグ（社運を賭けて）

ストーリー

　59期9月某日、その日は雨だった。XYZ社の上期の業績見通しが社内に伝えられた。大幅赤字だ。これには株主だけでなく、役員、従業員、その家族、購買契約を結んでいる取引先など、XYZ社に関わるすべての人が意気消沈した。製造業界にあって連結で従業員5000人を抱えるXYZ社グループは窮地に立たされたのである。

　58期4月にスタートしたXYZ社の中期経営計画では、以下のようなビジョン、ミッション、戦略計画が策定されていた。この中期経営計画のもとに、さまざまな活動を展開していたのだが……。

＜ビジョン＞
・世界ナンバーワンの技術を有する企業
・地球環境にやさしい企業

＜ミッション＞
・LED構成部品市場でトップ企業となる。
・グローバルで最適経営を実現するための体制、仕組みを確立する。
・世界のスタンダードとなる地球環境に貢献できる技術を開発する。
・CO_2削減に貢献する生産体制を確立する。

＜戦略計画＞
・LED構成部品市場でシェアNo.1となる。
・グローバルの需要変化に迅速に対応できる仕組みを構築する。
・新規環境技術に基づく製品の市場投入を行う。
・コストと環境のバランスを考慮した上で生産体制を再編する。

　ある従業員がこんな会話をしていた。
「…なあ。この会社、大丈夫だろうか…」
「…そうだよな。大幅赤字だって。製造業界自体が相当悪いし、どこの会社も規模縮小とか、工場閉鎖だって…」

「聞いたよ…。たぶん、うち（XYZ社）もやるだろうな…」
「リストラされたら、どうする…」
「うちの息子、私立大学に入ったんだ。本当に困るよ…」
「給料出るだけありがたいと思わなきゃ。ボーナスカットで許されるならまだ幸せだ」
「…そうだな」

　XYZ社では、緊急の取締役会が開かれた。昨年は中期経営計画の1年目だったが、これほど業績が悪化することは予想していなかった。このまま中期経営計画を推進して大丈夫だろうか。このままではいけない。何か手を打たなければ…。しかし、すぐに何かの手を打つというわけにも行かないだろう。そう簡単に経営計画を変えられない。しばらく様子を見るしかない…。

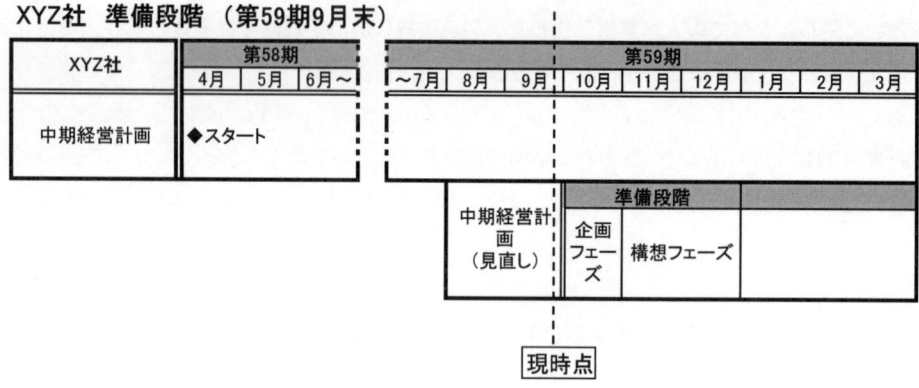

企画フェーズ

エピソード1. ［XYZ社・業革］環境の変化、新たな施策／戦略マップ

▶ストーリー

　中期経営計画がスタートしてから1年半が経過し、当初の目標到達は厳しいことが明らかになった。本来なら中期経営計画の見直しを行うところであるが、市場の将来に余りにも不確定要素が多いため達成の道筋を描ききることはできそうにない。月例取締役会では、この状況で計画を見直して再策定することを諦め、新たな取り組みとして『抜本的な業務改革の施策を追加で行って現状を乗り越える』という方針が決定された。その決定を受けて、経営企画室の岡田室長は、早速、業務改革の計画策定に取り掛かる必要があった。

　岡田室長は、毎週月曜日に行われる部内会議の冒頭で、経営企画室のメンバーに取締役会の報告を行った。

　「先週末の月例取締役会で、中期経営計画の目標達成が難しいことが報告されたよ。だが、現状では計画を見直さず、新たな取り組みとして抜本的な業務改革施策を追加することが決定された。経営企画室では、具体的な内容を策定し実行へと持っていかなければならない。まずは内容の策定を10月中に行う。とにかくこの危機的な状況から早急に抜け出さなければならない。時間があまりないが全員の力を合せて取り組んで欲しい。何か質問は？」

　「岡田室長」

　「なんだね、大熊さん」

　「上期の見通しから、中期経営計画の数字の達成が難しいことはわかりました。ただ、中期経営計画を策定するときに、ここまでの環境変化は見込んでいないにしても、それなりにリスクを想定して、その対応策も立案しています。今回、決定された追加施策が抜本的な業務改革の一言では、具体的に何を行えばよいか見当がつきません」

　岡田室長は、メンバーが混乱するのも無理はないと思った。

　「そのとおりだ。ただわれわれ経営企画室は、ビジネスの状況に応じて適切なプランを立てていくことが求められている。今回もその役割を果たさなければならない」

　岡田室長は、新たな施策立案の方向性を示さなければならないと感じた。

　「（よし、もう一度、戦略マップから作成してみる必要がありそうだ）」

＞ 解説

＞＞何が起きているか

　ビジネス環境の変化に合せて中期経営計画に新たな施策が追加されました。ただし、与えられた施策は抜本的な業務改革という漠然としたものです。

＞＞何をしようとしているのか

　中期経営計画で策定されすでに取り組んでいる生産革新プロジェクトやLED事業への経営資源の集中投資などの施策に加えて、抜本的な業務改革という漠然とした施策について効果的な計画を立案しなければなりません。また計画の内容は明確なゴールを持ったプロジェクトにすることが要求されています。

＞＞実行できない／成果が出ない要因は何か

　XYZ社で策定された中期経営計画にいくつかの施策は示されていますが、XYZ社の戦略とのつながりは曖昧になっています。また複数ある施策間の関連性も不明確です。結果として施策は雑然と行われてしまっています。そこに抜本的な業務改革という漠然とした施策を追加されても全体の施策の中でどのように位置づければよいのかわかりません。また、業務改革という言葉だけでは具体的に何を行えばよいのか皆目見当がつきません。

▶ 活用したPMツール　戦略マップ

＞＞ PMツールをどのように活用すればよいか

　XYZ社の戦略につながるように施策を少し整理した方がよさそうです。もうすでにプロジェクトとして実施されている施策については、その評価が出来るようなっているかどうかを確認し、場合によっては定義し直すことも必要かもしれません。このような場合、ツールとしては、戦略マップ（図1、図2）を使うことが有効になります。戦略マップとは、戦略目標を上から順に財務の視点、顧客の視点、プロセスの視点、学習と成長の視点の4つに分けられたフレームにマッピングし、さらに各戦略目標間の因果関係を考慮して目標が矢印で結ばれているもので、企業戦略を実現するためのシナリオということが出来ます。

＞＞実施することで、どのような成果が期待できるか

　戦略マップを作成することで、不足している戦略目標、余分な戦略目標を見つけ出すこと、戦略目標の多い少ないといったバランスを見ることが可能になります。すなわち、企業戦略実現のための過不足のないシナリオができあがることになります。また、戦略マップを作成することで、与えられた戦略目標、戦略シナリオではなく自らが考えた戦略目標、戦略シナリオという認識に変わるため、実行時のモチベーションに大きな違いが発生します。

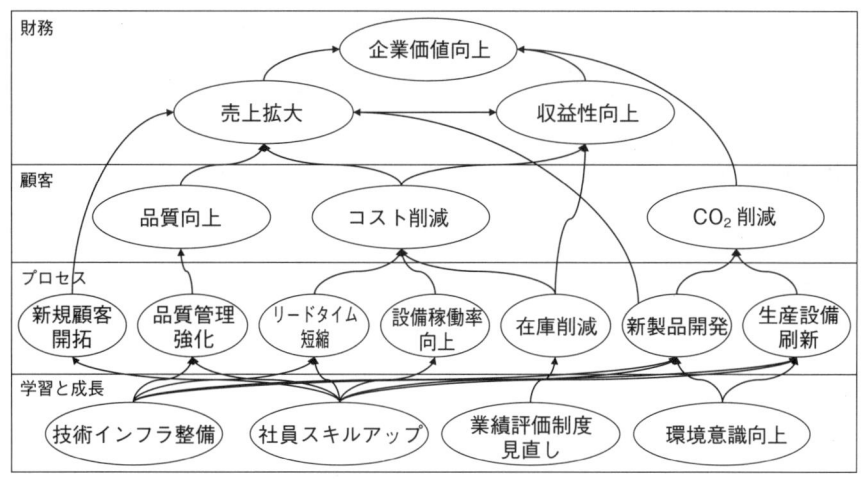

図1　戦略マップ

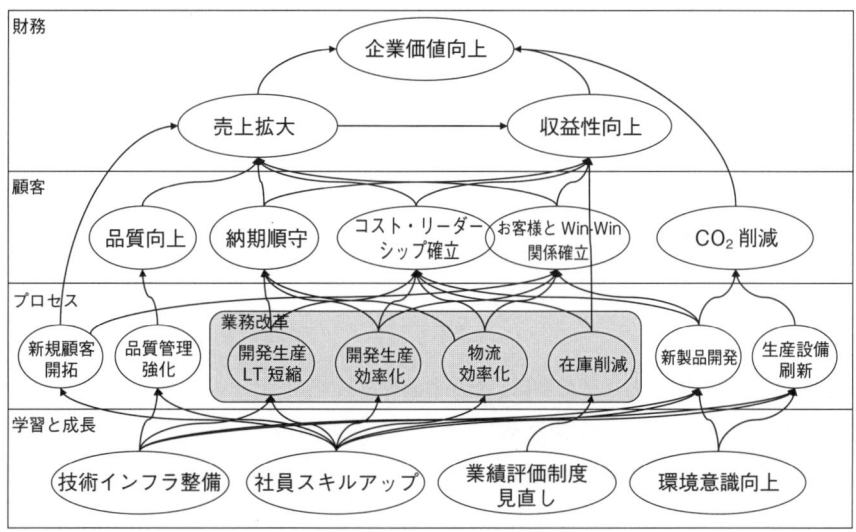

図2　戦略マップ（業務改革追加後）

＞考察

＞＞具体的な効果（定量的／定性的）として管理可能か

戦略マップに記述されている各戦略目標についてバランス・スコアカード（BSC）へ展開し、重要成功要因（CSF）、業績評価指標（KPI）、目標値、アクション・プランを設定し、アクション・プランの実効状況を把握することによって管理することが可能になります。

＞＞PMツールを活用することのメリット、デメリット

戦略マップを作成することのメリットは、戦略を体系化し明確化して組織で共有することによって、戦略の遂行能力を向上させるということです。デメリットは特にありませんが、強いてあげれば戦略マップの作成は簡単ではなく、最初から素晴らしい戦略マップを作成することが難しいことです。ただし、完全でなくても、方向性の共有、変化への対応などに大いに役立ちます。

企画フェーズ

エピソード2. ［XYZ社・業革］戦略目標からアクション・プラン立案／バランス・スコアカード

▶ストーリー

　経営企画室のメンバーは、全員の協力で戦略マップを作成した。
　岡田室長は、出来あがった戦略マップを確認して思った。
「（よし、まずはこれでスタートを切ることができた。ところで、今後の進め方についてメンバーは気付いているのだろうか？）」
　岡田室長は、会議の場で経営企画室のメンバーに尋ねてみた。
「みなさんが作り上げてきた戦略マップもなんとか形になりました。お疲れさまでした。『さあ、目標達成を目指して今日から一緒に頑張りましょう』と言いたいところですが…。どうですか？これから何を始めればよいのか、みなさんは明確ですか？」
　メンバーの大熊は岡田室長の顔を見て不安そうに言った。
「戦略目標だけでは、その目標達成のために具体的に何をすればよいのか、まだ私には、よく見えません。私たちは、この後何をすればよいのでしょうか」
　岡田室長は周りを見渡して、他のメンバーにも聞いてみた。
「他のみなさんはどうですか。具体的な行動として何をしたらよいのか…」
メンバーはみな、下を向いた。
「（やはり、そうか…）」
　岡田室長が心配していると、その中にいた小倉が発言した。
「目標が明確になっているので、次は手段を考えなければならないと思います。ただ手段といっても、実施することによって直接目標達成につながるような手段と、目標達成につながるような環境を作るという間接的な手段があるように思います」
「そのとおり。次は手段です」
　岡田室長は、付け加えた。
「戦略目標を達成するための具体的な手段を考える必要があります。それが施策につながって行くわけです。そのためにどういう方法がいいのかわかりますか」
　岡田室長はさらに、メンバーに尋ねた。
「……」
　しかし、発言するものは誰もいなかった。
「みなさん、バランス・スコアカードは知っていますね。目標達成の手段を検討するのに使えないでしょうか」
「そうか、バランス・スコアカードですね。これなら戦略目標をいろんな視点で確認ができます。岡田室長、ありがとうございます。早速検討してみます」

＞解説

＞＞何が起きているか

　戦略マップを作成したことで戦略目標は明確になりました。しかしこの時点では、戦略目標を達成するために何をすべきか、その手段がはっきりしません。経営企画室のメンバーは困惑していました。

＞＞何をしようとしているのか

　戦略目標を達成するための具体的な手段を見つけ出そうとしています。

＞＞実行できない／成果が出ない要因は何か

　この状態から目標を達成するための手段（活動）を直接導き出そうとしても困難です。また、1つの目標を達成するための活動は、ほとんどの場合、複数個導き出されます。手段を決定するにしても、すべての関係者が納得できるような手段（活動）を見つけ出すことは決して簡単ではありません。

▶活用した PM ツール　バランス・スコアカード

＞＞ PM ツールをどのように活用すればよいか

　戦略目標を活動におとす方法としてバランス・スコアカード（表1、表2）があります。戦略マップにある個々の戦略目標に対して、"どのようになっていれば成功か"という重要成功要因と"それはどのような項目で測定できるか"という業績評価指標を洗い出し、"その項目で達成すべき数値は"というターゲット（数値目標）を設定した上で、"どのような活動で達成するか"というアクション・プランを立案します。

＞＞実施することで、どのような成果が期待できるか

　明確なターゲットを持つ"1つ、もしくは複数のアクション・プラン"をプロジェクトとして捉えることができ、プロジェクトマネジメントの手法を用いることによって成功確率を高めることが可能になり、結果として戦略目標の達成度合を高めることにつながります。

表1 バランス・スコアカード

	戦略目標	重要成功要因（CSF）	業績評価指標（KPI）	ターゲット	アクション・プラン
財務	企業価値向上	真の利益の創出	経済的付加価値	30％増	
	売上拡大	顧客内シェアの向上	売上高成長率	20％増	
	収益性向上	原価低減	総資産利益率	2ポイント向上	
顧客	品質向上	お客様満足度向上	CS指数	3ポイント向上	・お客様対応窓口の一本化
	コスト削減	生産性向上	原価率	3ポイント減	・VA
	CO_2削減	CO_2削減技術開発	CO_2削減率	10％減	・新生産設備の導入
プロセス	新規顧客開拓	オポチュニティの管理	新規顧客比率（3年前比）	10％以上	・顧客管理システム改善
	品質管理強化	全工程の品質向上	品質コスト	30％削減	・品質管理システム改善 ・部品共通化
	リードタイム短縮	製造工程の効率化	納入リードタイム	5日	・製造プロセス見直し ・製造設備最新化
	設備稼働率向上	予防保全の徹底	基本設備稼働率	80％	・製造設備最新化 ・老巧化設備廃棄
	在庫削減	JIT調達のレベルアップ	総合在庫率	0.8カ月	・購買管理システム改善 ・不良在庫処分
	新製品開発	開発速度の向上	売上高新製品比率（3年前比）	20％以上	・開発テーマのポートフォリオ ・マネジメント導入 ・業績評価制度見直し
	生産設備刷新	低CO_2排出設備への切替え	CO_2排出量	3％減	・新生産設備の導入
学習と成長	技術インフラ整備	開発業務支援の改善	特許出願数	5件／年	・技術文書作成ルール化 ・業績評価制度見直し
	社員スキルアップ	専門スキル研修	年間研修時間	30－100時間／年	・研修プログラム整備 ・OJT制度明確化
	業績評価制度見直し	従業員満足度の向上	ES指数	3ポイント向上	・業績評価制度見直し ・キャリアパス整備
	環境意識向上	環境研修の実施	年間研修回数	2回／年	・環境に関わる研修の開発

表2 バランス・スコアカード（業務改革追加後）

	戦略目標	重要成功要因（CSF）	業績評価指標（KPI）	ターゲット	アクション・プラン
財務	企業価値向上	真の利益の創出	経済的付加価値	30％増	
	売上拡大	市場シェアの拡大	売上高成長率	30％増	
	収益性向上	収益ミックスの最適化	総資産利益率	2ポイント向上	
顧客	品質向上	お客様満足度の向上	CS指数	3ポイント向上	・お客様対応窓口の一本化
	納期遵守	お客様希望納期の遵守	納期遵守率	95％以上	・サイクルタイムの最適化
	コスト・リーダーシップ確立	生産性向上	原価率	2ポイント減	・VA
	お客様とのWin-Win関係確立	お客様との協働生産計画	グローバル物流在庫	10％減	・お客様の生産計画情報入手 ・拠点別適正在庫の管理
	CO_2削減	CO_2削減技術開発	CO_2削減率	10％減	・新生産設備の導入
プロセス	新規顧客開拓	オポチュニティの管理	新規顧客比率（3年前比）	10％以上	・顧客管理システム改善
	品質管理強化	全工程の品質向上	品質コスト	30％削減	・品質管理システム改善 ・部品共通化
	開発生産ＬＴ短縮	製造工程の効率化	納入リードタイム 設計生産リードタイム	3日 10日	・S&OPシステムの導入 ・PLMシステム導入 ・製造設備の最新化
	開発生産効率化	生産性向上	付加価値生産性	10％向上	・SCM導入　・PLMシステム導入 ・製造設備の最新化
	物流の効率化	物流コスト削減	売上高物流費率	1.8％	・SCMシステム導入
	在庫削減	JIT調達のレベルアップ	総合在庫率	0.5カ月	・S&OPシステム導入 ・SCMシステム導入 ・受注生産への切替促進 ・不良在庫処分
	新製品開発	開発速度の向上	売上高新製品比率（3年前比）	30％以上	・開発テーマのポートフォリオ ・マネジメント導入 ・業績評価制度見直し
	生産設備刷新	低CO_2設備の導入	CO_2排出量	3％減	・新生産設備の導入
学習と成長	技術インフラ整備	開発業務支援の改善	特許出願数	5件／年	・技術文書作成ルール化 ・業績評価制度見直し
	社員スキルアップ	専門スキル研修	年間研修時間	30—100時間／年	・研修プログラム整備 ・OJT制度明確化
	業績評価制度見直し	従業員満足度の向上	ES指数	3ポイント向上	・業績評価制度見直し ・キャリアパス整備
	環境意識向上	環境研修の実施	年間研修回数	2回／年	・環境に関わる研修の開発

＞考察

＞＞具体的な効果（定量的／定性的）として管理可能か

　バランス・スコアカードは戦略目標達成のための重要成功要因を押さえ、その達成度を業績評価指標を用いて計画的に評価していくもので、まさに定量的／定性的にマネジメントを行なうPMツールそのものということができます。

＞＞PMツールを活用することのメリット、デメリット

　バランス・スコアカードの効果には以下のようなことが挙げられます。

① 戦略目標と戦略実行のシナリオを周知徹底できる。
② 4つの視点でバランスが取れた実行目標を設定できる。
③ 戦略に連携したアクション・プランを策定できる。
④ 環境変化に即応したダイナミックな軌道修正ができる。

　これにより全社が同一ベクトルで全体最適な計画に沿って改革を進めることができます。

　デメリットとしては、バランス・スコアカードを使用するにあたり、戦略目標が目的と手段の因果関係で展開できない場合や、設定した目標が戦略に沿っていない場合、戦略目標を実現するための重要成功要因だけでなく、業績評価指標についても目的と手段の因果関係が希薄になり、成果につながらなくなることがあります。

企画フェーズ

エピソード3．［XYZ社・業革］戦略に整合した優先度設定／ポートフォリオ

▶ストーリー

　経営企画室のメンバーは、バランス・スコアカードを使って、戦略目標からアクション・プランを立案することができた。ただし、立案したアクション・プランの数は、同時にすべてを行なうには現実的なボリュームではなかった。経営企画室のメンバーは誰もがそれに気付いていた。

　大熊は、思い切って岡田室長に相談してみた。

「岡田室長、バランス・スコアカードを使う以上、アクション・プランはすべて行なわなければならないということでしょうか。この数ではとても同時にはできないと思います。まずは、優先順位の高いアクション・プランから先に行い、それ以外は順次行なっていくような計画にできないものでしょうか」

　岡田室長は、内心嬉しかった。目標がしっかりと認識できているからこそ、問題に気付いたのである。

「もちろん、すべてを同時に行なう必要はありません。アクション・プランによっては、初めから順序を考慮しなければならないものもあるでしょう。順序や優先度を考慮した計画を立て、実現性を高めることが必要です」

「やはり、優先順位を付けていくわけですね」

　大熊は安心した。

「でも、どうやって優先順位をつければよいのでしょうか。直観や個人の考えで優先順位の高低を付けるわけにはいきませんし…」

「そうですね。個人の主観が入ってしまっては説得力に欠けてしまいます。誰もが納得できるものでなければなりません。どうすればいいと思いますか。優先付けをされたアクション・プランには、その根拠が必要です」

　岡田室長は、大熊に考えさせた。

「このアクション・プランは、すべて戦略目標を達成するために立案されたものです。その効果はどのくらいでしょうか」

「効果と言われても、それぞれに尺度が違いますから一概には言えません」

「そうですね、それなら尺度を合わせてみたらどうでしょう。もちろん難しいと思いますが、必要だと思いませんか？　尺度が同じなら優先順位は付けられるでしょう」

「それはそうですが…」

「合わせる尺度は、何も1つでなくてもよいのです。いくつもあっていい。うまく合わせてみてください。そうすればアクション・プランに誰もが納得できる優先順位が付けられます」

　岡田室長は、そう大熊に言った。

＞解説

＞＞何が起きているか

　戦略目標を達成するためのアクション・プランがバランス・スコアカードを利用して明確になりました。ただし、複数あるアクション・プランをどのように実施するのか、その優先度もわからず不明確な状態です。このままではすぐに行動に移すことは難しそうです。

＞＞何をしようとしているのか

　アクション・プランを評価し、優先度を導き出そうとしています。

＞＞実行できない／成果が出ない要因は何か

　特別に計画された活動などの場合、優先度を評価するための方法、評価項目や評価基準が決まっていません。場合によっては、組織の上位マネジメントの一言、声の大きい人の一言で決まってしまうこともあります。誰もが納得できる優先度を設定することは決して簡単ではありません。

▶活用したPMツール　ポートフォリオ

＞＞PMツールをどのように活用すればよいか

　今回のアクション・プランの優先度評価に限らず、受注案件の評価、投資案件の評価にはポートフォリオ（図3）を活用することができます。評価指標として一般的に戦略との整合性、投資利益率（ROI）や正味現在価値（NPV）などの財務的な指標、または実現可能性を用いることが多いですが、今回のアクション・プランのように、個々の評価に単純な財務的な指標を用いることが難しい場合もあります。このような場合、評価指標の設定から行なうことになります。

　ポートフォリオを視覚的に表現するツールとしてよく使われるのはバブル・チャートです。バブル・チャート上に表現することのできる指標の数は、縦軸値、横軸値、バブルサイズ、バブル色の最大4つになります。ただし、無理やり4つに絞る必要はありません。最終的に4つとなるように評価指標を階層化することで、多くの評価指標を用いた評価が可能になります。また、4つの指標を必ず使わなければいけないわけでもありません。2つの指標で評価ができるのであれば、敢えて評価指標を増やす必要はありません。評価指標を増やすことは、場合によっては、余分な情報を付加することになり、結果として評価や判断を難しくします。

アクション・プラン	戦略との整合性	ROI	技術的難易度	コスト(百万円)
1. S&OP システム導入	中	高	中	250
2. 製造設備最新化	中	低	低	1200
3. PLM システム導入	大	高	中	400
4. 生産管理システム導入	中	中	中	30
5. 老朽化設備廃棄	小	中	低	100
6. SCM システム導入	大	中	中	850
7. 工場統合	中	中	高	1800
8. 受注生産への切替	中	高	高	50

・バブル・チャート
  円の大きさ：投資額
  円の色：技術的難易度

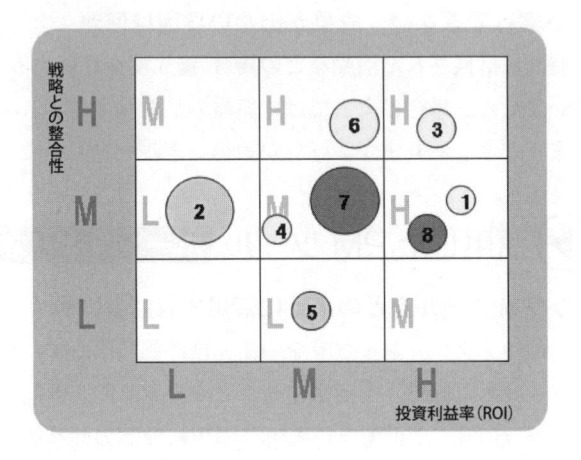

図3　ポートフォリオ（バブル・チャート）

＞＞実施することで、どのような成果が期待できるか

戦略と整合したアクション・プランの優先度が設定され、可視化されて、組織内で優先度に対する共通認識を持つことが可能になります。

＞考察

＞＞具体的な効果（定量的／定性的）として管理可能か

バブル・チャートは、縦軸、横軸、大きさ、色と4つの軸で表すことが可能です。

＞＞PM ツールを活用することのメリット、デメリット

予測値などを評価指標に用いる場合、その値には精度（信頼性）が要求されることになります。代表的なものとして売上予測値がありますが、もし期待される精度の値が得られていなかった場合、たとえその他の評価指標値の精度が高かったとしても、それらを使って描かれるバブル・チャートで評価や判断が行なわれるということに大きな期待は持てません。いろいろな評価指標の値を集めてきたことが徒労に終わることになります。

エピソード4．[XYZ社・業革] コンサルタントの選定／コンサルタント選定ガイド

▶ストーリー

　経営企画室は、当面のスケジュールとして、10月末開催の取締役会で、業務改革企画書の承認をもらい、12月下旬の取締役会で業務改革構想書（プログラム憲章）の承認をもらうことを考えていた。そうしなければ、XYZ社の業務改革を早期に着手することができないからである。そのため、室員総出で業務改革企画書作成に取り組んでいた。
　しかし、企画書を作成する過程で、関連部門の情報が不足していたことと、次の段階の業務改革構想書を作成するためには、関連部門長との合意形成が必要であり、企画室メンバーだけでは、理論武装が十分できない。
　「岡田室長、大熊です。今よろしいですか？」
　「何だね。大熊さん」
　「先日立てたアクション・プランですが、もう少し現場サイドの意見を盛り込まないと構想書としてまとまりません」
　「バブル・チャートは作成できたね。そのときにアクション・プランの尺度を合わせたのではないのかな。企画書はそれで説明できるだろう」
　「もちろんそうですが…。このままでは、おそらく関連部門長の合意が取れません」

　岡田室長はしばらく考えた。たしかに今回の『業務改革プログラム』は規模が大きい。各部門に与えるインパクトが大きい上に、実施期間が短すぎる。今の段階から各部門の合意を取り付けないとプロジェクトは立ち上がらないだろう。そのためには業務改革構想書を、現状に沿った具体的なものにしておかなければならない。
　「大熊さん、他のメンバーとも相談してみるが、現場サイドの意見をまとめるとなると、かなりの時間と労力が必要になるね。経営企画室のメンバーだけで大丈夫なのか」
　「岡田室長、経営企画室にいるメンバーは、今回の対象となる現場業務には通じていません。メンバーの全員が現場の経験を持っていません。ですので現場の意見をまとめられません。『業務改革構想書』をまとめるには、対象業務に通じた専門家が必要です」
　「大熊さん、わかったよ。外部のコンサルタント会社の協力を依頼しよう」
　「ありがとうございます、岡田室長」
　岡田室長は、急遽、関連部門の部門長へのインタビューや現場へのヒアリング・合意形成に関してコンサルタント会社に委託するべく準備を始めた。10月末の取締役会では、業務改革企画書だけでなくコンサルタント会社の選定についても承認をもらうことになった。

＞解説

＞＞何が起きているか

　経営企画室のメンバーは、業務改革企画書を作成する過程で、関連部門の情報が不足していること、次の段階の業務改革構想書（プログラム憲章）を作成するためには、関連部門長との合意形成が必要なことに気付きました。XYZ社経営企画室は、11月から12月にかけて業務改革構想書を作成し、12月末の取締役会で承認を取り付けなくてはなりません。しかし、経営企画室の要員は限られており、関連部門の情報収集や合意形成をリードするスキルがありません。

＞＞何をしようとしているのか

　業務改革構想書プログラム憲章を作成するにあたって、コンサルタント会社の協力を得ようとしています。しかし、どのようなコンサルタント会社を採用してよいか、経営企画室では経験がなく悩んでいます。

　また、社内規定で、外部の会社に業務を発注する場合は2社以上に依頼し、RFP（Request For Proposal：提案依頼書）方式によるコンペを実施しなければなりません。その場合の評価項目や評価方法がわからず悩んでいます。

＞＞実行できない／成果が出ない要因は何か

　今回のような、社運をかけた業務改革に伴うシステム開発は、投資金額も大きいため絶対に失敗は許されません。しかし、期待するコンサルタントに出会えるとは必ずしも限りません。そもそも発注者側の期待そのものについて、コンサルタント契約書で明確に定義できるものではありません。コンサルタントと打合せを重ねるにつれて、プロジェクト・チームのメンバーから、"何となく相性が悪い"、"気が利かない"などといった声が聞こえるようになると、次第に信頼関係が壊れ、当初想定した成果が出ないことがあります。このような状況を招く要因には次のようなことが考えられます。

- ▶会社の規定で2社以上にRFPを提示してコンペを行ったが、見積り金額でコンサルタントを決めてしまった。
- ▶コンペは行ったものの知名度重視で選定してしまい、事前に十分面談を行わなかった。
- ▶プレゼンテーションや理論はすばらしかったが、経験に乏しいことが後からわかった。
- ▶特定のメーカーの製品やアプリケーションは詳しいが、他社との比較ができない。
- ▶口頭で話すことは素晴らしいが、文章や資料は他社のものを再利用している。
- ▶口頭を中心とした指導や批評ばかりで、結果的に社内で資料を作成せざるを得ない。
- ▶偏狭で新しい発想や技術を受け入れず、過去の経験や考え方を押し通す。
- ▶先生と言われることに慣れていて、なかなか打ち解けて話すことができない。
- ▶社長や役員から紹介されたため起用せざるを得なかった。
- ▶面談した人は素晴らしかったが、実際は違う人が担当となった。
- ▶常に忙しく、連絡してもなかなかつかまらない。

▶ 活用したPMツール　コンサルタント選定ガイド

≫ PMツールをどのように活用すればよいか

近年、コンサルタント会社を選定する場合でも、特定の会社と随意契約を行うことはほとんどありません。社内規定で公正、公平でオープンなコンサルタント会社の選定が義務づけられています。

プロジェクトを成功させるためには、発注者側とコンサルタント会社との信頼関係が重要ですが、特に実際に担当するコンサルタントとの信頼関係が重要です。しかし、RFP方式によるコンペで、限られた期間内に適切なコンサルタント会社やコンサルタントを選定することは困難です。

そこで、コンサルタントを選定する場合に活用できるPMツールとしてコンサルタント選定ガイド（表3）をまとめる必要があります。このガイドをもとに、書類審査や面接査定などを行います。評価の視点は、大きく企業評価と実際に担当するコンサルタントの人物評価、当該プロジェクトに関することに大別されますが、人物評価に重点を置き信頼関係が築けるかどうかが重要なポイントになります。

表3　コンサルタント選定ガイド

No	評価項目	評価方法
1	企業情報	発注者側が独自に有価証券報告書等で資本金、売上高、粗利益、従業員数、主要取引先、メインバンク、キャッシュフロー等を調査します。特に収益状況やキャッシュフロー等に問題がないかを評価します。また、購買部や情報システム部門等に過去の取引実績を確認します。過去に取引があった場合は、当該担当者に事前にヒアリング調査を行っておきます。 これらの会社情報とRFP等で提出される企業情報と差異がないかを確認します。
2	信用情報	候補先の会社から直接に聞くことのできない会社の信用情報を取得するために、信用調査会社等に委託し調査を行います。そこでは、社長の経歴、負債等を確認します。特に、高額な負債や本業と関係のない負債がないか等を評価します。 必要に応じて、RFPによるヒアリング調査時に質問をします。
3	企業実績	RFPに基づいて提出される「実績書」をもとに評価します。 発注者側が開発を予定しているシステム等と類似の実績の有無と数を評価します。
4	体制表	RFPに基づいて提出される「体制表」を基に、選任と兼任の人数と役割分担を評価します。
5	担当予定のプロジェクト・マネジャーとプロジェクト・メンバーの経歴と実績	RFPに基づいて提出される「経歴書」を基に、担当予定のプロジェクト・マネジャーとプロジェクト・メンバーの経歴と実績を評価します。 幅広い技術や経験を持っていることを基本とし、特定のメーカーや技術に偏りがないかどうかをヒアリング調査によって確認します。
6	担当予定のプロジェクト・マネジャーの性格等	RFPによるヒアリング調査時に、失敗の経験とその際の対応等について質問をしながら、信頼関係が築けるかどうかについて確認します。
7	スケジュール表	RFPを基に作成したスケジュール表について、無理がないかどうかを評価します。
8	見積り金額	見積り金額は、総額が他社と比べて極端に高かったり、低かったりした場合は、その理由等をヒアリング調査によって確認します。

＞＞実施することで、どのような成果が期待できるか

このコンサルタント選定ガイドを用いることで、公正、公平、客観的な選定を行うことができ、選定理由が明確になります。そのため社内の合意形成が得やすくなります。

＞考察

＞＞具体的な効果（定量的／定性的）として管理可能か

このような選定ガイドには、体制表やスケジュール表、担当予定のプロジェクト・マネジャーの性格など、数値的に評価することがなじまない項目が含まれます。そこで、複数の審査員（例えば部門の異なる5名程度）をあらかじめ選任し、選定ガイドの評価項目ごとに、候補となるコンサルタント会社とその担当社員を相対比較します。

選定ガイドの評価方法に従い、評価項目ごとにABCDE等の5段階評価を行い、最後に総合評価を集計して順位付けを行います。

＞＞PMツールを活用することのメリット、デメリット

先にも述べたとおり、このコンサルタント選定ガイドを用いることにより、評価項目と評価方法が明確になり、公正、公平、客観的な選定を行うことができます。そのため、社内の合意形成が得やすくなります。

デメリットは、作成したコンサルタント選定ガイドに記載した評価指標が、すべての企業に当てはまるとは限らないことです。しかし、どのような場合でも複数の候補の中から一社を選ぶ場合は、何らかの評価項目と指標が必要になります。そのために、このガイドを参考に企業にあった独自のガイドを作成することが大切です。

企画フェーズを終えて

▶ストーリー

　岡田室長が率いる経営企画室のメンバーによって業務改革企画書が完成し10月末の取締役会で承認された。しかし、これは業務改革構想書（プログラム憲章）を作成するための道筋が承認されたに過ぎず、正式に『業務改革プログラム』がスタートするにはステークホルダーに合意されなければならない。業務改革構想書は12月末の取締役会で承認を得ることにしている。

　コンサルタント会社は、検討の結果PQRコンサルティング社に決まった。この会社は、これまでも大規模なプロジェクト（プログラム）の企画・構想フェーズを何度も手がけている経験豊富な会社である。実績も申し分ない。XYZ社はPQR社のメンバーを面接し、数名がこのプログラムに参加することに決まった。PQR社のリーダーは中村部長である。

　中村部長が率いるPQR社のプロジェクト・チームに対して、11月早々にオリエンテーションを予定している。経営企画室の岡田室長は、12月末までに業務改革構想書をまとめ、取締役会の承認を得なければならない。PQR社の中村部長には、全面的な協力をお願いすることにした。

　来年早々（59期1月）には、『業務改革プログラム』の4つのプロジェクトを立ち上げなければならない。岡田室長は、責任の重さを感じながらも決意を新たにした。

準備段階 構想フェーズ

エピソード5. ［XYZ社・業革］効果的な情報伝達と情報共有／電子メール利用ガイド

▶ ストーリー

10月29日、XYZ社では、説明会が開催された。取締役会で業務改革企画書が承認された。これを受けて、関係者全員への趣旨説明と顔合わせを目的としたものだった。

冒頭、社長が業務改革の目的、経緯について説明し、全社一丸となって業務改革を進める決意が伝えられた。次いでそれぞれの担当役員が業務改革の各プロジェクトの趣旨について説明した。最後に経営企画室の岡田室長が、今後の活動について説明した。その内容は以下のとおりであった。

▶ 新たに業務改革プログラム推進室（PG推進室）を立上げ、経営企画室の岡田室長が異動し、業務改革を推進する。
▶ 経営企画室 室長は、現副室長が勤める。
▶ PG推進室は、12月末までに業務改革構想書（プログラム憲章）をまとめる。
▶ 4つの施策を担うプロジェクトは業務改革構想書に沿って、翌年（2010年）1月よりプロジェクト憲章作成に入り4月より要件定義の実作業をスタートする。

会議の後の懇親会では初めて顔を合わせる人もいたが、和やかな雰囲気の中で第1回全体会議が終了した。

翌10月30日9：00、岡田室長は、早速第1回目のPG推進室の会議を招集した。会議は、毎週月曜日の8：00から定例会を開催すること、4つのプロジェクトを立ち上げるために、業務改革構想書（プログラム憲章）を2カ月間で作成すること、会議の運営をメンバーの大熊さんにお願いすることを説明した。

1週間が過ぎた頃、岡田室長はPG推進室のメンバーから処理に手こずるメールを受け取るようになった。タイトルを読んだだけではわからないメールや添付ファイルが開かないようなものもある……。

＞解説

＞＞何が起きているか

　岡田室長は、毎日100通以上もの電子メールを受信していました。その中で、PG推進室のメンバーや他の関係者から次のような電子メールを受け取るようになり、その電子メールを受け取るたびにストレスを感じはじめました。

- ▶タイトルを読んだだけではわからないメール
- ▶文章が長く読みづらいメール
- ▶文字化けメール
- ▶添付ファイルが開かないメール
- ▶データ容量が大きくて送れないメール
- ▶複数の添付ファイルを送信してくるメール

このようなメールをストレス・メールといいます。

＞＞何をしようとしているのか

　岡田室長は、自分以外にもストレス・メールを受信しているものがいることから、このままでは業務の効率が悪く、時間が無駄に使われると考えました。ストレス・メールは、1日では数件でそれに対応する業務処理が30分だとしても、1年間（200日）に換算すると100時間（12.5日分：1日8時間換算）になります。そのため、一定のルールを決めて、無駄な時間を作らないようにする方策を関係者に徹底させることが重要だと考えました。

＞＞実行できない／成果が出ない要因は何か

　情報の伝達と共有を行う方法として、電子メールや会議体が使われます。これらは日常業務においても、慣れ親しんだ方法であるため、現場のリーダーは深く気にすることはありません。そのため、チームメンバーは出身部門や組織のこれまでの業務の習慣で、自分たちが非効率な情報伝達、情報共有を行っていると気付くことができません。

▶活用したPMツール　電子メール利用ガイド

＞＞PMツールをどのように活用すればよいか

　電子メールについては、プログラムマネジメント標準では、プログラム・コミュニケーション・マネジメントの1つに位置づけられています。その中で、"プログラム・コミュニケーション・マネジメントは、プログラム情報の生成、収集、配布、保管、検索、最終的な廃棄等を適宜、適切、かつ確実に行うために必要なプロセスからなる"とあり、電子メールによる情報伝達は重要な役割を持ちます。

　電子メールは、プッシュ型コミュニケーション手段の1つです。送信者の主観によって一方的に通知した場合、送信者は、受信者がメールの内容を読む／読まない、また理解する／しないに関わらず、情報を伝達した（理解された）と誤解する場合があります。このような誤解を極力されるためにも、電子メール利用ガイドを作成することは重要な意味を持ちます。**図4**はコミュニケーションの基本モデル（PMBOK® ガイド）です。

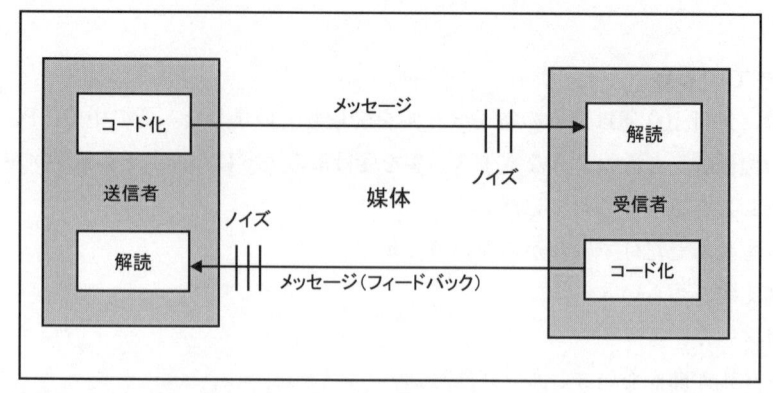

（出典）PMI（2008）「PMBOK® ガイド 第4版」
図4　コミュニケーションの基本モデル

電子メールに限らず、一般的にワーク・グループや組織活動には情報共有が欠かせません。エピソードではまだプロジェクトが開始されていませんが、専門分野が異なる複数のメンバーがチームになり組織的な活動を行うプロジェクトの場合には、目的を達成するために効率的な情報伝達、情報共有はもっとも大切であるといえます。プロジェクト発足と同時に、基本的なルールを定めるために電子メール利用ガイドのような方法（PMツール）を活用することが重要です。

電子メールと同様、その他の作業環境についても、情報伝達、情報共有を行うためのガイド（ルール）をあらかじめ決めておくことが肝要です。よく使われるものを以下に列挙します。

▶ドキュメントとアプリケーション・ソフト
▶パソコン
▶電子メール
▶メーリング・リスト
▶ファイル共有サーバー

これの利用ガイドの例を表4に示します。

表4　各種ツールの活用ガイド（電子メール利用ガイドなど）

①　ドキュメントとアプリケーション・ソフト
プロジェクトにおいてドキュメントは、情報伝達・情報共有の基本です。そのため、作成にあたっては次のことを関係者間で決めておくと作業時間の短縮を図ることができます。 ▶文字／図／表／写真／イラストなどで構成されるため、別々のフォルダーで管理する。 ▶文字主体の作成はワープロ・ソフトを用いる（表計算ソフトを用いない）。 ▶使用するソフトとバージョン、文字サイズ／行間等を統一する。 ▶表計算ソフトで表を作成するときは、プリント出力の際、用紙に収まるようレイアウトする。 ▶タイトル、作成日、訂正日、作成者、ページ番号を明記する。

- ▶ファイル名の命名規則を付ける。

    たとえば［PMTool-NameYYMMDD.doc］のように、タイトル／作成者／作成日で構成する。ファイル名には文字化けを防ぐためにできるだけ英数字を用いる。また、即時に識別できるように簡略化する。

②　パソコン

　現在のコンピュータ環境の移行期では統一することは不可能だと思われますので、トラブルを未然に防ぐために、使用するOSとバージョンをあらかじめ確認します。例えば、Windows XP、Windows 7、Mac OS X 10.5などです。

③　電子メール

電子メールは、今や業務に欠かせない重要なコミュニケーション・ツールですが、メール上のトラブルも後を絶たないのも事実です。少なくとも関係者間でストレスをなくし、作業時間を短縮するためには次のことをあらかじめ取り決めるとよいです。

- ▶件名を見ただけで情報が伝わるように配慮する。
- ▶直感的に伝わるように件名の冒頭に【重要】、【会議通知】、【決定】等を表記する。
- ▶本文は、受信者が画面をスクロールしなくてすむように短文にする。長くなる場合は、段落間を1行あけるなどの工夫をする。
- ▶機種やOSに依存する特殊文字は使用しない。
- ▶メールを読み即座に電話連絡が必要な場合を想定して、必ず署名を入れる。
- ▶添付ファイルの容量を制限する（例えば5MB）。
- ▶添付ファイルの容量が大きい場合は圧縮する。その際、EXE形式のフォーマットはウィルス感染防止の観点から使用しない。
- ▶宛先を充分注意する（プロジェクト外部への誤送信を防ぐ）。

④　メーリング・リスト

　メーリング・リストは、宛先のアドレスが1つで済み、同時に関係者に情報を発信することができるため有効です。場合によっては、メーリング・リスト上で書面会議を開催することができます。そのため、プロジェクトの開始にあたってメーリング・リストを開設することをお進めします。この際、使用するサーバーと管理者を決めることも大切です。

⑤　ファイル共有サーバー

電子メールやメーリング・リストでファイルを送付する場合、容量制限が発生してしまいます。そこで、情報共有を効率的に行うにはファイル共有サーバーを開設することが有効です。共有サーバーによって所属や組織が異なる場合でも情報共有を行うことができます。

　ただし近年は、企業や自治体の中には情報漏洩防止の観点から外部のファイル共有サーバーにアクセスできないようなネットワーク設定になっている場合があるので注意が必要です。

＞＞実施することで、どのような成果が期待できるか

　これらの事項をプロジェクトのキックオフ・ミーティングのときに関係者で共有すると、事務的な作業が大幅に低減され、創造の時間を増大することができます。オフィスでの業務プロセスやマネジメント工程を標準化することにより、成功するプロジェクトのための仕組みづくりと活力ある組織活動に貢献します。

　私たちが普段何気なく使っている電子メールを、効率的な情報伝達、情報共有の観点で見直すと多くの改善点があることがわかります。

＞考察

＞＞具体的な効果（定量的／定性的）として管理可能か

　電子メール利用ガイドは、プロジェクトの進捗や運営によって変更する場合があります。そのために、変更履歴によって管理します。

＞＞PMツールを活用することのメリット、デメリット

　電子メール利用ガイドを活用することによって、業務時間を短縮するメリットがあります。デメリットとしては、すべての企業に対応したものでないということです。そのような場合は、このガイドを参考に独自のガイドを作成することをお勧めします。

エピソード6．［XYZ社・業革］ステークホルダーの特定／ステークホルダー登録簿

▶ ストーリー

　中村部長が率いるPQRコンサルティング社のメンバーへのオリエンテーションが、11月4日に決まった。岡田室長が、今回の『業務改革プログラム』の目的と概要等について説明する予定だ。

　岡田室長は、大熊に業務改革企画書を用意させた。PQR社には、この文書をもとに業務改革構想書（プログラム憲章）の作成に着手してもらう。業務改革構想書が承認された後、計画フェーズでは、システム・インテグレーター（SIer）の選定の準備をお願いする予定だ。業務改革構想書で取り上げる各プロジェクトについて、社外に発注するために要求事項文書の作成も必要になる。今回のオリエンテーションは、そういった一連の説明を具体的に行わなければならない。

「大熊さん、承認された業務改革企画書は用意できたかな」
「はい、岡田室長。こちらに用意しました」
「ご苦労だったね。これが承認された最終版だね」
「そうです。先日の経営会議で正式に承認されたものです」
「ありがとう」

　岡田室長は、改めて業務改革企画書を読み返してみた。この文書が今回の『業務改革プログラム』の構想フェーズの前提になり、記述内容がPQR社の作業に直結する。もし内容に不備、不足があれば、PQR社の作業に影響しスケジュールの遅れやリカバリのためのコスト増を誘発する。岡田室長は、PQR社の中村部長や新しく参加するPQR社のメンバーにプログラムの概要を説明する観点で再確認した。業務改革企画書は、まだPQR社の中村部長にも見せていなかったのだ。

　岡田室長は、業務改革企画書にはステークホルダー登録簿は出来ているが、ステークホルダーの関係を表現した図がないことに気付いた。

「大熊さん、申し訳ないが今回のプログラムにおけるステークホルダー関係図を作成してくれないか」
「ステークホルダー関係図ですか？」
「そうだ。業務改革企画書では、あまり細かく記述していないが、PQR社に説明し業務改革構想書（プログラム憲章）の作成をお願いするには、もう少し詳しい資料が必要だと思う」

　そう言って、岡田室長は大熊に指示を出した。

構想フェーズ―エピソード6

▶解説
▶▶何が起きているか
　プログラムやプロジェクトは、工場、販社、関連する組織部門、お客様など、さまざまな関係者（ステークホルダー）が存在します。そうした関係者に関する情報をステークホルダー登録簿にまとめます。ところが、ステークホルダー間でどの情報を誰に連絡するのか、承認するのは誰か、関連する部門はどこか、などの関係が明確でない場合、折角の作業も不十分な結果を招き、最後に手戻りが発生する可能性を含んでしまいます。また、口頭による説明や、文章による記述だけでは、それらの関係を、PQR社に正しく説明することができません。

▶▶何をしようとしているのか
　プログラムやプロジェクトに影響を与える工場、販社、関連する組織部門、お客様などすべてのステークホルダーの関係を、PQR社のメンバーにも分かるように、図を使ってわかりやすく表現しようとしています。

▶▶実行できない／成果が出ない要因は何か
　プログラムマネジメント標準では、"プログラム・ステークホルダー特定プロセスは、プログラムでステークホルダーを公式に特定して、ステークホルダー登録簿を作成する。この登録簿は、プログラム・ステークホルダー・マネジメントの主要なインプットであり、同様に、プログラム報告書の配布と他のコミュニケーションへのインプットでもある"と記述されています。ステークホルダーの特定について、ステークホルダー登録簿だけですと、ステークホルダーの関係が分かりにくく、情報共有の成果がでない要因になります。

▶活用したPMツール　ステークホルダー登録簿、ステークホルダー関係図、ステークホルダー分析グリッド

▶▶PMツールをどのように活用すればよいか
　プログラム・ステークホルダー特定プロセスでは、まず関わりを持つ可能性のあるすべてのステークホルダーを特定し、その役割、部門、利害、知識レベル、期待、影響などを把握します。その結果をステークホルダー登録簿に記録します。ステークホルダー登録簿の例を表5に示します。

表5　ステークホルダー登録簿

識別情報			評価情報			分類	
氏名	組織	職位	要求事項	主な期待	関心度	社内／外	支持
高宮	営業	執行役員	納期遵守	機会損削減	大	社内	プロジェクト支持者
川島	生産	部長	在庫圧縮	生産コスト削減	大	社内	プロジェクト内部
小倉	生産	執行役員	営業権限削減	コスト増（懸念）	中	社内	プロジェクト反対者
川淵	物流	取締役	在庫圧縮	コスト削減	小	社内	中立の者
ハマム	顧客	会長	短納期	仕入価格削減	中	社外	中立の者

ステークホルダーの関係を表すためのPMツールにステークホルダー関係図があります。対外的な組織に関するステークホルダーの関係を図式化する場合、まず、自社（XYZ社）を中央に置き、次に自社の左側に協力会社を、右側にお客様を書きます。エンド・ユーザーは、お客様の会社の製品を購入するため、お客様の下側に書きます。

ステークホルダーはXYZ社の対外的な組織だけでなく、XYZ社の社内にも存在します。XYZ社の社内のステークホルダーも同じように図式化することにより、ステークホルダーが可視化され相関関係が明確になります。

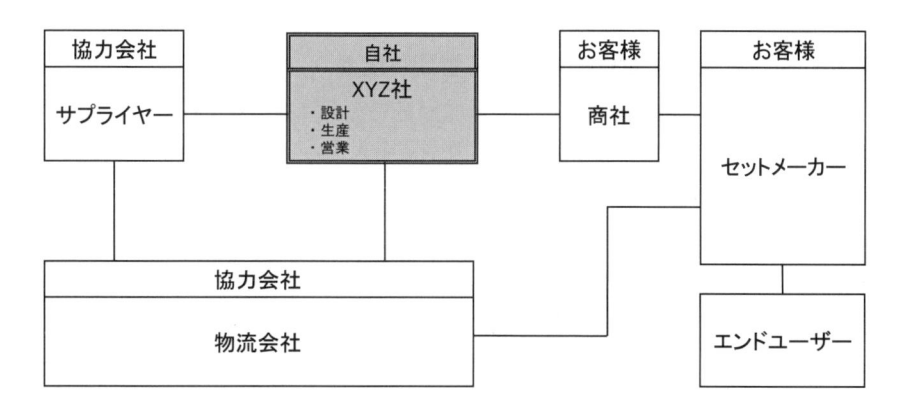

図5　ステークホルダー関係図（1）

次に、特定されたステークホルダーと折衝する戦略を立てます。この分析に役に立つのが、図6です。プログラムの成果に関して、権限レベルと利害レベル（関心度）に基づいてステークホルダーを分類し、主要なステークホルダー同士がどの様に影響し合うか考え、プログラム成功に向けてステークホルダーからの支援を増大させ、マイナスの影響を最小にします。

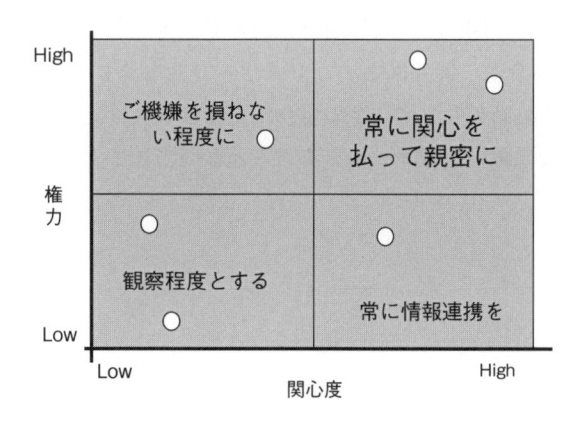

図6　ステークホルダー分析グリッド（1）

>> 実施することで、どのような成果が期待できるか

　ステークホルダー登録簿を作成することで、明示的にステークホルダーを特定することができます。さらに、ステークホルダー関係図により、それぞれの相関関係が、文書のみによる記述よりも直感的にわかるようになります。その結果、計画を立案する際の作業効率を高めることができます。また、ステークホルダー分析グリッドにより、多数のいろいろな立場のステークホルダーに対するコニュニケーションおよび期待のマネジメントを容易にします。

> 考察

>> 具体的な効果（定量的／定性的）として管理可能か

　ステークホルダー関係図は、その名のとおりステークホルダーの関係を図式化したものですが、だからといって、すべてのステークホルダーを図中に記入すると煩雑になり効果がありません。同じ役割を持つステークホルダーは、代表的なもの（たとえばお客様名や協力会社名など）を記入するに留めます。

　またステークホルダーの立場や関心度および関係は、プログラムまたはプロジェクトの進捗によって変化することが想定されます。その場合は、随時、修正や追記を行い管理することが大切です。

>> PMツールを活用することのメリット、デメリット

　上記のとおり、ステークホルダーを明示的に特定し、マネジメント戦略を立案することは重要です。特に、ステークホルダーの関係を図式化することにより、文書ではわかりにくいそれぞれの関係が直感的にわかるようになります。その結果、計画を立案する際の作業効率を高めることができ、かつ情報共有に貢献するといったメリットがあります。

　ステークホルダー関係図を作成する際のデメリットとしては、従来、存在する類似のPMツールでステークホルダーの関係を図式している場合、図の記載ルールがその場合と異なることがあげられます。そのような場合は、関係図というPMツールを参考にしながら、独自の関係図の記載方法を確立することをお勧めします。その場合、自社は中央に記載することや、左側に協力会社を記載するといった最低限の記載ルールを決めるとよいでしょう。

エピソード7．［XYZ社・業革］効率的な会議運営／会議運営ガイド

▶ストーリー

　11月4日、無事にPQRコンサルティング社向けのオリエンテーションが終了した。12月末に向けて業務改革構想書（プログラム憲章）をまとめるためには、PQR社のメンバーの協力が必要だ。
　岡田室長は、PQR社へのオリエンテーションが終了し、ひと息ついた。
　「これから本格的に活動開始だ」
　10月30日（金）の第1回目のPG推進室の定例会議から、そろそろ一週間が経とうとしていた。岡田室長は、オリエンテーションの準備に気を取られていて、定例会議の議事録が届いていないことにはじめて気付いた。そして大熊を呼んだ。
　「大熊さん、会議議事録が届いていないが作成していたら見せてくれないか。」
　「岡田室長、まだ作成していません」
　「おい、先週の金曜日だぞ。そんなに時間をかけなくてもいい」
　「はい、オリエンテーションの準備を優先していたので」
　「それはわかるが…忘れていたのか？」
　「いいえ、そういうわけではありませんが…」
　「…」
　岡田室長は、大熊にもう一度確認した。
　「気持ちはうれしいが、議事録も大切だぞ。まだ何にもしていないのか？」
　「…はい。今は業務改革構想書の作成方法について、メンバーと議論することを優先したかったので。他にも部門トップとのインタビューや現場スタッフや関係者にヒアリングをしていかなければなりませんでしたので…」
　「大熊さん。その気持ちは大切だ。間違っていないがメンバー全員の認識を合わせるために議事録も大切なのだよ。それはPQR社向けのオリエンテーションのときにも説明したぞ」
　「…」
　「私の説明も足りなかったのかもしれないね。すまなかった」
　「いいえ、そういうわけではありませんが、第1回目の会議で方針の通知のみでしたし、第2回目の会議は来週月曜日ですから、この土日で作成すれば、月曜日会議の始まる8：00までに準備できます。そのつもりでした」
　「…」
　「…岡田室長、何か問題でしょうか？」

> 解説

>> 何が起きているか

　毎週、月曜日8：00からが定例会です。しかし、定例会の議事録と会議資料が、翌週の定例会の席上に配布されようとしています。このままでは1週間も時間が経つことになってしまいます。議事録が1週間もかかっては、会議の席上、何を決めて、どのような行動を起こせばよいのかがメンバーの記憶や記録任せになってしまいます。また、事前に資料が配布されなければ、会議当日初めて資料を読むことになり、即決の判断をすることができ難くなってしまいます。

>> 何をしようとしているのか

　岡田室長は、効率的な会議運営のためには①会議通知、②議事次第、③議事録の3点セットが重要と考えていました。しかし、当たり前であるはずのこれらの運用が意外にも行われていないと感じ、何とか効率的な会議を行いたいと考えるようになりました。

>> 実行できない／成果が出ない要因は何か

　さまざまな部門から集まったプロジェクト・メンバーのため、会議の進め方が出身部門によって異なることはよくあります。また会議運営について大学では学ぶ機会なく、会社に入ってから体験として覚えています。そのため、一人ひとりの体験が異なり、ノウハウとして蓄積されていないのが非効率な会議運営の原因と思われます。

▶活用したPMツール　会議運営ガイド

>> PMツールをどのように活用すればよいか

　会議は、プログラムマネジメント標準では、プログラム・コミュニケーション・マネジメントのツールと技法の一つに位置づけられています。会議運営に関わる①会議通知、②議事次第、③議事録などは、プログラム・コミュニケーション・マネジメントの中の情報配布にあたりますが、効率的な会議運営を行うためのPMツールとして、会議運営ガイド（表6）があります。このガイドを参考にすると、効率のよい会議運営を行うことができます。

表6　会議運営ガイド

① 会議通知
会議通知は、会議の約1週間前には電子メールで行います。タイトルに【会議通知】、会議名、日時、場所を記入するとよいです。本文には、議事次第を記入し、事前に配布資料を送付しておくことにより、参加者は事前に会議の準備が可能になります。
② 議事次第
議事次第は、会議通知を編集し、当日の会議の席上で配布するものです。会議通知を編集することにより、数分程度で議事次第を作成することができます。
③ 議事録
議事録は、議事次第の項目にそって、決定事項と継続審議事項が分かるように書くことが重要です。また、会議の席上で作成し、プロジェクター等で投影し、間違いがないかどうかを確認することで時間の短縮が図れます。議事内容に間違いがあれば、その場で修正し、会議終了後、速やかにメーリング・リストで配布することができます。これによって、会議参加者は、即座に次の行動に移ることができます。
④ 体制・連絡表
「体制・連絡表」は、第1回目の会議で配布する資料です。体制・連略表を表計算ソフトやデータベース・ソフトのデータとして使えるようにしておくと、必要な人に即座にメールを送信することができるなど利便性が高いです。

>> 実施することで、どのような成果が期待できるか

　電子メール利用ガイドとも重複しますが、これらの事項をあらかじめ関係者で共有しておくと、事務的な作業が大幅に低減され、考え創造する時間を大幅に確保することができます。会議運営ガイドによって、オフィスでの業務プロセスやマネジメントを標準化することにより、成功するプロジェクトのための仕組みづくりと活力ある組織活動に貢献します。

> 考察

>> 具体的な効果（定量的／定性的）として管理可能か

　会議運営ガイドは、プロジェクトの進捗や運営によって変更する場合があります。そのために、変更履歴によって管理します。

>> PMツールを活用することのメリット、デメリット

　会議運営ガイドを活用することによって、業務時間を短縮するメリットがあります。デメリットとしては、すべての企業に対応したものでないということです。そのような場合は、このガイドを参考に独自のガイドを作成することをお勧めします。

構想フェーズ

エピソード8. ［PQR社・業革］プログラム・ベネフィットの認識／プログラム憲章

▶ ストーリー

　11月下旬、第1回目の業務改革構想書（プログラム憲章）のレビューが終わった。岡田室長は、この文書の役割や目的などを事前にPG推進室メンバーやPQRコンサルティング社のメンバーに説明していた。業務改革構想書は満足のいく仕上がりにはなっていなかったが、メンバーには指摘をせずに様子を見ていた。
　12月中旬。PQR社の中村部長は、岡田室長と業務改革構想書の作成について打ち合わせた。

「岡田室長、業務改革構想書のまとめ方についてですが…」
「中村部長も気づいていましたか」
「はい。現時点では4つの施策についてそれぞれ記載し、それを合本しているに過ぎません。これでは、業務改革構想書にはなりませんね」
「そのとおりです。個々の施策間の関連について何も記述されていません」
「スケジュールが厳しいこともあって、現在の作業のやり方はそれぞれ4つの施策ごとに作業担当者を分けています。これがマイナスになっています」
「中村部長、今度はメンバー全員を呼んでもう一度説明したほうがよさそうですね」
「そのようです。年末ですし時間はありません。臨時の会議を開きましょう」
「わかりました。招集します」

　大熊は会議室の予約を取ろうとした。定例会議の予約でどこの会議室も空きはなかったが、交渉に応じてくれたXYZ社の他の社員が会議室を譲ってくれたのだ。岡田室長は、PG推進室、PQR社のメンバー全員を会議室に呼んだ。

　いつものように、岡田室長から話を始めた。
「みなさん、お疲れさまです。業務改革構想書のまとめの作業は、順調に進んでいると思います。12月末の経営会議に向けて、各関係部門との合意形成もほぼ終了しているようですのであと一息です。最後までよろしくお願いします」
　つづいて中村部長が話した。
「みなさん、業務改革構想書のまとめ方についてもう一度ご説明します。『業務改革プログラム』は、単に構成する複数のプロジェクトを束ねたものではありません。プロジェクトではなくプログラムそのものをマネジメントする必要があります。ですから、個々のプロジェクトについて個別にまとめるのではなく、プログラムとしてまとめてみてください」

＞解説

＞＞何が起きているか

　複数のプロジェクトを有するプログラムが明確に定義されました。担当者は『業務改革構想書』をまとめようとしていますが、どのようにまとめてよいのか迷っています。

＞＞何をしようとしているのか

　プログラムをマネジメントできるようにするための準備をしようとしています。そのために、プロジェクト間の影響範囲を明確にし、後に進捗管理ができるように『業務改革構想書』にまとめようとしています。

＞＞実行できない／成果が出ない要因は何か

　プロジェクトと違い、プログラムにはプログラムそのものに明確な形がある訳ではないため、マネジメントするために何を準備すればよいのかがわかっていません。

▶活用したPMツール　プログラム憲章

＞＞PMツールをどのように活用すればよいか

　プログラムをマネジメントするためには、最初にプログラム憲章を作成することが有効です。プログラム憲章を構成する要素は、プログラムマネジメント標準によれば、表6のように整理されています。

＞＞実施することで、どのような成果が期待できるか。

　プログラム・ベネフィットを達成するためにプログラム内のプロジェクトを横断して、適切な計画、スケジューリング、実施、監視とコントロールを可能とする基盤を作り上げることができます。また、プログラム・レベルでステークホルダーを見た場合、プロジェクトに比べ範囲が広く、利害関係も多種多様になるため、コンフリクトが起きる可能性は高くなります。プログラム憲章は、ステークホルダーに共通認識を植えつけ、コンフリクトが起きる可能性を下げるとともに、コンフリクトが起きてしまった場合の解決の拠り所になります。

　『業務改革プログラム』で作成した場合は、表7のようになります。

表7 プログラム憲章を構成する要素

項　目	内　容
正当性	プログラムはなぜ重要なのか、達成のために何が必要か
ビジョン	最終状態はどのようなものか、組織にどのように貢献するか
戦略適合	主要な戦略牽引要素は何か、組織の戦略目標と他の実施中の戦略構想との関連は何か
成果	ビジョンを達成するために必要で主要なプログラムの成果は何か
スコープ	何がプログラムに含まれるか、含まれないものは何か
ベネフィット戦略	要求される主要なベネフィットは何か、それらの実現はどのように予想されるか
前提条件と制約条件	プログラムを形成する上で配慮すべき前提条件、制約条件、依存関係、外部要因は何か
コンポーネント	プログラムの目的を達成するために、どのようなプロジェクトと他のプログラムのコンポーネントを構成するか
リスクと課題	プログラムの要約を準備する中で特定された初期のリスクと課題は何か
タイム・スケール	主要なマイルストーンのスケジュールを含めて、プログラム全体の所要期間はどの程度か
必要とされる資源	見積もられた、必要とされるプログラムのコストと資源は何か
ステークホルダーの考慮	誰が特定されたステークホルダーか、誰が最も重要なステークホルダーか、ステークホルダーのプログラムに対する姿勢はどのようなものか、ステークホルダーをマネジメントする立上げ時の戦略は何か
プログラム・ガバナンス	プログラムをマネジメントし、コントロールし、支援するために推奨されるガバナンス構造は何か、プロジェクトと他のプログラム・コンポーネントをマネジメントおよびコントロールし、必要な報告事項を含めた、推奨されるガバナンス構造は何か
初期のハイレベルのロードマップ	プログラムが進捗するためのハイレベルなロードマップは何か

（出典）PMI（2008）『プログラムマネジメント標準　第2版』

表8 『業務改革プログラム』プログラム憲章

項　目	内　容
正当性	中期経営計画において、「リードタイム短縮」、「設備稼働率の向上」、「在庫削減」の3テーマを戦略目標とし、各々アクション・プランを策定、実施してきているが、現在の状況では今まで以上に全体最適の視点でアクション・プランを策定する必要がある。
ビジョン	製品ライフサイクル全体を最適化することより、納期短縮、コスト削減を実現し、市場競争力を回復する。
戦略適合	戦略マップ上、「プロセス視点」部分への追加であり、「顧客の視点」での目標をより達成しやすくなる。
成果	製品ライフサイクルの最適化
スコープ	業務プロセス、プロセスを実現する組織・ITを範囲とする。人材に対するものは含まない。
ベネフィット戦略	短リードタイム／効率的な物流 } コストダウン ⇒ 顧客獲得 ⇒ 売上げ拡大
前提条件と制約条件	体制表を参照
コンポーネント	・S&OPシステム導入　・PLMシステム導入 ・SCMシステム導入　・新ITセンター構築
リスクと課題	表12を参照
タイム・スケール	・S&OPシステム：第60期3月末　・PLMシステム：第60期9月末 ・SCMシステム：同上　・新ITセンター構築：第60期3月末
必要とされる資源	プロジェクト概要を参照
ステークホルダーの考慮	体制表を参照
プログラム・ガバナンス	経営会議への報告
初期のハイレベルのロードマップ	図8を参照

＞考察

＞＞具体的な効果（定量的／定性的）として管理可能か

　プログラム憲章もプロジェクト憲章と同様に、テンプレートを事前に用意しておくことにより、短期間で作成することができます。

　さらにプログラム憲章もまた、プログラムが開始された後で内容に変更が生じた場合は訂正する必要があります。そのため、改訂履歴を正確に記録し、末尾に変更履歴のページを設け、改訂日、改訂者の氏名、承認日、承認者（役職・氏名）、改訂内容等を管理します。この点はプロジェクト憲章と同様です。

＞＞PMツールを活用することのメリット、デメリット

　プログラム憲章もまた、テンプレートを準備することによって、プログラムに必要な事項を忘れることなく記述するというメリットがあります。ただし、プロジェクト憲章と異なり、プロジェクト間の関連に関する記述は、プロジェクトによるところが大きいため、テンプレートを用意していても、その内容は十分ではありません。企業にあった独自のテンプレートを作成することはもちろんですが、プログラム憲章を作成するたびに、その内容を充分吟味してテンプレートの改訂を繰り返すことをお勧め致します。

構想フェーズ

エピソード9．[PQR社・業革] プログラム・ベネフィットへの道／プログラム・ロードマップ

▶ ストーリー

　PQRコンサルティング社の中村部長の説明のあと、PG推進室のメンバーおよびPQR社のプロジェクト・メンバーは、全員で業務改革構想書（プログラム憲章）の作成について検討を始めた。
　作業を進めて直ぐに、プログラムの進捗を評価するための方法に議論が集中した。PG推進室の岡田室長も、PQR社の中村部長も、メンバーの前向きな活動を見守っているらしく指示を出さなかった。
　議論の中、積極的に発言していたのは、やはり大熊だった。
　「プログラムの進捗は個々のプロジェクト進捗の集約でよいのではないか。プログラムはプロジェクトの相関を示すものだけど、進捗管理をするのに相関を意識する必要はないと思うけど…」
　この意見とは別の考えを持っていたのが、小倉だった。
　「たしかに大熊さんの意見はもっともだと思う。でも中村部長は、個々のプロジェクト憲章の集まりではないと仰っていた。やっぱりプログラム独自の進捗評価指標が必要ではないかと思う…」
　他のメンバーはどちらにも一理あるように感じていた。しかし「これが正しい」と思うほどには納得できなかった。

　その後も議論は続いた。小倉の言う"プログラム独自の進捗評価指標"についても、全員で検討してみたが、やはり結論はでなかった。相談の上、中村部長に意見を求めることになった。
　「中村部長、プログラム憲章のことで教えていただきたいのですが」
　「なんでしょう、大熊さん」
　「進捗管理について、どのように記述すればよいのかわからなくて困っています。全員で検討してみたのですが、よいアイデアが出なくて…。それで中村部長にご相談することで意見が一致しました…」
　「そうですか。みなさんが熱心に議論されていることは知っていました。XYZ社の意気込みが伝わってきます。弊社（PQR社）のメンバーは何か言っていましたか？」
　「はい。先日の中村部長のお話から"プログラム独自の評価指標"が必要との意見がありました。でもそれ以上に具体的な内容まで決められなくて…」
　「わかりました。プログラム・ロードマップというのがあります。使ってみてはいかがでしょう」
　中村部長は、PMツールを紹介し、あとは彼らの検討に任せた。

＞解説

＞＞何が起きているか

業務改革構想書（プログラム憲章）を作成しようとしています。しかし、進捗管理の方法について、どのように業務改革構想書にまとめればよいのか、わからなくなりました。

＞＞何をしようとしているのか

『業務改革プログラム』の進捗管理をどのように実施し、それをどのように業務改革構想書にまとめるか、その方法を検討しています。

＞＞実行できない／成果が出ない要因は何か

業務改革構想書を作成しているメンバーは、プログラムの進捗を管理したことがありません、もちろんその方法も知りません。PQR社の中村部長のアドバイスをもとに、メンバーの中で議論を重ねていました。

過去に電子メールガイドや会議運営ガイドなどを作成した経験から、今回もプログラム独自の進捗評価指標を作成することも検討しました。しかしプログラムの進捗評価指標をどのように決めればよいかわからず、作成できませんでした。

▶ 活用したPMツール　プログラム・ロードマップ

＞＞PMツールをどのように活用すればよいか

プログラムの進捗管理はプログラムを構成する個々のプロジェクトの進捗管理を行なうことではありません。

プログラムの進捗管理を行なうにはプログラム・ロードマップを活用します。プログラム・ロードマップとはプログラムの意図した方向を年代順に表記したもので、主要なマイルストーンと意思決定ポイント、プログラムを構成するプロジェクト、それらの依存関係や連携と、管理するベネフィットを表現したものです（図8）。

＞＞実施することで、どのような成果が期待できるか

プログラム・ロードマップを作成することによって、プログラムの実行をマネジメントすることが可能になり、プログラムに期待されるベネフィットを達成するための進捗評価に役立てることができます。つまり、プログラムの目標を達成するために、ブレークダウンした各プロジェクトの目標を達成しようとするのですが、仮にプログラム内のすべてのプロジェクトが成功し、プロジェクト目標が達成されたとしても、プログラムとしての目標が達成されたかどうかは判断できません。ブレークダウンの方法に誤りがあれば、プログラムの目標は達成しないのです。したがって、プログラム・ロードマップによって、明確な目標と達成レベルをあらかじめ決定しておき、その内容が達成できたかどうかを確認することによって、プログラムの進捗管理を行うことが可能になります。

『業務改革プログラム』のBSC（表9）および投資回収計画（キャッシュフロー）（図7）を

受け、管理するプロセスのベネフィットのロードマップを、図8にまとめました。表10は図8のベネフィット項目の説明です。これをベネフィット達成の物差しとしていきます。

表9 『業務改革プログラム』のBSCとベネフィット

製品ライフサイクルの最適化
製品ライフサイクルを最適化することで、リードタイム削減、コスト削減を実施し、市場での競争力を強化する

戦略マップ	戦略目標	ベネフィット項目（KPI）	ターゲット	アクション・プラン
財務	企業付加価値の向上 売上拡大	・新製品からの収益の割合 ・売上成長率	・30%（4年後） ・8%（4年後）	
顧客	顧客維持の促進 低コスト	・顧客離れ ・新規獲得顧客数	・50%削減（4年後） ・10社／期（4年後）	
プロセス	リードタイム短縮 物流の効率化 在庫削減	・納入リードタイム ・設計生産リードタイム ・売上高物流費率 ・在庫削減	・3日以内（4年後） ・10日（4年後） ・1.8%（4年後） ・0.5カ月（4年後）	・S&OPシステム導入 ・PLMシステム導入 ・SCMシステム導入 ・S&OP/SCMシステム導入
学習と成長	社員のスキルアップ	・教訓蓄積数 ・1人あたり年間研修時間	・100件（サービスイン半年後）200時間（4年後）	

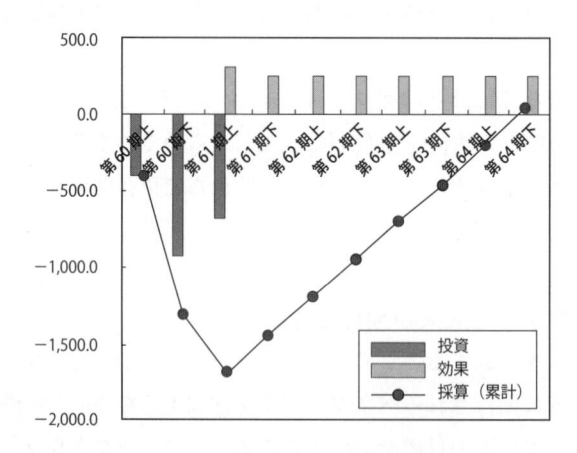

図7 キャッシュフロー

プログラムロードマップ項目	第59期	第60期	第61期	第62期	第63期	第64期
業務改革目標達成レベル			・受注から納品までのリードタイムが短縮できている。 ・仕掛りおよび製品在庫が最適化できている。	・効率的な材料調達ができている。	・全ての事業、および工場においてライフサイクル全般が最適化されている。	・定常業務で確実に効果の刈り取りが出来ている。
	業務改革プログラム　61期/04月 　　　　S&OP　60期/03月 　　　　SCM　60期/12月 　　　　PLM　60期/03月 　　　　ITセンター　60期/03月 業務プロセス制定 S&OP構築 ITインフラ整備 物流戦略策定 SCM構築			統合BOM整備 設計改革 調達設計	LED企業M&A 工場の統廃合 仕組みの展開	

ITプロジェクト	ベネフィット項目	第59期現状	第61期	第62期	第63期	第64期
S&OP	納入リードタイム	10日	8日	6日	4日	3日
PLM	設計生産リードタイム	30日	25日	20日	15日	10日
SCM	売上高物流費率	2.6%	2.2%	2.0%	1.9%	1.8%
S&OP・SCM	在庫削減	1.2カ月	0.9カ月	0.7カ月	0.6カ月	0.5カ月

図8　『業務改革プログラム』および管理ベネフィットのロードマップ

表10　管理ベネフィットの定義

管理ベネフィット項目	KPIの定義・条件
1. 納入リードタイム	特定製品の確定受注から納入までの日数（3カ月予測と1カ月内示）
2. 設計生産リードタイム	新仕様の決定から納入までの日数（基本設計済みの製品系列、仕様検討期間を除く）
3. 売上高物流費率	グローバル物流費（輸送・保管費用）/ 連結売上高、（資材物流、製品物流とも）
4. 在庫削減	総在庫高 / 連結売上高

＞考察

＞＞具体的な効果（定量的／定性的）として管理可能か

目標や達成レベルをなるべく具体的な効果（定量的／定性的）に決めておくことで、プログラムの進捗もまた定量的、定性的に管理可能になります。

＞＞PMツールを活用することのメリット、デメリット

プログラムは実施期間の長いものが多くなります。このためプログラム・ロードマップもまた、短期で目標や達成レベルを記述することはできず、中長期での記述になります。この間、XYZ社をとりまく環境は日々変化していきます。だからこそ、プログラムはプロジェクトとは異なり、変化を柔軟に受け入れる必要があります。プログラム・ロードマップを作成したからといっても、その目標の達成だけを追いかけて進捗管理していると、変化する環境に取り残されてしまう恐れがあります。

構想フェーズ

エピソード10. [PQR社・業革] プログラム・レベルのリスク特定／リスク区分

▶ ストーリー

　作業は順調に進んだ。PQRコンサルティング社を含むPG推進室のメンバーは、12月末に業務改革構想書（プログラム憲章）の承認に向けて忙しく活動していた。
「ここが正念場だと思います。みなさんがんばりましょう」
　大熊が牽引役となって、メンバー全員で業務改革構想書の作成に取り組んでいる。12月末の経営会議には何としても間に合わせたい。これはメンバー全員の思いとなっていた。
　PG推進室のメンバーは業務改革構想書を作成していく中で、プログラムのリスクを特定しようとしていた。しかし、大部分のメンバーがプログラム・リスクをまとめた経験がなかった。
「プロジェクトのリスクなら整理した経験があるけど、プログラムは経験がないよ」
　メンバーの誰もが同じだった。プログラムを対象としてリスクを検討したことは一度もなかった。メンバーは全員で議論を重ねたが、前回の進捗管理の方法と同じく意見がまとまらなかった。
「やっぱりプログラムを構成するプロジェクトのリスクのすべてがプログラムのリスクじゃないのかな」
「いいや、違うと思う。プログラム・リスクは別な視点で考えて、プロジェクト固有のリスクは含めない方がいいと思う」

　意見がおおむね出揃ったところで、大熊が発言した。
「やはり、プログラム・リスクを過不足なく特定しなければならないと思う。それを業務改革構想書に盛り込むべきだ。でも、プロジェクト憲章を作成しているわけではないから、プロジェクトのリスクは記述する必要はないと思う」
「それじゃ、プログラム・リスクってどうやって抽出すればいいの？」
「やっぱり、プログラム・リスクって別な視点で考えることが必要だと思う」
「別な視点って？　例えばどんな？」
「プログラムの目的を達成できない要因だと思う。プロジェクトじゃなくて…」
「それはそのとおりだ。でも別な視点というのをどう考えればいいの？」

　結局、メンバーは全員で議論を重ねても結論が出せなかった。

＞解説

＞＞何が起きているか

業務改革構想書を作成しようとしています。しかし、プログラム・リスクもまた、どのように業務改革構想書にまとめればよいのか、わからなくなりました。

＞＞何をしようとしているのか

業務改革プログラムとしてのリスクを特定しようとしています。

＞＞実行できない／成果が出ない要因は何か

プログラムには、プロジェクトのように明確な成果物や明確な条件があるわけではありません。またプログラムのリスク・マネジメントに求められることは、個々のプロジェクトで行なうべきプロジェクトのリスク・マネジメントを行なうことでもありません。このような解説から、プログラム・リスクの特定そのものをどのような視点で行えばよいのかが不明確で難しくなっています。

▶活用した PM ツール プログラム・リスク区分

＞＞ PM ツールをどのように活用すればよいか

プログラム・リスクの特定には、プログラム・リスク区分を元に行なうことで、陥りがちなプロジェクト・リスクの特定との混同を避けることができます。プログラム・リスク区分には以下の6つがあります（表11）。

表11　プログラム・リスク区分

	リスク区	内容
1	環境レベル	組織の外部環境、組織の内部風土によって発生するリスク
2	プログラム・レベル	プログラムがプロジェクトに分解される方法、プロジェクト間の潜在的な相互作用が原因になり発生するリスク
3	プロジェクト・リスク	プロジェクト・マネジャーの権限を越えるようなリスク
4	業務レベル	通常のビジネスの定常業務への効果的な移管、プロセスや手順を含む作業方法の変更の受け入れや組み立て、組織内の新システムやツールの利用などに関するリスク
5	ポートフォリオに関連するリスク	資源の利用可能性など、プログラム、プロジェクトと他の関連作業に起因するリスク
6	ベネフィットに関連するリスク	プログラム内のコンポーネント・リスクに起因し、プログラムに及ぼすリスク

また、プログラム・リスク特定の活動には、少なくともプログラムをマネジメントする体制の全員と、プログラムを構成する個々のプロジェクト・マネジャーの参画が必要になります。

このようにして特定したリスクが表12になります。

表12　プログラム・リスク一覧

区分		タイトル	内容
1	環境	市場の悪化	市場規模が縮小し、業務改革プログラムの目標では不十分となる。
2	プログラム	実施予定プロジェクト実施時に既存システムへの影響が顕在化	少し先に計画しているPLMシステムの導入時に導入済みとなっているS&OP、SCMシステムへの影響が明らかとなり、導入済みシステムの変更を行なわなければならなくなる。
3	プロジェクト	スケジュール遅延	S&OPシステム開発が遅れ、SCMシステム開発、PLMシステム開発に影響を及ぼす。
4	業務	システム稼動後の業務混乱	複数あるシステムの稼動開始時期が続くため、業務の切替時に混乱が発生し、結果としてミスが起きることで市場の信頼を失う。
5	ポートフォリオ	IT要員のリソース不足	他のプログラムにおけるシステム開発にIT要員が取られ、新システムの運用開始時に手薄となり、問合せ対応などがタイムリーにできず運用が混乱する。
6	ベネフィット	プログラム内の計画の失敗	工場の統廃合がうまくいかず、戦略マップとバランス・スコアカードで設定した目標に到達できない。

>>実施することで、どのような成果が期待できるか

　プログラムの成果は個々のプロジェクトの成果の総和を越えるものになります。プログラム・リスクをマネジメントするということは、あくまでもプログラムの成果を追及するということで、個々のプロジェクトの成功に縛られることなく対応を取ることができるということになります。通常のプロジェクト・リスク・マネジメントであればリスクが顕在化し問題となった場合、その問題解決の行動を取ることになりますが、プログラム・リスク・マネジメントにおいては、その問題となっているプロジェクトを破棄し、プログラムの成果につながる新たなプロジェクトを発生させるような対応も可能になります。プログラム・リスクの対応策、構成するプロジェクトが危機的状況になってしまったときの解決策は、プログラムの構成そのものを維持する観点で対応策を柔軟に選ぶことができます。

>考察

>>具体的な効果（定量的／定性的）として管理可能か

　プログラム・リスクを6つの区分ごとに洗い出しただけでは、定量的、定性的な管理はできません。洗い出したリスクの内容について、それぞれの項目ごとにあらかじめアクション・プランを立てる場合には、何らかの数値的な判断指標が必要になるでしょう。そのような指標を事前に作成し、前もってリスク発生に対するアクション・プランを立てておくことは重要だとも考えます。しかしプログラムを管理する場合は、常に変化に対して柔軟に対応することが必要です。あらかじめアクション・プランを立てておくことも重要ですが、むしろ洗い出したリスクの変化に着目することも重要です。

>> PMツールを活用することのメリット、デメリット

　プログラム・リスクを事前に認識することは重要です。しかしプログラム・ロードマップと同様、いったん作成したものを鵜呑みにせず、定期的に環境の変化を柔軟に取り入れる必要があります。洗い出したリスクの項目のみに注目してしまうと、思わぬ課題に直面してしまう恐れがあります。例えば、環境に関する「新規企業の参入による市場の競争激化が発生する」というようなリスクは、改革業務等に集中してしまっているとついその予兆を見落としてしまいがちです。環境変化への対応にはスピードが要求されることが多く、気づいたときにはもうすでに手遅れということになってしまいます。

構想フェーズ

構想フェーズを終えて

▶ストーリー

　XYZ社の追加施策である『業務改革プログラム』が正式に開始してから2カ月が経った。コンサルタント会社であるPQRコンサルティング社の協力のもと業務改革構想書（プログラム憲章）ができあがり、12月末、PG推進室の岡田室長は、経営会議で承認を得ることができた。
　この業務改革構想書を作成するために、『業務改革プログラム』のプログラム・マネジャーである岡田室長は、PQR社を含むPG推進室のメンバーとともに、現場部門長へのインタビュー、現場部門へのヒアリング、そして関係部門の合意形成を図るために奔走した。

　12月23日の経営会議の場、岡田室長は居並ぶ取締役員の前で、事前に用意しておいた資料を手際よく説明した。事前に合意形成を取り付けており各業務改革の担当役員にも事前に説明していたために順調に進んだかに思えた。しかし事はそううまくいかず、経理部を担当する取締役からこんな質問があがった。

　「岡田室長。我が社を取り巻く環境はきわめて厳しいだけでなく先が見えない。先に合意した業務改革企画書にある前提が崩れることも考えられるが、業務改革構想書では、変化に対応できるかね」
　「そのつもりです。前提が崩れるとは、たとえばどのようなことをお考えでしょうか？」
　「原材料の高騰などによるコスト増や為替変動による損も考えられる。投資に回せる予算が無くなることもあるだろう。また、中期経営計画の施策として立ち上げた生産革新プロジェクトは、現在、販売部門の再編や生産拠点の統廃合などを検討中だ」
　「『業務改革プログラム』では、状況の変化に伴う変更は積極的に受け入れるつもりです。個々のプロジェクトに影響が出る場合には、その都度、影響度をご報告してご決断を仰ぐつもりでおります」

第2章 計画段階

▶ ストーリー

　59期1月、年が明けた。XYZ社の『業務改革プログラム』は、業務改革構想書（プログラム憲章）が承認され、その方向性、目標、ロードマップ・ベネフィットが示された。これで『業務改革プログラム』はエンジンがスタートした。しかし離陸にはまだほど遠い。

　今後、プログラムを構成する4つのプロジェクト（S&OPプロジェクト、SCMプロジェクト、PLMプロジェクト、ITセンター・プロジェクト）のPMを選任し、個々のプロジェクトの立上げに取り組むことになる。XYZ社だけでは実行できないだろう…。

　S&OPプロジェクトは、ステークホルダー間の合意形成が困難であり、このままでは目的が定まらず、プロジェクト憲章が策定できずに空中分解する恐れさえある。
　SCMプロジェクトは、物流拠点の再編成を行わなければならない。現場との調整が重要だ。
　PLMプロジェクトは、新たな製造装置を設計する。現場の意見だけでなく戦略的にも将来性を重視しなければならない。
　ITセンター・プロジェクトは、XYZ社として初めてのITセンターの海外移転、アウトソーシングに切り替える。

　時間は、限られていた…。

XYZ社 計画段階（第59期1月）

XYZ社	第59期			第60期				第61期	
	10月	11月	12月	1～3月	4～6月	7～9月	10～12月	1～3月	4～6月	7～9月
中期経営計画	…実施中…				…終結◆	◆スタート…				
業務改革プログラム	準備段階			計画段階		実行段階			運用段階…	
	企画フェーズ	構想フェーズ		計画フェーズI	計画フェーズII	構築フェーズI		構築フェーズII	移行フェーズ	◆運用開始…

現時点

計画段階 — 計画フェーズⅠ（プログラム計画）

エピソード11．[XYZ社・業革] プロジェクト・マネジャーの選任／選任ガイド

▶ ストーリー

XYZ社のPG推進室は、4つのプロジェクト（S&OPプロジェクト、SCMプロジェクト、PLMプロジェクト、ITセンター・プロジェクト）を発足させた。昨年（59期）12月の取締役会で業務改革構想書（プログラム憲章）が承認されたのだ。

取締役会の後、それぞれのプロジェクトのスポンサーが決まった。『業務改革プログラム』のスポンサーには、企画本部担当役員が選任されていた。他の4つのプロジェクトについても確定した。

- ▶ S&OPプロジェクト　生産本部担当役員
- ▶ SCMプロジェクト　同上
- ▶ PLMプロジェクト　技術本部担当役員
- ▶ ITセンター・プロジェクト　管理本部担当役員

ある担当役員から、こんな発言がでた。

「戦略目標を達成させるためには、不退転の決意でやり遂げなければなりませんね」
「そうですね。そのために、いち早くプロジェクトを立ち上げて軌道に乗せなければなりません」
「これはプロジェクト・マネジャーの選任が重要ですね」
「そのとおり。失敗は許されません。これほど大きな『業務改革プログラム』は、我社でも初めてですから」
「どうやって選任しましょう。何かよいアイデアがあれば、お聞かせ願いたい」
「私のところには、候補に上げたい人材がいますよ」
「私のところにもいます。しかし、プロジェクトごとに個別に決めてしまってよろしいですか」
「今回は『業務改革プログラム』としてガイドとなるもので合意したほうがよいでしょう」

＞解説

＞＞何が起きているか

　取締役会で業務改革構想書（プログラム憲章）が承認され、4つのプロジェクトの構想が練られ、それぞれ4人のスポンサーが決まりました。しかし、業務改革の着手が遅れれば遅れるほど収益が悪化していきます。そのため、できるだけ早くプロジェクトを立ち上げなければなりません。そのためには、まず、プロジェクトを実際に進めるプロジェクト・マネジャーを決める必要があります。そして、プロジェクト・マネジャーを中心にプロジェクトを一日も早く立ち上げなくてはなりません。

＞＞何をしようとしているのか

　プロジェクト・マネジャーは、業務改革の成功の鍵を握る重要な人物であり、慎重に選ばなくてはなりません。XYZ社では、このような社運をかけたプロジェクトの経験がありません。そのため3人のスポンサーは、プロジェクト・マネジャーの選任方法について迷っています。

＞＞実行できない／成果が出ない要因は何か

　プロジェクト・マネジャーの候補者は、当然、既存の部門に属しており、本部長や事業部長といった上司のもとで、部長や課長などの職責を担っています。優秀な候補者であればあるほど、上司からの信頼も厚く、その部門において中核的な役割を担っており、余人に代え難く多忙を極めています。

　そのような部門の上司にとって、優秀な部下をプロジェクト・マネジャーとして一定期間引き抜かれることは、いくら社運をかけたプロジェクトといえども、自部門の戦力低下に直結するため強い抵抗がおきることがあります。このような場合、さほど自部門の業績に影響しないような比較的能力が相対的に低い人、悪く言えばお荷物的な人が、プロジェクト・マネジャーとして、スポンサーなどに推薦されてしまうことがあります。このような場合は、プロジェクトの成果が期待できません。

　また、システム開発が関わるようなプロジェクトの場合、高度な技術に精通している情報システム部門の人がプロジェクト・マネジャーに選ばれることがあります。このようなプロジェクト・マネジャーの場合、専門知識としては優れていますが、その知識に拘るあまり、新たな技術や発想の提案を拒んだり、批判したりして社内の他部門や取引先、プロジェクト・チームのメンバーなどと衝突を繰り返し、円滑な協力関係を形成できないままプロジェクトが途中で挫折することがあります。このような場合もプロジェクトの成果が十分期待できません。

　つまり、プロジェクト・マネジャーを選任する際の基本となるガイドが明確でないために、選任段階で悩んだり、不適当なプロジェクト・マネジャーを選任したことにより、プロジェクトが実行できなかったり、成果が出なかったりすることが起こると思われます。

▶ 活用したPMツール　プロジェクト・マネジャー選任ガイド

>> PMツールをどのように活用すればよいか

　プロジェクトを成功させるためには、優秀なプロジェクト・マネジャーの選任が非常に重要です。そのため、プロジェクト・マネジャーを選任する場合部門個別の利害を超えた全社的な視点で選任する必要があります。また、プロジェクト・マネジャーはさまざまな人々とコミュニケーションするためのスキル、知識、資質などのリーダーシップ機能を必要とします。そして、一緒に働きやすいと思われるような存在であることが大切です。

　プロジェクト・マネジャーの必要条件や望ましい資質については多くの本で紹介されています。ここでは、『プロジェクトマネジメント・プリンシプル』（監訳PMI日本支部、2006）の中で、ジョン・アダムス（John R. Adams）とブライアン・キャンベル（Brian W. Campbell）が整理したリストをもとに、プロジェクト・マネジャーの選任ガイドとしてまとめました（表13）。このPMツールは、プロジェクト・マネジャーを選任する際に活用すると有効です。

　なお、ジョン・アダムスとブライアン・キャンベルは、これらの中でも特に「他人と上手に働けること」という条件が、あらゆる文献で一致していると述べています。

表13　プロジェクト・マネジャーの選任ガイド

No	プロジェクト・マネジャーに必要な条件と望ましい資質	概　　要
1	他人と上手に働けるかどうか	異なった分野や興味、考え方を持った人々から、一緒に働きやすいと思われるような存在であるかどうかということが非常に重要です。そのためには次のような能力も必要です。 ・コミュニケーション能力 ・部門間の調整能力 ・意見衝突の調整能力 ・プロジェクト・チームのメンバーのモチベーションを高める能力
2	技術的専門領域での経験を持っているかどうか	プロジェクトに関連する技術の専門領域を有していることが必要です。
3	技術分野における大学教育を受けているかどうか	プロジェクトに関連する技術において体系的かつ基本的な知識を有していることが大切です。
4	監督経験があるかどうか	プロジェクト・チームを形成し、導いていくためには、部長や課長のような部下を統括し、動機付けを行いながら目標を達成する経験を有していることが大切です。
5	契約管理に精通しているかどうか	コンサルタントに協力を求めたり、システム開発を協力会社に発注したりする場合、必ず契約が必要になります。そのためにも契約管理の能力は必須です。
6	正確に企業状況を紹介できるかどうか	企業の現状や問題点などを正確に把握できなければ、効果的な改善策や構造的な改革は期待できません。そのために必要な能力です。
7	利益志向であるかどうか	プロジェクトには、必ず前提条件としてあらかじめ決められた予算があります。その予算内でプロジェクトを遂行することはもちろんのこと、できるだけ不要な経費を減らすコスト管理が重要です。
8	有能な交渉人であるかどうか	プロジェクトが始まると組織内の幹部や他部門、協力会社などさまざまなステークホルダーとの調整や交渉が必要になります。ときには利害が異なる相手の場合は、プロジェクトの目標に沿った判断が求められます。そのために、交渉能力があるかどうかが重要になります。

>>実施することで、どのような成果が期待できるか

このプロジェクト・マネジャーの選任ガイドを活用することにより、当該プロジェクトにとって適任のプロジェクト・マネジャーを選任することができます。

>考察

>>具体的な効果（定量的／定性的）として管理可能か

プロジェクト・マネジャーに必要な条件と望ましい資質を数値で評価、管理することはきわめて困難ですが、次のプロジェクト・マネジャー候補の評価方法（表14）を用いることにより、ある程度、定量的、定性的な評価を行うことが可能になります。

表14　プロジェクト・マネジャー候補の評価方法

No	プロジェクト・マネジャーに必要な条件と望ましい資質	プロジェクト候補者の評価方法
1	他人と上手に働けるかどうか	候補者の部門長と部下の評価は異なる場合があります。つまり、部門長の評価がよくても、部下の評価が悪い場合があります。このような評価や情報は公式の場ではなかなか入手できません。そこで、異なる分野の人で構成するグループ研修を定期的に行い、2～3名の研修指導員による観察調査を通じて、「他人と上手に働けるかどうか」というプロジェクト・マネジャーの適正を5段階で評価します。そして、人事簿に記録しますが、この記録はプロジェクト・マネジャーを選任する際の指標として用います。このようなグループ研修を通じて、プロジェクト・マネジャー候補者をあらかじめ選定しておくことが大切です。
2	技術的専門領域での経験を持っているかどうか	人事簿の業務記録により、在籍した部門とその技術的専門領域、在籍期間、業績内容と業績数によって評価します。
3	技術分野における大学教育を受けているかどうか	人事簿により、出身大学・大学院・学部・学科や取得学位、資格、受賞歴などによって評価します。
4	監督経験があるかどうか	人事簿により、役職と在任期間、プロジェクト・マネジャー経験数などによって評価します。
5	契約管理に精通しているかどうか	法務部門などの契約書の記録により、契約に関与した業務内容と数によって評価します。
6	正確に企業状況を紹介できるかどうか	定期的な研修によって、自社分析と競合他社分析を行い、その分析結果を複数の研修指導員によって5段階評価します。その評価を人事簿に記録し、プロジェクト・マネジャーを選任する際の指標として用います。
7	利益志向であるかどうか	交際費、打合せ飲食費、タクシー等の交通費などの支出記録を、プロジェクト・マネジャーを選任する際の利益志向の指標として用います。また、業務改革提案などの人事記録も参考指標として用います。
8	有能な交渉人であるかどうか	営業部門や購買部門の人であれば、その人の業績によって、有能な交渉人であるかどうかを判断することができるかもしれませんが、それ以外の部門に属する人の能力を見極めることはきわめて難しいことです。ここでは、『ハーバード流交渉術』（ロジャー・フィッシャー、ウィリアム・ユーリー、1982）の交渉における四つの基本的要素を紹介します。 ・人：人と問題を分離させることができるかどうか ・利害：立場でなく利害に焦点を合わせることができるかどうか ・選択肢：結果を導くにあたって、多くの選択の可能性を考えることができるかどうか ・基準：結果を判断する際に客観的な基準を持っているかどうか これらの基本的要素について、定期的な交渉模擬研修を行い、その状況を観察調査により複数の研修指導員によって5段階評価します。そして、その評価を人事簿に記録し、プロジェクト・マネジャーを選任する際の指標として用います。

≫ PMツールを活用することのメリット、デメリット

　プロジェクトに対するニーズの高まりと多様性に伴い、それをマネジメントするプロジェクト・マネジャーの重要性が高まっています。プロジェクト・マネジャーが果たすべき職務は数多くありますが大別すると計画、組織化、リーダーシップ、コントロールという4つの基本機能に分かれるといわれています。そして、その責務を遂行するために必要な条件と望ましい資質としてプロジェクト・マネジャーの選任ガイドで、8つの項目をとりあげました。このガイドを活用することにより、当該プロジェクトにとって適任のプロジェクト・マネジャーを客観的に短期間に選任できることがメリットとして考えられます。ただし、この8つの項目はすべてのプロジェクトに適用できるとは限りませんので、このガイドを参考に、独自のプロジェクト・マネジャーの選任ガイドを作成することをお勧めします。

　プロジェクト・マネジャーに必要な条件と望ましい資質を客観的に評価するための方法としてプロジェクト・マネジャー候補の評価方法を提示しました。しかし、プロジェクト・マネジャーのような人を数値で評価、管理することはきわめて困難です。そして、人事評価制度ときわめて密接な関わりを持っています。そのため、日常の業務記録や研修制度を改めて見直し、ここで提示した評価方法を参考にしながら、独自のプロジェクト・マネジャー候補の評価方法を構築することをお勧めします。

▶ ストーリー

　PG推進室の岡田室長は、プロジェクト・マネジャー選定ガイドをまとめ、スポンサーに提出して承認を得た。それぞれのスポンサーは、人事担当役員を加えた合議により、それぞれのプロジェクトについて、次のプロジェクト・マネジャーを指名した。

- S&OPプロジェクト：中沢課長（生産管理部生産計画課 担当課長）
- SCMプロジェクト：川島部長（生産管理部 担当部長）
- PLMプロジェクト：遠藤部長（技術管理部 担当部長）
- ITセンター・プロジェクト：本田部長（情報システム部 担当部長）

正式な辞令はまだ下りていないが、4名のPMは内示が出たので正式に活動を開始した。

「やあ、中沢」
「おう、本田」
「お互いにプロジェクトを受け持つことになったな」
「ああ、お互いがんばろう」
この2人のプロジェクト・マネジャーは、XYZ社の同期入社だった…。

エピソード 12．[XYZ 社・業革] プロジェクトの開始／プロジェクト憲章

▶ ストーリー

　　内示を受けた 4 名の PM、中沢課長、川島部長、遠藤部長、本田部長は、まず業務改革構想書（プログラム憲章）を確認した。PG 推進室の岡田室長が配っていた。

　「おい、本田！」
　中沢課長からだった。業務改革構想書を確認した中沢課長は、4 つのプロジェクトがお互いに関連し合っていることに気付いた。
　「おう、中沢か。業務改革構想書のことだろう。これ、たいへんだぞ」
　「ああ、4 つのプロジェクトが関連している。それに俺の担当は S&OP だ。部門を連携することになる。S&OP の方針を決めるだけでも大変なのに、4 つのプロジェクトが連携するとは…」
　「まあ、しっかりやれよ」
　本田部長は、あっさりと答えた。

　「おい、中沢。プロジェクト憲章はどうする？」
　「…？」
　「これまでは部門ごとに自由だったから気にしなかったが、今度は 4 つのプロジェクトが関連するぞ。フォーマットまで統一しなくても、せめて記述内容のレベルを合わせておかないと、PM 間で連携できないぞ」
　「…そうか。その方がありがたい」
　「PG 推進室の岡田室長は、何か考えがあるのか？」
　「わからん。何も聞いてない」
　「…それじゃ、この件はこっちから伝えておくよ。川島部長や遠藤部長にも相談してみる」
　「…頼む」
　「…おい、元気出せ！これは大役だぞ」
　「ああ…」

　本田部長は、PG 推進室の岡田室長に申し出た。
　「岡田さん、PG 推進室として、プロジェクト憲章の指針を決めていただけませんか？」
　「本田部長、そうですね。4 つのプロジェクト間の連携のためにも、何か決めましょう」
　「よろしくお願いします」

▷解説
▷▷何が起きているか
　S&OPプロジェクトは、生産と販売の同期を取るのが目的です。それにはSCMプロジェクトの物流の課題やPLMプロジェクトの新製品立上げの課題とも連携します。またITセンター・プロジェクトは、アウトソーシング先を決定し、先の3つのプロジェクトのシステムを導入するインフラになります。このため要件やスケジュールなど関連する部分はさまざまです。

▷▷何をしようとしているのか
　本田部長は、4つのプロジェクトの情報を効率よく連携するため、またプロジェクトの網羅性を明確にするために、これまで部門ごとに自由に作成していたプロジェクト憲章の記述内容を『業務改革プログラム』として見直すように岡田室長に依頼しました。

▷▷実行できない／成果が出ない要因は何か
　4名のPMの連携が必要になります。それぞれの部門でフォーマットが決まっており、それに慣れている場合には変更したくはないでしょう。現在の内容のままでも連携できると主張されるかもしれません。

　多くの企業では、プロジェクト・マネジャーはプロジェクトの発足と同時に突然任命され、その役割も不明確なままプロジェクトを開始させなくてはなりません。なかには経験のない方がPMに任命されることもあります。

　プロジェクト憲章は本来、会社側（スポンサー）が担当するPMに対して示すものです。プロジェクト憲章には、目的、目標、前提条件、制約条件、権限委譲の内容などを記述します。ですからPMが自らプロジェクト憲章を作成するのは、本来のプロジェクト憲章の目的には沿いませんが、実際の運用ではPMまたはPM候補者がプロジェクト憲章の作成に参加することが望まれます。

▶活用したPMツール　プロジェクト憲章

▷▷PMツールをどのように活用すればよいか
　プロジェクト憲章は、PMBOK®ガイドによると、プロジェクトを公式に認可する文書で、ステークホルダーのニーズと期待を満足させる初期の要求事項が記述されるとあります。

　プロジェクト憲章には、一般的にプロジェクトの目的と目標、前提条件、要求事項、体制、予算等が記述されます。そして、プロジェクト憲章が取締役会等によって承認されることにより文書の効力が生じ、プロジェクトが公式に開始されます。また、プロジェクト憲章によって、プロジェクトを推進する責任者であるプロジェクト・マネジャーに組織の資源（人、設備、予算等）を使用する権限を与えます（表15）。

　日本では憲章（チャーター）という言葉と概念について、あまり馴染みがないために違和感をもつ人が多いようです。プロジェクト憲章に類する用語としては、「プロジェクト構想書」等があります。プロジェクト憲章という用語にこだわる必要はありませんが、別の名称を用いる場合

は、プロジェクトの目的と目標、要求事項、前提条件、体制、予算等について記述され、プロジェクト・マネジャーに組織の資源を使用する権限を与える公式文書であるということに留意する必要があります。

　プロジェクト憲章を作成するには、PMBOK® ガイドによると、プロジェクト作業範囲記述書、ビジネス・ケース、契約書などの情報が必要になります。これらの情報をもとに、あらかじめ表15のようなテンプレートを作成しておくと比較的容易にプロジェクト憲章を作成することができます。記載する上での留意点は、当該プロジェクトの情報だけでなく、関連するプロジェクトを明示しておくことです。それにより情報を共有できるようにしておく仕組みが望まれます。

　また、プロジェクトを発足させるためには当該資金が必要となりますが、営利目的の活動となる一般企業において、まずプロジェクト受注に向けた営業活動だけを1つのプロジェクトとして位置付けたり、本格プロジェクトが始まる前の企画フェーズやトップのデシジョンを得るためのフィジビリティ・スタディだけを1つのプロジェクトとして位置付けてプロジェクト憲章を作成することがあります。

≫実施することで、どのような成果が期待できるか

　プロジェクト憲章のテンプレートを活用することにより、プロジェクトに必要な事項を忘れることなく、プロジェクト憲章を作成することができます。

表15　プロジェクト憲章の項目

No	大項目		中項目	備　考
0	表紙	0-1	お客様組織名	
		0-2	プロジェクト名	
		0-3	文書バージョン	
		0-4	日付	
		0-5	プロジェクト所属組織名	
		0-6	承認欄	
1	プロジェクト概要	1-1	プロジェクト名	
		1-2	プロジェクト・スポンサー	部門、役職、氏名、連絡先
		1-3	プロジェクト・マネジャー	部門、役職、氏名、連絡先
		1-4	ステークホルダー	組織名、部門、役職、氏名、連絡先
		1-5	プロジェクト属性	お客様組織、成果物、プロジェクト開始予定日・完了予定日、プロジェクト予算
2	プロジェクトの解説	2-1	お客様業務環境と課題	
		2-2	プロジェクト立上げの経緯	
3	プロジェクトの目的と妥当性	3-1	プロジェクトの目的	
		3-2	プロジェクトの妥当性	
		3-3	関連組織への影響	
4	プロジェクト要求事項	4-1	お客様要求事項	
5	プロジェクト目標	5-1	プロジェクト目標	
6	プロジェクト環境	6-1	関連プロジェクト	
		6-2	関連システム	

7	プロジェクト・スケジュール	7-1	主要マイルストーン	
8	プロジェクト・マネジャーの責任と権限	8-1	責任	
		8-2	権限	
9	変更履歴	9-1	変更履歴	改訂日、改訂者の氏名、承認日、承認者(役職・氏名)、改訂内容

＞考察

＞＞具体的な効果（定量的／定性的）として管理可能か

　プロジェクト憲章は、プロジェクトが開始された後でも内容に変更が生じた場合は、訂正する必要があります。そのため、プロジェクト憲章の改訂履歴を正確に記録する必要があります。一般的には、プロジェクト憲章の末尾に変更履歴のページを設け、改訂日、改訂者の氏名、承認日、承認者（役職・氏名）、改訂内容等を管理します。

＞＞PMツールを活用することのメリット、デメリット

　プロジェクト憲章のテンプレートを活用することにより、プロジェクトに必要な事項を忘れることなくプロジェクト憲章を作成できるというメリットがあります。

　デメリットしては、作成したプロジェクト憲章のテンプレートが、すべての企業の運用規定に当てはまるとは限らないことです。そのために、企業にあった独自のテンプレートを作成することが大切です。

エピソード13．[XYZ社・業革] 商流・物流・金流・情報流の可視化／ステークホルダー関係図

▶ ストーリー

　1月、4つのプロジェクトのPMである、中沢課長、川島部長、遠藤部長、本田部長は、行動を開始していた。その頃、PQRコンサルティング社の中村部長もPG推進室の岡田室長と今後の活動について話し合っていた。

　「…それで、岡田室長。業務改革構想書は承認されましたか」
　「ええ。プロジェクトの関連性を示すためにステークホルダー関係図を追加するように指示がありましたが、PQR社へのオリエンテーションのときに使用した資料を少し変えて付け加えたことで、特に問題もなく承認されました」
　「そうでしたか。おめでとうございます」
　「中村部長、それで早速ですが、現状の把握と課題抽出を早急に行いたいと考えています。特に商流、物流、金流、情報の流れについて整理したいのですが」
　「わかりました、岡田室長。いよいよ4つのプロジェクトの立上げですね」
　「ええ。先日、4つのプロジェクトのPMも任命されました。これからは、彼らとも連携していくことになります」
　「わかりました。では（PQR社を含む）PG推進室が、今どんな作業を進めているか、ご説明する必要がありますね。PG推進室のメンバーは、インタビューやヒアリングを始めていますから、もうご挨拶を済ませているかもしれません」
　「…そうですね。なるべく早く、今後の活動について打ち合わせた方がよさそうです」

　岡田室長は、そういって大熊に指示した。
　「大熊さん、先日任命された4名のPMに連絡してくれないか。会議を開きたい」
　「わかりました」
　「それに、業務改革構想書も正式に説明が必要だろう。インタビュー記録やアンケート記録などもね」
　「それは、これまでの報告資料が転用できます。たぶんこちらの準備は問題ありません。PMの方々のスケジュールを確認してみます」
　「そうだね。お願いします」

　岡田室長は、PQR社の中村部長にも協力をお願いした。業務改革構想書がまとまったのは、PQR社のメンバーが主体となってくれたからである。中村部長ならプロジェクトの立上げに慣れている。岡田室長は、中村部長の手腕に期待していた。

＞解説
＞＞何が起きているか

　ステークホルダーの特定プロセスが一応完了し、現在プロジェクトマネジメント計画書の作成をしていますが、外部組織ステークホルダー間の商流、物流、金流、情報の流れの関係がよくわかりません。また、自社内の本社、工場、物流センター等の関係もよくわかりません。そのため、どのようなシステムを開発し、ネットワークを構築すればよいのかわかりません。

＞＞何をしようとしているのか

　外部および内部組織のステークホルダー間の関係図として、四角と線だけでは、商流、物流、金流、情報の流れ等がよくわかりません。そのため、矢印を使って関係や流れをわかりやすく図式化しようとしています（図9）。

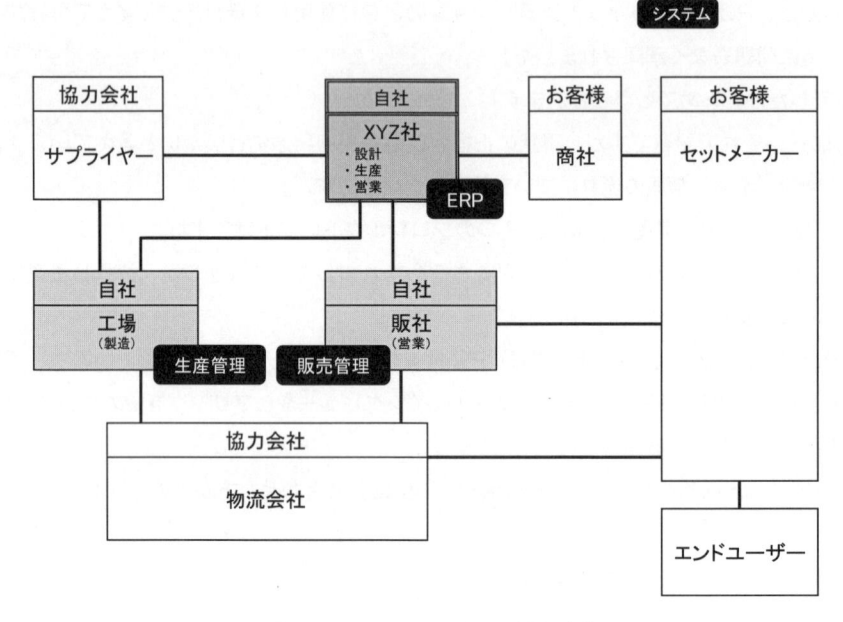

図9　ステークホルダー関係図（2）

＞＞実行できない／成果が出ない要因は何か

　外部および内部組織のステークホルダー間の関係を明らかにすることは、本来はステークホルダー特定プロセスで行います。その情報は、要求事項の収集プロセスを経てこのエピソードにある様にスコープ定義に大きな影響を及ぼします。

　スコープ定義は、PMBOK® ガイドでは"プロジェクトおよびプロダクトに関する詳細な記述書を作成するプロセスである"と述べられています。また、プロジェクト・スコープ記述書は、"プロジェクト要素成果物とこれら要素成果物を生成するために必要な作業を詳細に記述する。"と書かれています。

　ここでいう「必要な作業」の範囲を特定する際の重要な観点の一つに外部のステークホルダーの期待があります。そのためには、まず、ステークホルダー間の商流、物流、金流、情報の流れ

等を明らかにし、そこから要求事項を収集する必要があります。外部のステークホルダーも「ステークホルダーの期待のマネジメント」の対象なのです。

しかし、この関係を単に文章で表現してもプロジェクト・チームメンバーは直感的に理解できず、それぞれが異なった理解を示す場合もあります。このような場合には作業時間が想定以上にかかってしまい効率的な作業が期待できません。また、メンバー間の誤解を招くことにも繋がります。

▶ 活用したPMツール　ステークホルダー関係図

＞＞ PMツールをどのように活用すればよいか

外部および内部組織のステークホルダーや施設間の商流、物流、金流、情報の流れ等を明らかにするには、矢印を利用したステークホルダー関係図を活用します。

例えば、モノの販売の流れを表す商流（注文）を点線であらわすと図10のような関係図になります。お客様は、XYZ社に材料や部品を注文します。XYZ社はお客様に製品を販売します。お客様はエンド・ユーザーに対して最終的な商品を販売します。販売の流れはモノの流れ（実線）とも類似しています。ただし、この図は、簡略化しています。実際は、モノはXYZ社の本社の立地とは異なる地方の倉庫にある場合がありますので、より詳細な関係図を書く必要があります。

商流（注文）の矢印の流れは、金流になります。エンド・ユーザーはお客様に製品の代金を払います。お客様は、XYZ社に製品の代金を支払います。XYZ社は、協力会社に材料や部品の代金を払います。

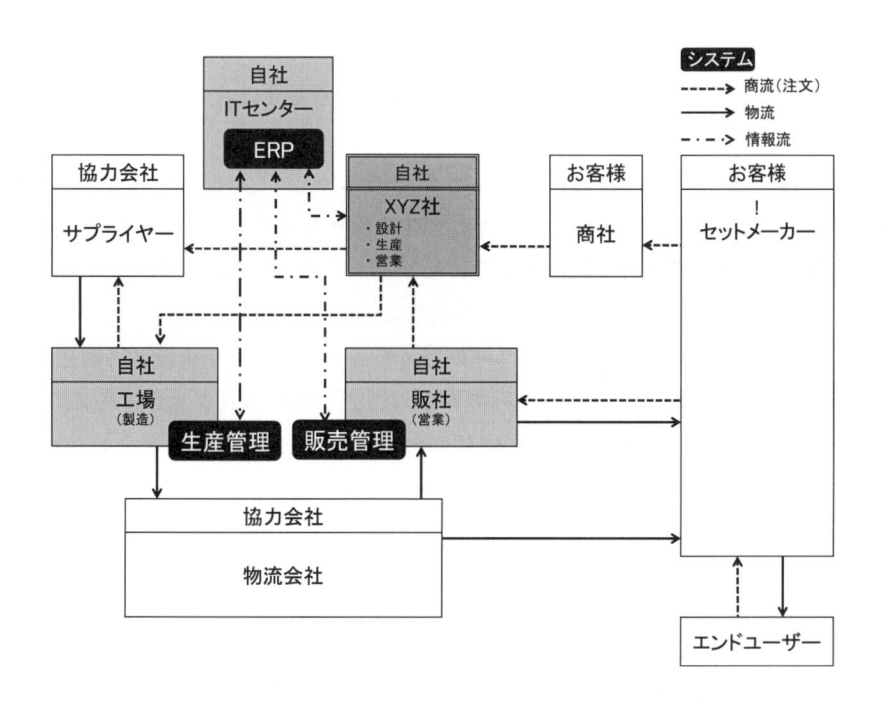

図10　ステークホルダー関係図（3）

情報の流れ（一点鎖線）を考える場合は、XYZ社のサーバーがどこに設置されているかも検討しなくてはなりません。本社とは異なる場所にあるデータセンターで集中管理され、そのデータセンターを中心に本社や工場、物流センター等がネットワークされているようなケースも多くなっています。

ステークホルダー登録簿を作成する際には、単に文章で表現するのではなく、このようにステークホルダーや施設間の商流、物流、金流、情報の流れ等を視覚的にわかりやすく表現することも大変重要です。

＞＞実施することで、どのような成果が期待できるか

ステークホルダー関係図により、ステークホルダーや施設間の商流、物流、金流、情報の流れを図式化することにより、文書ではわかりにくいそれぞれの関係が直感的にわかるようになります。その結果、このエピソードのようにプロジェクト・スコープ記述書を作成する際の作業効率を高めることもできます。

＞考察

＞＞具体的な効果（定量的／定性的）として管理可能か

関係図は、ステークホルダーや施設間の商流、物流、金流、情報の流れを図として可視化したものです。当然のことながらお客様や協力会社は1社だけではありません。また、工場やデータセンター、物流センターも同様です。しかし、関係図の中にすべてを記入することは図を煩雑にし、効果がありません。記入する必要がある場合は代表的なお客様や協力会社を記入するに留めます。

また、ステークホルダーの関係や施設の場所等は、プロジェクトの進捗によって変化することが想定されます。その場合は、随時、修正や追記を行い管理することが大切です。

＞＞PMツールを活用することのメリット、デメリット

関係図により、ステークホルダーや施設等の関係を図式化することにより、文章ではわかりにくいそれぞれの関係が直感的にわかるようになります。その結果、ステークホルダーの期待のコントロールを容易にするだけでなく、情報共有に貢献するといったメリットがあります。

デメリットとしては、従来から独自のツールでステークホルダーや施設等の関係を図式している場合、図の記載ルールがツールによって異なることがあげられます。そのような場合は、このPMツールを参考にしながら、独自の関係図の記載方法を確立することをお勧めします。

エピソード14．［XYZ社・S&OP］業務・相互関係の可視化／ユースケース図

▶ストーリー

　PG推進室の岡田室長は、PQRコンサルティング社の中村部長やメンバーの協力のもとで、XYZ社の取引先関係の商流、物流、金流、情報の流れを整理した。この情報は、S&OPプロジェクトの中沢課長にも連携していた。

「岡田室長、中村部長、ありがとうございます」
「中沢課長、S&OPプロジェクトは業務改革を伴いますから、むずかしいプロジェクトになるでしょう」
「そうですね。でも、これでまた一歩前進しました。思ったより知らないことがたくさんあって、S&OPプロジェクトのメンバーもみな、驚いていました」

　中村部長が付け加えた。
「中沢課長、次はそれぞれの業務の流れがどのようになっているのか、また処理の手順や作業時間等について調べるつもりでいます」
「ありがとうございます、中村部長。助かります。よろしくお願い致します」

　岡田室長と中村部長は、各プロジェクトの関連性を重視した。岡田室長は、4つのプロジェクトが本格始動し始めた後のプログラムマネジメントをしなければならない。そのためにも、今のうちに関連性を見出しておく必要があった。
「岡田室長、すべての流れについて、それぞれどの部署の誰が担当しているのかを確認したいのですが」
「どうするつもりですか」
「それをもとに、時系列に整理する必要があると思っています」
　中村部長は、どの業務がどれぐらいの時間を有しているのかを把握するつもりだった。

　その後、岡田室長とPG推進室のメンバーは、社内の当該担当者や海外支店の協力を得てヒアリングを行い、関係図を整理した。しかし電子メールと電話による情報収集では、イメージをつかむことができない。
「岡田室長、これまでの方法だと限界がありますね。実際に現場で、直接、業務状況を観察し業務の流れをビデオに撮るなどして、処理時間を計る必要があります」
「中村部長、わかりました。とにかく信頼できる資料を作成しましょう」

＞解説
＞＞何が起きているか
　業務改革を行うためには、現状の業務を正確に把握する必要があります。しかし、プロジェクトのメンバーは、工場や物流センター等で働いている人の実際の作業の流れや作業内容、作業人数、時間などのイメージが、電子メールや電話だけではどうしてもわかりません。

＞＞何をしようとしているのか
　物流センターでどのような業務が行われているのかについて、作業をしている人の作業項目、作業内容、人数、時間等を、直接現場に赴き、作業状況を観察したり、業務の流れをビデオに撮ったり、処理時間を計ったりしようとしています。
　しかし、それらをどのように文書として整理すればよいのか迷っています。

＞＞実行できない／成果が出ない要因は何か
　現状の業務を正確に把握しなければ、どの作業項目をどのように効率化すればよいのかわかりません。しかし、本社に勤めている営業等は、意外と工場や物流センターで実際にどのような作業が行われているのかを知らないことが多いようです。そのため、十分な現場調査を行わず、新しいシステムを開発してしまうと、作業工程が増えたり、1つの作業を行う時間が増えたりする場合があります。このような場合、実際にシステムを利用する社員から不満があがったり、作業効率が低下したりして、想定した成果が出ない場合があります。

▶活用したPMツール　ユースケース図

＞＞PMツールをどのように活用すればよいか
　現状の業務とシステムとの関係を正確に把握するためのPMツールとして、ユースケース・モデルがあります。ユースケース・モデルは、ユースケース図とユースケース記述によって構成されます。図11は、ユーザーから見たシステムの使い方の例（ユースケース）を示したものです。ユースケース記述とは、ユースケース図の中の1つのユースケースについて、アクターとシステムのやりとりをストーリーとして書いたものです。

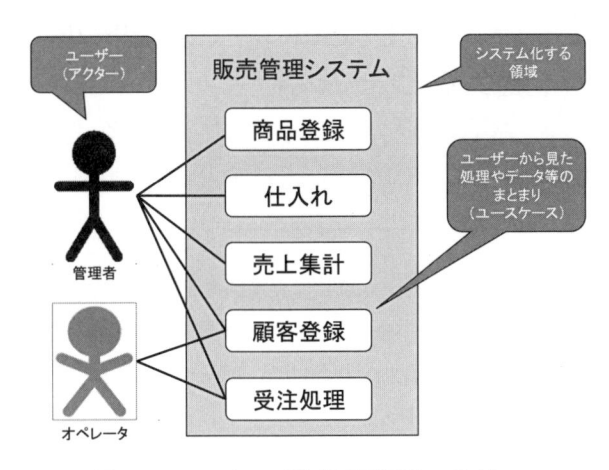

図11 ユースケース図(販売管理システム)

ほかに、業務とシステムとの関係や業務の流れを示すツールに業務フローがあります。このツールは、部署や部門が特定されている場合、その条件の下で業務(処理)をどのように進めるのが良いかを検討し明確にする効果があります。しかし今回のように業務改革を行う場合、部署や部門を新設する可能性を含んでいるため、業務フローを用いた調査よりも、はじめからユースケース・モデルを用いる方が効果的です。

>>実施することで、どのような成果が期待できるか

現状の業務とシステムとの関係を正確に把握することができます。その結果、改善すべき業務や作業工程等を視覚的に論議することができます。

このことによって、計画の時間を短縮する成果が期待されます。

>考察

>>具体的な効果(定量的/定性的)として管理可能か

ユースケース図は、システムとユースケースの関係だけでなくて、単位業務あたりの作業人数や作業時間を記録することで、業務を定量的に把握することができます。このようなユースケース図は、改善すべき業務の作業項目や内容、人数、所要時間等を客観的に捉えることができます。

>>PMツールを活用することのメリット、デメリット

現状の業務とシステムとの関係を正確に把握することができます。その結果、改善すべき業務や作業工程等を視覚的に論議することができます。そして、計画の時間を短縮するメリットがあります。

デメリットとしては、対象となるシステムに多くのユースケースがあり、ユースケース図が複雑になる場合があります。そのような場合は、できるだけ、単位業務あたりのユースケースにまとめ、A4サイズ1枚で表現できるように工夫する必要があります。

計画フェーズⅠ

エピソード15．[XYZ社・S&OP：問題究明と課題定義／問題分析ツール群

▶ストーリー

　２月になった。PG推進室のメンバーが現状の実態調査を開始して３週間が経った。
今日は月曜日。定例会議の日だ。いつものように岡田室長が話し始めた。
「おはようございます。みんなの協力のおかげで、相関する個々の流れがつかめた。知らないことが多くて、あらためて驚いたよ」

　大熊が岡田室長に答えた。
「調べてみて、はじめてわかりました。随分無駄に思える業務や、予想以上に時間がかかる作業がたくさんありました。岡田室長、これからどうすればよいのですか」
つづけて、中村部長が答えた。
「岡田室長、我々メンバーの人数も限られています。この膨大な資料から、根本原因を探るとなると大変な作業ボリュームになります」
　プロジェクトのメンバーも途方に暮れた。

「大熊さん、それにみなさん、しばらく時間をくれないか。方針を決めるよ」
　岡田室長はそう言って、その日の会議を終了した。

　岡田室長は、中村部長と中沢課長を呼んだ。
「中沢くん、ようやく課題が見え始めたのだが、まだ全体を整理できていない」
「岡田室長、それに中村部長、ありがとうございます。課題が見えただけでも大変な作業だったと思います」
「この中から、投資対効果に見合う課題を取捨選択する必要がある」
「なるほど、その先に業務改革が見えてくるわけですね」
「そう思っている。しかし…」
　岡田部長は言葉に詰まった。
「岡田室長、中村部長、とにかく検討をはじめましょう。有識者を巻き込めばいいですよ」
　中沢課長は、作業を進めるしかないと思った。
「いいや、中沢くん。やみくもに作業をしてはいけない。S&OPの目的となる戦略について考えよう。そのために必要な有識者を集めたい。S&OPのシステムはそれを実現するためのものだ」
「岡田室長、中村部長。わかりました」

＞解説
＞＞何が起きているか
　プロジェクトの目標を達成するためにステークホルダーのニーズや要求を調べて、問題原因の把握や解決すべき課題を構築しようとしています。しかし、どのようにステークホルダーのニーズや要求を調べればよいのかわかりません。また、調査した結果の問題について、どのように優先順位をつければよいのかわかりません。

＞＞何をしようとしているのか
　プロジェクトの目標を達成するためにステークホルダーのニーズを定義し、文章化しようとしています。これは、PMBOK® ガイドでは、スコープ・マネジメントのプロセスの最初の段階と位置づけられています。

＞＞実行できない／成果が出ない要因は何か
　経営企画室のような内勤部門に従事している人は、本社ビルに席があり、営業や工場などのいわゆる現場から離れています。そのため、売り上げの減少という現象は、パソコン上の財務諸表の数値として把握はしているものの、問題を自分のものとして実感することができず他人事、あるいは営業や工場などの問題と感じる場合が多いようです。この現場感覚の希薄さと緊張感のなさが、問題の原因を的確に把握することができない要因としてあげられます。

　次に、大学で優秀な成績を修めたが、現場経験の少ない人は、初めて直面する問題に対して、いわゆる教科書がないため、構造的に問題の原因を捉えることが苦手な人が多いことも要因としてあげられます。また、問題の原因を把握できても、それを解決すべき課題として整理することが苦手な人も多いようです。

　問題の原因を把握するヒアリング調査などの過程で、各部門からの要望が多く、ときとしてさまざまな部長などから、自分の部門の問題を優先的に行ったり、予算を付けて欲しいといったりする内部圧力がかかる場合があります。

　このような内部圧力が、課題の優先順位の設定に影響を及ぼすことがあります。基準は公正、公平でなければいけません。大局的な見地にたち、中長期的な戦略的視点が重要になります。

▶活用した PM ツール　問題解決ツール群

＞＞ PM ツールをどのように活用すればよいか
　ステークホルダーのニーズや要求事項を調査する PM ツールには、インタビュー、フォーカス・グループ、ファシリテーション型ワークショップ、アンケート調査、観察などがあります。これらのすべての PM ツールを使用する必要はありません。プロジェクトの特性にあった最適な PM ツールを選んで使用します（表 16）。

表16 ニーズや要求事項を調査する各種PMツール群

No	PMツール	説明
1	インタビュー	インタビューは、ステークホルダーと直接会話をすることによって必要な情報を見出すという公式または非公式の方法です。
2	フォーカス・グループ	ファーカス・グループとは、一定の条件を満たしたステークホルダーと当該分野の専門家を一堂に集めて、解決すべき課題やニーズについて、対話型のセッションを取り入れたグループ形式のインタビューのことです。
3	ファシリテーション型ワークショップ	各機能部門にまたがる主要なステークホルダーを一堂に集めて集中的に行うワークショップのことです。
4	アンケート調査	アンケート調査とは、広範囲にわたる回答者からの情報を迅速に収集するために考えられた、書面による一連の質問により行う調査のことです。
5	観察	観察とは、実際に置かれている環境において、個人とその人の作業実施方法やプロセス実践方法を対象として直接目でみて行う調査のことです。
6	ブレーンストーミング（グループ発想技法）	ブレーンストーミングとは、複数の人数で、自由に複数のアイデアを考え出し、収集する方法のことです。
7	デルファイ法（グループ発想技法）	デルファイ法は、選ばれた専門家たちのグループが、質問事項に回答し、毎回行われる要求事項の収集から得られた回答についてさらにフィードバックを行う方法のことです。匿名性を維持するために、回答は進行役のみに開示されます。

また、調査したステークホルダーのニーズや要求事項について、優先順位を付けるPMツールとして、グループ発想技法のノミナル・グループ技法、親和図と、グループ意思決定技法があります（表17）。

表17 優先順位を付ける各種PMツール群

No.	PMツール	説明
1	ノミナル・グループ技法（グループ発想技法）	ノミナル・グループ技法とは、ブレーンストーミングに投票プロセスを加えたものです。課題やニーズ、要求事項の優先順位を付けるときに有効です。
2	親和図（グループ発想技法）	親和図とは、出された多数の課題やニーズ、要求事項について、任意のグループに分類して、検討および分析を行う方法です。

最終的に、ステークホルダーの課題やニーズ、要求事項について、採用の有無や優先順位を確定する方法として、グループ意思決定技法があります（表18）。これらのうち、どの方法を採用するかは、プロジェクトの特性によって決めます。

表18 グループ意思決定技法

No.	PMツール	説明
1	満場一致	全員が単一の行動に合意する。
2	過半数	グループのメンバーのうち50％以上が支持する。
3	相対多数	過半数に達しなくても、グループで最大多数の票を得た勢力が意思決定を行う。
4	独裁	プロジェクト・マネジャーのような1人の個人がグループに対する意思決定を行う。

＞＞実施することで、どのような成果が期待できるか

　プロジェクトの目標を達成するために必要なステークホルダーの課題、ニーズ、要求事項を特定し、解決すべき課題として公的な手続きとして構築することができます。

＞考察

＞＞具体的な効果（定量的／定性的）として管理可能か

　インタビュー、フォーカス・グループ、ファシリテーション型ワークショップ、グループ発想技法（ブレーンストーミング、ノミナル・グループ技法、デルファイ法、アイデア・マップ法、マインド・マップ法、親和図）、観察などのPMツールは主に定性的に管理することが可能です。
　グループ意思決定技法、アンケート調査などのPMツールは主に定量的に管理することが可能です。

＞＞PMツールを活用することのメリット、デメリット

　ニーズや要求事項は、これらのPMツール群を利用しさえすれば十分な調査と正しい理解ができる訳ではありません。たとえばインタビューやアンケート調査を行う場合でも、ヒアリングの項目が不十分であれば、得られた結果（ニーズや要求事項）もまた十分なものにはなりません。ユーザーを含めツールを利用する目的を共有したうえでPMツールを利用すると、得られる結果は飛躍的によくなります。
　また、PMツールの結果から得られた課題が、そのまま要求事項となるわけではありません。最終的な要求事項にまとめるには、利害関係者間の調整が必要になるからです。したがって、まず課題として共通の認識をもつこと、これが重要な作業になります。

エピソード 16. [XYZ 社・S&OP] あるべき姿の創造／グループ発想技法

▶ ストーリー

　中沢課長の活動の成果もあり、スピードとコストダウンに関連する改善箇所を特定し、解決すべき課題が抽出できた。
「岡田室長、中村部長、お疲れさまです。何とか 2 月末に間に合いましたね」
「中沢くん。ありがとう。君のおかげで現場の有識者を集めることができた。検討会議を無事に行うことができたよ」
　岡田室長は、中沢課長に礼を言った。
「とんでもありませんよ。ほとんどの項目が S&OP プロジェクトに関連しているわけですから当然のことです」
　岡田室長は続けた。
「しかし、優先順位付けはこれからだ」
「はい。でも、どのように優先順位をつけていけばよいのですか？　優先順位は有識者には確認できません」

　岡田室長は考えた…。そして中村部長に相談した。
「中村部長、優先順位をつけるときにも、有識者を交えて議論したほうがよいと思う」
「ええ、そのとおりだと思います。ただし現場の有識者では、利害が一致しませんから意見が衝突するかもしれません。そこをうまく調整しないといけませんね」
「そうです。でも現場の有識者だからこそ、スピードとコストダウンという共通のテーマで議論する意義があります。SCM プロジェクトと PLM プロジェクトから、川島部長と遠藤部長の 2 人の PM にも参加してもらいたい」
「わかりました」
「中沢くん。S&OP は君が PM だ。意見をまとめる方法を考えてくれないか」
「…わかりました。ブレーンストーミングでよいでしょうか。」
「…それも必要だが、他にも考えてほしい。他に活用できる PM ツールはないか？　この会議は S&OP にとって特に重要な山場だと思う」
「わかりました」
「中村部長。何かよい方法があれば教えていただけませんか」
「岡田室長、承知しました。中沢課長、一緒に準備を始めましょう」
「ありがとうございます、中村部長。よろしくお願い致します」

＞解説

＞＞何が起きているか

スピードとコストダウンに関係する問題の原因の特定を終え、解決すべき課題を定義したものの、どのようなシステムを開発すればよいのか困っています。つまり、あるべきシステムの全体像をどのように描けばよいのかわかりません。

＞＞何をしようとしているのか

専門家のアドバイスを受けながら、スピードとコストダウンを図るための具体的なシステムの全体像を描こうとしています。

＞＞実行できない／成果が出ない要因は何か

あるべき姿を思うように描けない要因は次のようなことが考えられます。一つ目は過去の成功体験や経験に拘りすぎている場合です。二つ目は検討するプロジェクト・チームのメンバーの知識や経験に差がある場合です。三つ目は、自由な論議を行う風土がない場合です。

新しいシステムを創造する場合は、他の人のアイデアを即座に否定しない自由な発想と雰囲気が重要です。

▶活用した PM ツール　グループ発想技法

＞＞PM ツールをどのように活用すればよいか

あるべき姿の新しいシステムを創造する場合、グループ発想技法という PM ツールが有効です。グループ発想技法には、ブレーンストーミング、ノミナル・グループ技法、アイデア・マップ法とマインド・マップ法、親和図等があります（表 19）。

表 19　グループ発想技法

グループ発想技法	特　　徴
ブレーンストーミング	複数の人数で、自由に複数のアイデアを考え出し、収集する方法です。
ノミナル・グループ技法	ブレーンストーミングに投票プロセスを加えたものです。
アイデア・マップ法 マインド・マップ法	別のブレーンストーミングから出てきたアイデアを単一のマップにまとめ、理解の共通点や違いを明らかにして、新しいアイデアを生み出す技法です。
親和図	出された多数の課題やニーズ、要求事項について、任意のグループに分類して、検討および分析を行う方法です。

これらのグループ発想技法を活用して、あるべき姿の新しいシステムを創造します。

＞＞実施することで、どのような成果が期待できるか

グループ発想技法を実施することにより、さまざまな専門分野の人が自由に論議を行うことができます。その結果、過去の成功体験や経験にこだわり過ぎず、プロジェクト・チームのメンバーの知識や経験を補完しながら、あるべき姿としての新しいシステム像を可視化しながら創造するといった成果が期待できます。

＞考察

＞＞具体的な効果（定量的／定性的）として管理可能か

　グループ発想技法（ブレーンストーミング、ノミナル・グループ技法、アイデア・マップ法とマインド・マップ法、親和図）は、フリーハンドで表現可能な図形などにより定性的な特性も表現できるので、いろいろな考え方や見方を記録に留めることが可能で、アイデアの追加や変更を行うなどを含めた管理を行うのに効果的です。

＞＞PMツールを活用することのメリット、デメリット

　グループ発想技法を実施することにより、さまざまな専門分野の人が自由に論議を行うことができます。その結果、過去の成功体験や経験に拘りすぎず、プロジェクト・チームのメンバーの知識や経験を補完しながら、あるべき姿としての新しいシステム像を可視化しながら創造するといった成果が期待できるメリットがあります。

　デメリットとしては、討議するグループのメンバーの多くが知識や経験が少ないと効果を発揮することができません。そのような場合は、論議を始める前に、関連する先行研究や文献、インターネットなどによって、必要な情報を集め、知識レベルをある程度高めておく必要があります。

エピソード 17. ［XYZ 社・S&OP］ビジネス要求の収集／要求事項文書

▶ ストーリー

　PG 推進室には、『業務改革プログラム』に参画する 4 人のプロジェクト・マネジャーのための机が用意されていた。その一つに S&OP プロジェクトの中沢課長が腰掛け、覗き込むように多くの帳票を次から次へと見ていた。
　そこに PG 推進室長の岡田が入ってきた。

「岡田室長、いよいよプログラムが開始されますね」
「中沢くん。早速引っ越して来たな。S&OP プロジェクト期待しているよ」
「はい、岡田室長…」
「…どうかしたのか？」
「実は…S&OP プロジェクトのスコープ記述書の作成に着手しましたが... S&OP プロジェクトの目的は"1 年～2 年を視野に入れたマーケティング・販売計画と生産計画の同期化により市場に即応した最適な製品ミックスを提供し売上拡大と供に戦略的無駄の排除によるコストダウンを図る"とされています。まず、この目的を実現するための成果物を定義したいと考えています。しかし、何を成果物にしたらよいかはっきりしません」
岡田室長は少し気になったが、中沢課長の話をそのまま聞いた。
「現場のことは現場に聞こうと考え、販売・生産・物流の各現場に S&OP として実現したい案件についてアンケートを取ったのですが…」

「どんなことで困っている？」
「本社の営業は、何が売れるのか予測がつかない点が問題だと。ベトナム販社では、税関で書類の不備が散見され、荷が保税地帯で遅延するのが困ると言っています。本社物流では、海運と航空便の併用が課題だと…。みなさんのご意見は分かるのですが…千差万別で」
「それで、どう取りまとめるつもりか？」
「まだ決めていません…」
岡田室長は、中沢課長が先行して活動していることがわかった。
「中沢くん。実は業務改革構想書策定では、PQR コンサルティング社にずいぶんとお世話になった。彼らには引き続きプログラムの支援をお願いするつもりだ。まずは PQR 社のリーダーの中村部長に相談してみてはどうだろう。よい方法が見つかるかもしれない」
「ありがとうございます、岡田室長。相談してみます…」

▶解説

▶▶何が起きているか

　S&OPプロジェクトの目的は"1年～2年を視野に納めたマーケティング・販売計画と生産計画の同期化により市場に即応した最適な製品ミックスを提供するとともに、納期短縮と在庫削減によって売上拡大と収益性の向上を図る"というものです。

　S&OPプロジェクト・マネジャーの中沢課長は関係各部門からこの目的を実現するために必要と考える要求事項を募りました。すでに要求事項を募った段階で関係部門間の利害の不一致が発覚しており、PG推進室の舵取りは大変そうです。

▶▶何をしようとしているのか

　S&OPプロジェクトで得られるビジネス・ニーズについては『業務改革プログラム』のプログラム憲章策定時において合意形成が行われ、XYZ社内でほぼ合意できています。それを受けて、S&OPプロジェクトとしての要求事項を社内関係部門よりアンケートと調査技法により収集しました。これを要求事項文書にまとめます。要求事項文書には各部門からの要求事項がビジネス・ニーズをどのように満足するのかを記述し優先順位まで定義しステークホルダーと合意することを計画しています。

　実際にS&OPプロジェクトで実現するスコープは、要求事項文書を基に予算やその他の制約を加味して定義します。要求事項文書には、各部門からの要求事項が網羅的に記載されますが重要性が低い要求事項はスコープに入れません。

▶▶実行できない／成果が出ない要因は何か

　各部門からの提案をそのまま要求事項として要求事項文書に記載することはできません。それらは実際には未整理かつ雑多な提案に過ぎず、同じ内容を複数の部門から提案している可能性や、複数の提案で同じ用語を使っていて同じ要求のように見えながら実はまったく違うニーズに基づいてまったく違う対処が必要なもの、類似の提案で補完の関係にあるものなどがあり、そのままでは比較できないからです。

　中沢課長は各部門の要求事項を整理する必要を感じPQR社のリーダーの中村部長に相談しました。中村部長もヒアリング結果をそのまま要求事項とするには、重複した内容や用語は同じだが異なった意味で使用している用語などが存在している懸念があり、一度各部門からの要求事項を整理（マージ）した上で一覧とし優先順位を付けることを提案しました。整理しないままプロジェクトを進めると、要求事項同士に部分重複が発生し、S&OP業務目的の一本化やITシステムに対するシステム要件策定時に予想される要求事項同士の衝突への対処が困難になり、プロジェクト推進上大きなリスクになると指摘しました。

▶活用したPMツール 要求事項文書

▶▶PMツールをどのように活用すればよいか

　要求事項文書としては、要求事項をステークホルダーや優先順位により分類した簡単なものか

ら、要旨、詳細記述、添付資料などを含んだ複雑なものまでさまざまです。その出発点となるのが要求事項の整理です。

もっとも簡単な整理方法は How を使うものです。つまり「販売管理システムを開発する」というような方法論を元に要求事項一覧を作ります。

表 20 は、各部門から提案された内容を「どのように（How）」でまとめたものです。これを見ると、1 から 3 は需要予測に関する提案で一つのグループであるように見えます。

1 から 3 を要求事項とした場合、S&OP プロジェクト「販売・生産・物流の各事業部門が連携して売るもの・売れるものだけを適量品揃えすることで売上拡大し、売れないものを作らない流さないことにより間接的にコスト削減を行う」という目的との整合性を判断できるでしょうか？

表には記載されていませんが、1 では予算策定、2 と 3 は需給調整における活用が考えられており、需要予測の期間や単位（年、日）や対象（製品群単位、個別製品かつ配送の単位）が異なっています。目的が違うため、1 から 3 を一塊にすると、1 の評価で 1 から 3 を代表させるのか、2 と 3 の評価で 1 から 3 を代表させるのかという具合に、評価が困難になります。これでは明示的に、ビジネス・ニーズを基準に優先順位を付けることができません。

表20　各部門から提案された要求事項（Howで整理）

	提案部門	名　称	内　容
1	営業部門	需要予測システムの構築	予算策定の際、需要予測データが配布されるが、そもそも当たらないし、参照の手間も掛かる。100%当たるように改修すべき。
2	販社	需要予測システムの構築	本社から降りてくる販売予算に基づき在庫販売を行っているが欠品が多い。欠品を避けるため正確な需要予測に基づき在庫する需要予測システムを新規導入する。
3	生産計画	需要予測システムの構築	販売予算に基づき生産計画が立てられるが、実需と販売予算の乖離が激しく、在庫量が増加する。工場として独自に需要予測を行った上で生産計画したい。
4	倉庫	安全在庫の実現	倉庫在庫として動きの悪い在庫が増えているように考える。需要と供給を把握し安全在庫を算定したい。

要求事項に対して優先順位を与えるには、S&OP プロジェクト目的との整合性が重要です。目的は、なぜ（Why）S&OP プロジェクトを実施するのかと言い換えることもできます。そのため、要求事項の整理においても「なぜ（Why）」をもとに整理する方が「どのように（How）」で整理するより整合性を判断し易くなります。

表 21 は、「なぜ（Why）」を策定した結果を一覧にしたものです。「なぜ（Why）」で分類すると 2 から 4 が「需給バランスを取る」で共通であり一つのグループになることが分かります。

このように整理された要求事項は要求事項一覧にまとめます。そして一次審査を行い、時期は問わないがその要求事項が実現に値するか否かを判断します。実現に値しない要求事項の優先順位は最低あるいは評価外とします。次に要求事項を実行したときのリスク・実行しなかったときのリスクを検討し、費用対効果などを加味して、優先順位付けします。

スコープ定義を行う際には、優先順位が高く資源の割り当てなどが可能な要求事項のみ、S&OP プロジェクトのスコープとします。

表 21　各部門から提案された要求事項（Why で整理）

	提案部門	名称	Why（目的）
1	営業部門	需要予測システムの構築	予算策定の効率化
2	販社	需要予測システムの構築	需給バランスを取る
3	生産計画	需要予測システムの構築	需給バランスを取る
4	倉庫	安全在庫の実現	需給バランスを取る

>>実施することで、どのような成果が期待できるか

　各部門からアンケートと調査により集められた要求事項には、他のステークホルダーから異なる表現を使いながらまったく同じ提案がされることも、似た表現ながらまったく異なる提案がされることもあります。ステークホルダーによる要求は、どれも真摯に受け止め、整理し採否を決めれば、S&OP プロジェクトへの協力が得易くなります。

>考察

>>具体的な効果（定量的／定性的）として管理可能か

　要求事項を要求事項文書にまとめるとき、優先順位を付けます。重み付け得点法などが優先順位を策定するのに活用され、各部門からの要求に対して、定型手段に基づいた可視化が可能になります。

>> PM ツールを活用することのメリット、デメリット

　IT システム開発における作業フレームワークである共通フレーム 2007 では、調達側の要求収集と整理が完了していることを暗黙の前提として、システム要件の定義プロセスにおいて IT システムが前提とする業務要件の定義および開発すべき IT システムの機能要件の定義から工程が開始するようです。しかし、今日の IT システム開発では、業務改革を前提とした開発が広く行われ、簡単には業務要件および機能要件を定義できません。お客様（ステークホルダー）の要求があいまいで、相互に矛盾するためです。このような業務改革を含むプロジェクトの場合、調達側（IT ベンダーにとってはお客様）の要求管理が必要で、その出発点として要求事項文書を制定することが有効です。

　要求事項文書に、要求事項の優先順位が定義され同意されていると、要求変更やリソースの際、変更要求を受け入れるかどうかの判断や、受け入れた際にスコープからはずす要求事項を明確にすることができ、統合変更管理が容易になります。

　ただし、優先順序の評価は主観的になりがちであるため事前に手順を合意しておくことが重要です。順番を誤って、要求を受け付けてから手順を決めると、特定の提案に有利なように手順が決められたとの疑念が持たれ、S&OP プロジェクトそのものへの協力を得られなくなります。

エピソード18.［XYZ社・S&OP］プロジェクト実現性の検討／WBS

▶ストーリー

　PG推進室の岡田室長はS&OPプロジェクトPMの中沢課長からプロジェクト憲章のドラフト原稿を受け取った。成果物として幾つかのITソリューションが挙がっていた。PQRコンサルティング社の中村部長に相談するように助言したこともあり、少し気になっていた。
「中沢くん、S&OPプロジェクトのことで聞きたいのだが、時間をもらえないか」
「岡田室長、なんでしょうか？」
「S&OPは今後のXYZ社の戦略を担う重要なテーマだ。率直な話、実現可能と思うか？」
「もちろんです。ITシステムは実績のある会社に発注するつもりですから。それに現段階では開発するITシステムのスコープをはっきりさせることこそが重要です。社内がまったくまとまっていませんからね。現状では成果物もはっきりしないので、マイルストーンは4月以降のプロジェクト開始後に策定することを考えています」

　中沢課長の応答に戸惑いながらも、岡田室長は続けて聞いた。
「そうか。ところでプロジェクトの成果物はITだけかな」
岡田室長は続けた。
「S&OPの利害関係者である販社も工場も、どうしても在庫を増やしがちだ。工場は稼働率を上げるために、すぐに売れないものまで作りたがる。販社も欠品が怖いので売れる商品を抱え込みたがる。しかしS&OPプロジェクトの目的は、全社として、生産材・資材を適切に準備し、売るべき商品を適切に生産・供給して、資材・仕掛・在庫を適正化することだ。SCMプロジェクトと連携して工場にも販社にも在庫を持たせないことでXYZ社のコスト削減を目指している。しかし、部門最適に反するので、社内の反発は必至だろう」
「リスクが多すぎるということですね」
「そうとも言える」
「ITに関する要件定義に通じたSIerを選定するつもりですから、その点は安心してください」
「いや、要件定義の話ではないんだ。SCMなら経験があるけれどS&OPは初めてだ。誰もS&OP業務などしたことがない。ITさえ導入すればS&OP業務は回るのかな…、費用の面でも単にITの導入コストだけで十分か…。中沢くんの意見を聞かせてほしい」

　中沢課長は、少し考えた。そしてつぶやくように言った。
「岡田室長、お察しのとおりです。WBSの大項目としてIT開発以外も考えないといけませんね、いろいろと社内の業務を変える必要がありそうです…」

▶解説
＞＞何が起きているか
　IT 開発プロジェクトとの思い込みから、体制や予算について、IT 開発に関するものだけが検討されていました。まだ XYZ 社のメンバーには十分認識されていませんが、S&OP プロジェクトは単に S&OP システムを構築するという単純なものではありません。目に見える成果物として IT システムも要件に挙がっていますが、目に見えない成果物としての業務ノウハウ、つまりそれを運用する人を育成し業務プロセスを確立するということこそ要求されています。

＞＞何をしようとしているのか
　プロジェクト憲章に目的や体制、概算予算などを定義すればとりあえず開始は可能です。しかし、前例のないプロジェクトの場合、開始後何が起こるか分かりません。費用、スケジュールに対するリスクが高いといえます。そのため、費用、体制、スケジュールなどプロジェクトの見通しを付ける必要があります。

　XYZ 社の場合には、単に S&OP プロジェクト憲章を作成するという意味だけでなく、上位にあたる『業務改革プログラム』におけるポートフォリオを組むためにも、各プロジェクトの実現性を把握し費用を概算することが重要です。

＞＞実行できない／成果が出ない要因は何か
　プロジェクト憲章には「これを記載すればよい」という How to だけが頭にあり、なぜプロジェクト憲章を記載するのかという本質が見逃されることが多いと思われます。多くの経験を積むと、プロジェクト憲章を慣れで起票することも発生し、プロジェクトごとの特性を見逃しがちになります。

▶活用した PM ツール　WBS
＞＞PM ツールをどのように活用すればよいか
　同様のプロジェクトを実施した経験がないとき、プロジェクト憲章策定の段階で、実現性について検討することが重要です。プロジェクト憲章策定時に抽象的に考えていては、プロジェクト正式開始後に大項目レベルの WBS が不足していた、リスク成分の洗いだしが不足であったなどの問題が発覚し、スケジュールと予算を大幅に変更することにもなりかねません。それを避けるため、プロジェクト憲章策定時に実現性を検討する必要があります。実現性については以下のような手順で検討することができます。

① 目的の確定を行う
② スコープを定義する
③ WBS を定義する（大項目レベル）
④ 経験がなくリスクが高いと考えられる WBS についてのみアクティビティを分析し、マイルストーンを設定する。このとき、阻害要因の分析も合わせて行う
⑤ 難易度や体制、スケジュール、概算予算を検討する

　図 12 は、プロジェクト憲章策定時に作成する最も粗い WBS です。大項目レベルから記載し

ますが、すべてのWBSを同じレベルまでブレークダウンする必要はありません。各WBSについてプロジェクト憲章作成時の実現性（コスト、スケジュール、体制など）が確認できるレベルまでブレークダウンすれば十分です。

XYZ社の中沢課長はこのWBSを作成し、IT導入に匹敵するWBSとして、業務改革があることを認識しました。需給調整業務はS&OPを担う部門として必須です。しかし、既存業務との間に利害の不一致が見いだされ、これを調整するのに必要な作業項目（アクティビティ）がきわめて多く、参加人数も関連部門が多いだけに参加人数も大勢となることを認識しました。

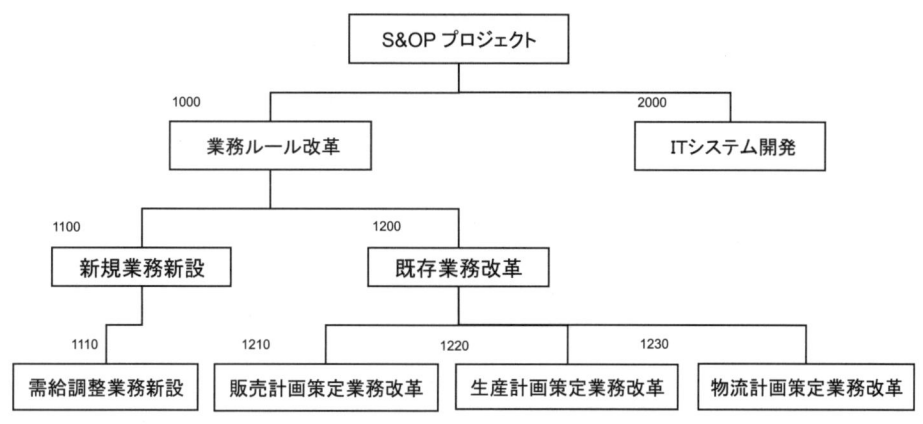

```
                    S&OPプロジェクト
                   ┌──────┴──────┐
                1000              2000
              業務ルール改革     ITシステム開発
           ┌──────┴──────┐
        1100              1200
      新規業務新設      既存業務改革
         │          ┌──────┼──────┐
       1110       1210    1220    1230
   需給調整業務新設  販売計画策定業務改革  生産計画策定業務改革  物流計画策定業務改革
```

図12　S&OPプロジェクトにおけるWBS（部分）

>>実施することで、どのような成果が期待できるか

プロジェクト憲章策定時に、ハイレベルのWBS作成など計画プロセスの一部まで実施することで、実現可能性を確認し、必要な体制やスケジュールなどを把握し、関係者と合意することができるようになり、プロジェクトの成功確率が上がります。

>考察

>>具体的な効果（定量的／定性的）として管理可能か

WBSの要素で実現可能性が低いものがあればプロジェクトは成立しません。そのような場合には、WBSの分析そのものをやり直してWBSを作り直すことも必要です。

WBSを要素分解するとき、重要なのは下位のWBS要素を過不足なく記述することです。この考え方をMECE（ミーシー：Mutually Exclusive and Collectively Exhaustive）といいます。MECEとするには、分解を1つの観点で行うことが重要です。その分解する観点を変えると、まったく異なる構造のWBSになります。すなわち、実行しやすいWBSになるように要素分解をやり直してみることも必要になります。

>>PMツールを活用することのメリット、デメリット

上述のとおりWBSは、プロジェクトを実施するにあたって必要不可欠のツールです。実施上の留意点としては、WBSを作成して実現可能性を分析するのに技量と割り切りが必要です。特に、実現可能性が低いと指摘し、実現性を高めるために多くの利害関係を持つ部門や個人と合意形成することには困難が伴います。

計画フェーズ I

エピソード 19．[XYZ 社・S&OP] 開発機能の優先順位付け／得点モデル

▶ストーリー

　PG 推進室の岡田室長が去った後、今度は情報システム部の本田部長が中沢課長のもとに現れた。『業務改革プログラム』では、IT センター・プロジェクトの PM である。
　この 2 人は、XYZ 社の同期生である。仲が良いのか悪いのか…。2 人が話していると、いまにも喧嘩をはじめそうな勢いである。しかし、そのことに 2 人とも気付いていない。2 人にとってはそれが普通なのだろう。とにかくエネルギッシュである。

「中沢いるか」
「やあ、本田。どうした？」
「S&OP の見積りの件だ。ちょっと小耳にはさんだのだが、需要予測システムを新規開発するのは本当か？」
「ああ、そのつもりだよ。何か問題か？」
「おおありだ。需要予測システムはすでにある」
「本田、そんな話、聞いてないぞ。本当か？」
「情報担当取締役の鶴の一声でパッケージが決まり大金を掛けて稼働したシステムだがまったく使われていない。利用に関して社内推進役も任命されていないから現場は存在も知らんのではないかな。もちろん減価償却も終わっていない。とにかく活用してもらわないと困る」

　本田部長は、いつもの話ぶりだった。他意はないことを中沢課長は承知していた。
「同等機能なら設備稟議も通らんだろう。少なくとも情報システム部は、新規開発には反対だからな」
「（たしかにそのとおりだ）」
　中沢課長は、今回の調査に情報システム部を絡ませなかったことを反省した。
「本田、需要予測システムの詳しい機能について検討したい。後で情報をもらえないか？」
「もちろん構わないよ。用意しておくから取りに来てくれ」
「わかった。他にも情報を共有しないといけないな。後でまとめて相談にいくよ」
「了解だ。こっちも情報システム部の資料を用意しておく」
　本田部長は、そう言って中沢課長のもとを去った。
　…中沢課長は頭を抱えた。
「S&OP はたいへんだ。ステークホルダーが多すぎる…。まとめるのも一苦労だ…」

＞解説

＞＞何が起きているか

　S&OPを実現するITシステムとして必要な機能を洗い出す過程で、中沢課長はS&OP業務が新規業務であるため当初はシステムも新規開発することが当然と考えていました。必要な機能を需要予測など項目レベルで表現していましたが、このようなキーワードで考えると、社内で既存機能が見つかることも多いでしょう。該当機能は新規開発すべきでしょうか、それとも既存機能を活用すべきでしょうか、その判断をしなければなりません。

＞＞何をしようとしているのか

S&OPを実現するという観点から冷静に判断し、新規開発または既存機能活用を決心しなければなりません。プロジェクト憲章に戻り、目的との整合性を確認したうえで判断することが必要です。

＞＞実行できない／成果が出ない要因は何か

　キーワードが意味する内容は、部門や業務文化などのバックグラウンドによって変わります。たとえば「預かり在庫」と言ったとき、ある部門では「サプライヤから預かった在庫」のことを意味し、ある部門では「販社に預けた在庫」を意味することがあります。このように同じ「預かり在庫」でも意味はまったく異なります。本エピソードでは同じ需要予測というシステム名称が必ずしも同じ機能を意味しているとは限らないということになります。

　さらに状況を複雑にしている要因に、しがらみがあります。既存機能は導入に関わった方がおられ、その方々の顔を潰さない配慮が必要になります。また減価償却が完了していないなどの要因もあるでしょう。そのような環境の下でも、冷静に判断し、新規開発とするのか既存機能を活用するのか決断しなければなりません。

　検討の手順を間違えると、全員が合意できる最適解を見つけられなくなります。

▶活用したPMツール 得点モデル

＞＞PMツールをどのように活用すればよいか

　「何が何でも新規開発するのだ」などと状況を決めつけず、新規開発と既存機能の活用の優劣を検討します。このとき、定性的な分析と定量的な分析を行う必要があります。

　定性的な分析を以下に挙げます。なお需要予測などの用語は関係者で意味が違っていることも多いことに留意して下さい。比較項目は、プロジェクト憲章と整合性のある項目（切り口）とします。あえていえば、プロジェクト憲章に結びつかない項目は比較対象としないくらいの決心が必要です。

　　① 機能の使用目的の明確化と差異の把握
　　② 機能の利用方法の明確化と差異の把握

　定量的な分析を以下に挙げます。

　　① 新規開発と既存機能活用の双方についてコスト分析

② 新規開発と既存機能活用の双方についてリスク分析

これらの検討結果は、得点モデルに表現し、採否を決定します（表22）。

表22　既存機能　対　新規開発　比較表（得点モデル）

	項目	観点	内容	10点満点	
				既存	新規
1	ユーザー	営業企画需要予測	営業部門の管理部門である営業企画（マーケット部門）において行うマクロ経済を勘案した長期の需要予測	10	1
		営業予算策定	営業部門長が行う販売計画策定時に行う受注状況を勘案した短期の需要予測	1	
		安全在庫量の算出	倉庫部門長が行う販売計画と実際出荷経緯と勘案した短中期の在庫予測	2	
2	目的	需給バランス	中長期に渡る、需要予測（販売実績・受注状況を勘案）と生産計画のバランスをシミュレートする。	2	2
計				15	3

>>実施することで、どのような成果が期待できるか

得点モデルでは各案を客観的に比較することができます。公平な判断を行うことは調整において重要です。得点モデルはそのための強力なツールになります。

>考察

>>具体的な効果（定量的／定性的）として管理可能か

得点モデルは、定量的、定性的な観点から、客観的な評価ができるとされています。しかし、実際には主観が入り込む余地がきわめて高いツールといえます。重み付けは、感覚的であり主観的になりがちです。この点を意識し、PMは特に客観的な管理を可能にするべく細心の注意を払わなければなりません。客観的な評価を与えるために、評価を与えるメンバーの選定方法や手順が合理的であるなど客観性が担保される必要があります。

>> PMツールを活用することのメリット、デメリット

得点モデルは、調整ツールとしてきわめて有効です。利用が簡単に見えるため、調整せずに適用してしまいます。このとき運よくステークホルダーが得点内容に合意できれば問題はないのですが、もし合意できなかった場合には、プロジェクト・マネジャーの信用を失墜させ、その後の調整手段も失い、ステークホルダーとの調整がきわめて困難になります。このように、得点モデルは実はPMに高い調整力を求めているのです。このツールは客観的なツールではなく、きわめて主観的なツールであるため、客観的であることを保証するにはPMの人間力が問われることになります。

エピソード20．[XYZ社・業革] SIerの選定／SIer選定ガイド

▶ストーリー

　２月末。４つのプロジェクトのPMはそれぞれのプロジェクトの具体的な方針を決めていた。しかし、PG推進室の岡田室長は、協力会社の選定方法について何も決めていなかった。
「（しまった！）」
　PG推進室の岡田室長は、すぐに購買本部の担当部長に相談した。しかし、購買本部では今回のような案件は扱ったことがなく、満足のいく回答が得られなかった。そこで契約外と知りながら中村部長に相談してみることにした。
「中村部長、SIerの選定で相談したいのですが、よろしいでしょうか」
「SIerの選定ですか。…契約外ですが、口頭ベースでよろしければ構いませんよ」
　中村部長は快諾した。そして、中村部長から選定の方式とコンペ対象企業の候補について助言をもらった。その結果、RFP（Request For Proposal：提案依頼書）による提案方式でのコンペを行うことにした。
　岡田室長は、その内容を直ぐに関係役員に報告し承諾を得た。
「（よし、これでRFP方式のSIer選定ができる）」
　岡田室長は、４つのプロジェクトのPMである中沢課長、川島部長、遠藤部長、本田部長の４人を呼んだ。XYZ社の『業務改革プログラム』をプロジェクトのレベルで実施する実行責任者である。

「今日お呼びしたのは、SIerの選定方式について相談したかったためです。すでにご存知と思いますが、選定にはRFP方式を採用します。コンペを行うに当たって、XYZ社の要求事項文書が必要になります」
　岡田室長の発言に、川島部長が答えた。
「岡田室長、SCMプロジェクトの方は問題ありません。具体的な業務レベルのイメージが出来上がっていますから、要求事項文書はすぐに作成できます」
「岡田室長。私のところも問題ありません」、遠藤部長も続いた。
すると、本田部長があわてて発言した。
「ちょっと待ってください。要求事項文書を作成することももちろんですが、SIerの選定は、どのような判断基準になるのですか？　私のところも作成できますが、一緒にSIerの選定ガイドも必要だと思います」
「…そうですね。本田部長、ありがとう。SIerの選定ガイドもお願いできますか？」
　４人のPMの面々がみなうなずいたのを見て、岡田室長は安心した。

>解説

>>何が起きているか

プロジェクトの目標を達成するために、新たなシステムを開発しなくてはなりません。そして、そのシステムを実際に開発するSIerを選定する必要があります。しかし、購買本部にはノウハウや経験が少なく、どのようにSIerを選定すればよいのかわかりません。

>>何をしようとしているのか

プロジェクト・マネジャーは、RFP方式による提案のコンペを行うことにしました。

このようなSIerの選定は、プロジェクトマネジメントでは調達マネジメントの1つに位置づけられています。PMBOK®ガイドでは、"プロジェクト調達マネジメントは、作業の実行に必要なプロダクト、サービス、所産をプロジェクト・チームの外部から購入または取得するプロセスからなる"と書かれています。そして、そのプロセスには、調達計画、調達実行、調達管理、調達終結があります。

このRFP方式によるコンペは、調達計画と調達実行にあたります。情報システムの導入や業務委託を行なうにあたり、発注先候補のベンダーに具体的な提案を依頼する文書のことで、一般的には必要なシステムの概要や構成要件、調達条件が記述されています。

>>実行できない/成果が出ない要因は何か

RFP方式によるコンペで十分な成果が出ない要因には次のようなものがあります。

- ▶ RFPの記述内容に不備があった。
- ▶ 評価項目と基準を明確にしないままコンペを実施してしまった。
- ▶ プレゼンテーションがいくらうまくても担当者が明確でなかった。実際は違う人が担当となった。
- ▶ プレゼンテーションや理論は素晴らしかったが、経験に乏しいことが後からわかった。
- ▶ 口頭で話すことは素晴らしいが、文章や資料は他社で使用したものを再利用していたことが後から分かった。
- ▶ 担当者の経験が浅かったり、コミュニケーション能力が低かったりした。
- ▶ 価格重視で決めてしまった。
- ▶ 特定のメーカーの製品やアプリケーションは詳しいが、他社との比較ができないことが後からわかった。

▶活用したPMツール　SIer選定ガイド

>> PMツールをどのように活用すればよいか

プロジェクトを成功するためには、発注者側とSIerとの信頼関係が重要ですが、特に実際に担当するSIerのプロジェクト・マネジャーとの信頼関係が重要です。しかし、RFP方式によるコンペで、限られた期間内にSIerを選定することは困難と言わざるを得ません。

そこで、SIerを選定する場合に活用できるPMツールとしてSIer選定ガイドをまとめました（表

表23 SIer選定ガイド

No	評価項目	評価方法
1	企業情報	発注者側が独自に有価証券報告書などで資本金、売上高、粗利益、従業員数、主要取引先、メインバンク、キャッシュフローなどを調査します。特に収益状況やキャッシュフローなどに問題がないかを評価します。また、購買部や情報システム部門などに過去の取引実績を確認します。過去に取引があった場合は、当該担当者に事前にヒアリング調査を行っておきます。 これらの会社情報とRFPなどで提出される企業情報と差異がないかを確認します。
2	信用情報	候補先の会社から直接に聞くことのできない会社の信用情報を取得するために、信用調査会社などに委託し調査を行います。そこでは、社長の経歴、負債などを確認します。特に、高額な負債や本業と関係のない負債がないかなどを評価します。 必要に応じて、RFPによるヒアリング調査時に質問をします。
3	企業実績	RFPに基づいて提出される「実績書」をもとに評価します。発注者側が開発を予定しているシステムなどと類似の実績の有無と数を評価します。
4	提案プロセス	提案時期、書式、手順が守られているか等を評価します。
5	提案内容	RFPで要求している提案内容になっているか等を評価します。たとえば、システムの機能／性能／開発方法論／技法やツール／開発環境の有無／保守・メンテナンスの容易性／ユーザ教育などがRFPの要求と合致しているか、ISO9001に準拠した品質システムを持っているか、業務に対する理解度があるかなどを評価します。
6	体制表	RFPに基づいて提出される「体制表」を基に、選任と兼任の人数と役割分担を評価します。
7	担当予定のプロジェクト・マネージャーとプロジェクト・メンバーの経歴と実績	RFPに基づいて提出される「経歴書」を基に、担当予定のプロジェクト・マネージャーとプロジェクト・メンバーの経歴と実績を評価します。 幅広い技術や経験を持っていることを基本とし、特定のメーカーや技術に偏りがないかどうかをヒアリング調査によって確認します。
8	担当予定のプロジェクト・マネージャーの適性など	RFPによるヒアリング調査時に、失敗の経験とその際の対応等について質問をしながら、信頼関係が築けるかどうかについて確認します。
9	スケジュール表	RFPを基に作成したスケジュール表について、無理がないかどうかを評価します。
10	見積り金額	見積り金額は、総額が他社と比べて極端に高かったり、低かったりした場合は、その理由などをヒアリング調査によって確認します。

23)。このガイドを基に書類審査や面接査定などを行います。評価の視点は、大きく企業評価と実際に担当するプロジェクト・マネージャーの人物評価、当該プロジェクトに関することに大別されますが、人物評価に重点を置き信頼関係が築けるかどうかが重要なポイントになります。

＞＞実施することで、どのような成果が期待できるか

このガイドを用いることで、公正、公平、客観的な選定を行うことができ、選定理由が明確になります。そのため、社内の合意形成が得られやすい効果があります。

＞考察

＞＞具体的な効果（定量的／定性的）として管理可能か

このようなガイドがあっても、評価項目ごとの定量的な数値は必ずしも論理的に決定できるとは限りません。そこで、複数の審査員（例えば部門の異なる5名程度）をあらかじめ選任し、ガイドの評価項目ごとに提案者を相対比較して、総合評価を行います。

選定ガイドの評価方法を参考に、評価項目ごとにABCDEなどの5段階評価を行い、評価項目にウェイト付けをして集計し、最後に総合評価として順位付けを行います。

＞＞PMツールを活用することのメリット、デメリット

このガイドを用いることにより、評価項目と評価方法が明確になり、公正、公平、客観的な選定を行うことができます。そのため、社内の合意形成が得られやすいメリットがあります。デメリットしては、このガイドがすべての企業に当てはまるとは限らないことです。しかし、どのような場合でも複数の候補の中から一社を選ぶ場合は、何らかの評価項目と指標が必要になります。このガイドを参考に独自のガイドを作成することをお勧めします。

エピソード21. [XYZ社・ITC] ITセンターのアウトソース先／提案依頼書

▶ストーリー

　本田部長は、自席にいた。準備しておいた要求事項文書をもう一度確認することにした。先日、PG推進室の岡田室長から、協力会社の選定方法にRFP方式を採用すると説明があったのだ。ITセンター・プロジェクトでは、現在、日本にあるITセンターをシンガポールに移設する計画になっている。ITセンターの海外拠点への移設は、XYZ社の社内でも賛否両論あり、香港、大連、シンガポールなどが候補地にあがったが、結果としてカントリーリスクや優遇税制、また優秀なアウトソース先の存在などの理由でシンガポールに移設することが決まった。このため、移設先のセンターの基盤環境を構築しなければならない。

　本田部長は、考えた…。

　「XYZ社の戦略的なコスト削減のために、シンガポールに拠点をもつ会社にアウトソースを依頼しなければならない…。しかし、その会社にすべて依頼しても大丈夫だろうか…」
本田部長は、S&OPプロジェクト、SCMプロジェクト、PLMプロジェクトで開発する新システム…、それに、現在稼働中のシステム…それらがすべて問題なく稼働する環境を構築するためにも、協力会社の選定は重要だと考えていた。

　「失敗は許されない。『業務改革プログラム』のすべてに影響する…」
　本田部長は、コーヒーを一口飲んだ…。
　「…やはり、協力会社を2社にしたい。1社は、シンガポールのアウトソース先だ。ここはサービス重視で選定しなければならない。サービスレベル合意書（SLA：Service Level Agreement）も結ばねばならなくなる。これを中心に考えるしかない」
本田部長は、そう考えた…。
　「もう1社は、環境構築だ。やはり、全システムが安定稼働するために性能要件を重視しなければならない。この要件に強い会社を選びたい。それに日本にも開発環境と災害対策環境を構築する計画だ…。やはり、日本に拠点をもつ会社にしたい」

　本田部長は、またコーヒーを一口飲んだ…。
　「後は…そうだ、実際の運用が開始された後だ。どうやってアウトソース先の運用でサービスレベルの実態を確認するか…」
　本田部長は考えた末に、今回、新たに構築するITセンターからITIL®（IT Infrastructure Library；itSMFが推進するITサービスマネジメントのベストプラクティス集）による運用を導入することにした。
　「ITILの運用が正しく行われれば、アウトソース先のサービスレベルの実態を確認できる。ITILの運用か…いままで経験がないな…。しかたがない、別途検討だ」
　本田部長は、早速、RFPの作成に取り掛かった。

▶解説

▶▶何が起きているか
　PG推進室の岡田室長の指示で、アウトソース先の選定を行うことになりました。それぞれのプロジェクトのPMがRFPの準備に取り掛かる中、ITセンター・プロジェクトを担当する本田部長もまた、RFPの要求事項について整理を始めました。

▶▶何をしようとしているのか
　本田部長は、考えた末にITセンター・プロジェクトでは2つの協力会社を選定することに決めました。1社は、シンガポールに拠点を持つ会社でアウトソースを委託する会社。もう1社は、環境を構築する会社です。本田部長は、それぞれの会社に要求する条件を整理し、提案依頼書（RFP）を作成しようとしています。

▶▶実行できない／成果が出ない要因は何か
　RFPを2つに分ける理由は、シンガポールにおけるアウトソースと日本国内を含む環境構築の両方を1つのRFPとすると、応札できる企業が限定されると想定されたからです。運よく、日本の会社がシンガポールに拠点を持っていた場合には、応札できるかもしれませんが、そうなると候補となる会社が限られてしまいます。広く間口を広げ、候補となる会社からできるだけよい提案を受ける方が、XYZ社にとってもよい結果に繋がります。

▶活用したPMツール　RFP、SLA

▶▶PMツールをどのように活用すればよいか
　今回のRFP（図13）は、2つの要求についてそれぞれ作成する必要があります。特に、アウトソース先を選定するRFPの場合は、サービス品質保証契約（SLA）（図14）を別途結ぶことが前提になります。その場合、サービスレベル（例えば、24時間稼働、障害復旧時間など）がある一定の水準を超えなければ契約を結ぶことができません。つまり、XYZ社は、RFPを作成するにあたって、最低限必要と考えるサービスレベルも、前提条件として記述しておくことが必要になります。

　システム基盤を設計する会社に対しては、XYZ社が必要と考える要求事項を漏れなく記述するよう注意します。このRFPは、機器調達仕様書ではありません。したがって、「性能」といっても、必要なハードウェアの仕様を記述するわけではありません。あくまでも性能要件を考慮した機器の選定を行うスキルや実績を問うものです。構築するITセンターの概要をRFPに記述し、具体的なシステム基盤の提案を求めるようにすれば、提案する会社のスキルを確認することが出来ます。

▶▶実施することで、どのような成果が期待できるか
　RFP方式によるSIerの選定は、候補となる会社に対して、広く提案を求めることが目的です。協力会社の技術スキル、提案内容、提案価格などを選考対象にすることはもちろんですが、それ

以外にも提案書の作成具合、プレゼンテーションの進め具合も考課の対象です。最終的には、XYZ社が『業務改革プログラム』の一端を任せる会社を選定するわけです。噂、前評判、個人的な繋がりに頼らず、客観的な判断が必要です。

```
提案依頼書
プロジェクト名：

目次
1. 運用業務委託目的
2. 運用業務委託範囲
3. 運用要件
   (ア) 運用業務
   (イ) 障害対応
   (ウ) 維持・保守
   (エ) セキュリティ
   (オ) システム中立性（他の者に引き継ぐ）
   (カ) 事業継続性
   (キ) プロジェクトスケジュール
   (ク) 契約事項（SLAについて）
4. 提案依頼事項
   (ア) サービス内容
   (イ) サービスレベル
   (ウ) 運用体制
   (エ) 教育訓練
   (オ) 費用
   (カ) 貴社情報
5. 提案手続きについて
   (ア) 提案手続き・スケジュール
   (イ) 参加資格条件（IT技術者の参画）
   (ウ) 選定方法
```

図13　提案依頼書（RFP）

計画フェーズⅠ―エピソード21

```
┌─────────────────────────────────────┐
│  サービスレベル合意書                │
│  プロジェクト名：                    │
├─────────────────────────────────────┤
│  1. 運用委託目的                     │
│  2. 委託業務適用期間／適用範囲       │
│  3. 前提条件                         │
│  4. サービスレベル評価指標（サービスレベル合意事項）│
│    （ア）サービス可用性              │
│    （イ）基本応答時間達成率          │
│    （ウ）帳簿デリバリ遵守率          │
│    （エ）重大障害の件数              │
│    （オ）障害復旧時間                │
│  5. 役割と運用内容（基本合意事項）   │
│    （ア）サービス開始／終了時間      │
│    （イ）サービス応答時間            │
│    （ウ）監視項目、連絡プロセス      │
│    （エ）サービス復旧時間            │
│    （オ）障害時、連絡プロセス        │
│    （カ）物理セキュリティ            │
│    （キ）論理セキュリティ            │
│    （ク）例外運用に関する取扱い      │
│  6. 役割と運用内容（個別例外事項）   │
│    （ア）○○システム個別例外事項    │
│    （イ）△△システム個別例外事項    │
│  7. 体制                             │
│  8. セキュリティ                     │
│  9. 本合意事項の改定方法             │
│  10. 委託費用変更に伴う取り決め      │
└─────────────────────────────────────┘
```

図14　サービスレベル合意書（SLA）

>考察

>>具体的な効果（定量的／定性的）として管理可能か

　提案依頼書（RFP）を作成するにあたっては、依頼する項目について、定性的に定義します。しかし、具体的なサービスレベル等の記載については定量的に定義することが必要です。

　提案については、RFPで依頼する項目について得点モデルなどを使って評価し、提案を順位付けすることが可能になります。

>> PMツールを活用することのメリット、デメリット

　数値による順位付けは可能ですが、その数値（得点）の高さが、その候補となる会社のすべてを表しているわけではありません。定量的、定性的に表現しにくい項目も含めた総合的な判断が求められます。その判断内容は、関係者のすべてが認める公正なものである必要があります。

エピソード22.［XYZ社・ITC］リスクを抽出・分析／リスク・チェックリスト

▶ストーリー

　3月になった。XYZ社、情報システム部の本田部長は、週次の定例会を終えて会議室を後にした。不退転の決意が否応なしに漂ってくる。ITセンター・プロジェクトでは、システム基盤の構築と、運用維持管理系をまとめなければならない。

　XYZ社の方針は、ITセンターの主軸をシンガポールに移し、外部の協力会社にアウトソーシングすることである。アプリケーションの開発は引き続き日本を拠点に行うが、本番環境の維持管理は外部に委託することになる。この運用をどのように実現するかが、今回の大きなテーマのひとつであった。

　「これはリスクを十分に考慮してプロジェクトを進めなければ、『業務改革プログラム』自体が大変なことになるぞ」

　本田部長は、XYZ社で情報システム部の標準のリスク・チェックリストを用意するようにメンバーの1人に指示した。

　「標準のリスク・チェックリストを用意してくれないか」

　「本田部長、わかりました。でも、あれを使うのですか」

　「いいから、用意をしてくれ」

　本田部長は、PG推進室の岡田室長から業務改革構想書を受け取っており、プロジェクトマネジメント計画書を作成し、WBSやスケジュールの作成を始めていた。

　「…思ったとおりだ。今回のプロジェクトは、標準のリスク・チェックリストだけでは対応できない。海外拠点にITセンターを構築するために、現地のエンジニアとの共同作業になる。オフショアなど別の観点でリスクを抽出しなければ…」

　本田部長は考えた。

　「アウトソーシングの立上げはどうする？ インフラベンダーの抱えるリスクはどう管理するか」

　本田部長は、インフラベンダーの選定を進める前に、このプロジェクトに特化したリスク対応計画を作成する必要があると考えた。

　「君のいうとおりだね。今ここにある標準リスク・チェックリストだけでは対応できないね。別の観点でのリスクの洗出しが必要だ。手伝ってくれるね」

　「もちろんです、本田部長。後で困るのは、いつも運用チームの私たちですから。よろしくお願いします」

　「（おい、それはお互いさまだと思うが…）」

▶解説

▶▶何が起きているか

　XYZ社では、計画フェーズでリスクの洗い出しをすることが義務付けられています。このため、どのようなプロジェクトでもリスクの洗い出しはします。しかし、リスクの洗い出しは形式的に行われるだけで終わってしまい、問題が発生してから、慌てて対応策を検討するということが常態化しています。

▶▶何をしようとしているのか

　本田部長は「リスクの洗い出しはプロジェクトを成功に導くためには重要な作業である」との認識は持っています。だからこそ、どのようなプロジェクトであっても、かならずリスクの洗い出しはさせているのです。しかし、リスクの洗い出しはいつも同じような項目の羅列になっており、リスクとして洗い出されていないものが課題として表面化するものも多くあります。リスクとして洗い出されているものもその対応策の検討まではできていません。本田部長は「リスクは洗い出すだけではなく、分析をした上で効果的な対応策の検討をしないとプロジェクトを成功させる武器にならない」と考え始めています。

▶▶実行できない/成果が出ない要因は何か

　XYZ社ではリスクの洗い出しはPMがひとりで行うことがほとんどです。リスク・チェックリストを準備させているので、そのチェックリストに沿って、担当するプロジェクトに該当するものがないか確認するという作業になっています。したがって、洗い出される項目はどのプロジェクトにも当てはまるようなものになっており、プロジェクト特有のものはほとんど洗い出されてきません。

　また、リスクの洗い出しをすることは定められていますが、その後の規定はないため、リスクを洗い出すところまでで終わってしまっているのです。しかし、洗い出されたリスクが顕在化した場合に、どのように対応するのか、あらかじめ決めておくことが非常に重要なのです。洗い出したリスクの活用については、プロジェクト・メンバーに正しい知識を植え付けておく必要がありそうです。

▶活用したPMツール　リスク・チェックリスト

▶▶PMツールをどのように活用すればよいか

　リスクの洗い出しはリスク・チェックリストを使用することが非常に有効です。XYZ社では図15の様な標準のリスク・チェックリストを持っています。リスクの区分として、契約リスク、環境リスク、マネジメント・リスク、資源リスク/組織リスク、技術リスク、外部リスクがあり、それぞれ詳細なリスク要因が整理されています。プロジェクトにおいて該当するか否か、該当したとしても重要か否かをこのリスク・チェックリストを用いて行います。

区分	小区分	IPECC	文書	要因	Yes	No	N/A	S:スコープ	Q:品質	C:コスト	D:納期
\multicolumn{12}{l}{C:契約リスク}											
	C1 契約形態										
		I	契約書	契約が締結されていない							
	C2 要求事項										
		I	プロジェクト憲章	プロジェクト要求事項が明確でない							
E:環境リスク											
	E1 法制度										
		E		関連法令・制度（プロジェクトによって異なる）の規制が変更される							
M:マネジメント・リスク											
	M1 マネジメント基本方針の明確さ										
		I	プロジェクト憲章	スポンサーのコミットメントが明文化されていない							
	M2 マネジメント手法										
		C		お客様の一部メンバーがプロジェクトに非協力的である							
R:資源リスク／組織リスク											
	R1 プロジェクト体制										
		P	プロジェクト計画書	プロジェクトの規模と特性に対してプロジェクト体制が適切でない							
T:技術リスク											
	T1 要素技術										
		C		ネットワーク開発ツールのサポートが打ち切られる							
X:外部リスク											
	X1 サプライヤー										
		P	プロジェクト計画書	多くのサプライヤーが関連し、協業体制が十分でない							

図15　XYZ社標準リスク・チェックリスト（部分）

　XYZ社では海外におけるアウトソーシングなどは未経験でした。このチェックリストは過去の経験から作成されているため、リスク観点に抜けがあることが考えられました。そのため、プロジェクト・メンバーによるブレーンストーミングや専門家の意見聴取などを行いチェックリストを補完しました。重要なことは、ひとりだけで行うのではなく、多くの人々に参加してもらい洗い出しをすることです。

　通常洗い出したリスクは大量になるはずです。どれを管理するべきものであるのかを見極める必要があることは明らかです。発生確率と影響度を定性的または定量的に評価し、管理が必要なリスクが何であるのか見極めなければなりません。

計画フェーズⅠ―エピソード22

　対応計画としては予防処置、トリガー、コンティンジェンシー対応策の3つを定める必要があります。リスク責任者を選定、任命することも重要です。その結果を、リスク登録簿に記載し管理します。図16はXYZ社で策定したリスク登録簿の例です。

リスク区分	XYZ社「新ITセンター」インフラ、基盤、運用、維持管理系	リスク事象番号	リスクの発生事象	発生確率(A)%	影響度(B)	状況(A)x(B)	関連するリスク事象番号	対応策 予防措置	対応策 トリガー	対応策 コンティンジェンシー対応策
C契約リスク										
1	契約未締結時に作業が発生する	C0001		5%	1	5	C0102	省略	省略	省略
2	契約先とお客様（エンドユーザ）が異なる	C0002		20%	2	40	C0102	省略	省略	省略
E環境リスク										
1	相手国の国情・法制度上の問題が発生する	E0001		3%	5	15	E0201	省略	省略	省略
2	相手国の各種慣行の違いにより問題が発生する	E0002		4%	5	20	E0201	省略	省略	省略
3	相手国の政情が変化する	E0003		1%	5	5	E0201	省略	省略	省略
Mマネジメントリスク										
1	PMの権限が明確でない	M0001		10%	5	50	M3001	省略	省略	省略
2	WBSが不完全である	M0002		10%	5	50	E4001	省略	省略	省略
R資源リスク										
1	現地アウトソーサのスキルが明確でない	R0001		10%	3	30	R0305	省略	省略	省略
2	必要な時に必要なスキルの要員が得られない	R0002		10%	3	30	R8829	省略	省略	省略
T技術リスク										
1	ネットワーク関連技術のサポートが打ち切られる	T0001		5%	5	25	T1200	省略	省略	省略
2	ソリューションの保守体制が不十分	T0002		10%	5	50	T9801	省略	省略	省略
X外部リスク										
1	装置の搬入が税関等の手続きにより遅延する	X0001		5%	3	15	X6800	省略	省略	省略
2	業務改革、要件定義が別組織により実施される	X0002		5%	3	15	X1001	省略	省略	省略
3	相手における装置の保守が海外から行われる	X0003		10%	5	50	X3301	省略	省略	省略

図16　リスク登録簿（1）

≫実施することで、どのような成果が期待できるか

　リスク・チェックリストを用いることにより、既知のリスク要因に関して考慮もれを防ぐことができます。

　また、リスクの洗い出しを複数人で実施することによって、リスクセンスを磨くことができます。プロジェクト・メンバーが抱えている不安にリスクが潜んでいることはよくあることです。経験の浅いメンバーでは潜んでいるリスクをリスクとして認識することができません。ベテランとともにリスク洗い出し作業に加わることによって洗い出し要領を身に付けることが可能になります。

　対応策として、予防処置、トリガー・ポイント、コンティンジェンシー対応策をあらかじめ定めておくことによってリスクはコントロールすることができます。本田部長が今回まさに考えていることが、この部分に当たります。対応策が明確になっていれば、リスクを軽減することや回

避することができます。顕在化しても慌てて対応に追われるということもなくなります。

＞考察

＞＞具体的な効果（定量的／定性的）として管理可能か

　洗い出されたリスクはリスク登録簿に記載し管理していきます。そのとき定性的分析では、リスクの発生確率とプロジェクト目標に対する影響度を相対的な数値で表してリスクの重要度を評価します。定量的分析では、スケジュールやコスト見積りなどのプロジェクト目標が計画どおり達成できる確率を知り、それを期待値まで高めるためのコンティンジェンシー予備を計算することが出来ます。

　対応計画が立てられたリスクは、その後プロジェクトの進行とともにモニタリングされ、状況の変化に応じて予防処置や是正処置が取られます。このとき、モニタリングの間隔を適切に定め、リスクを再査定して、コンティンジェンシー対応策を発動するトリガー・ポイントなども単に定義するだけでなく適切に管理します。

＞＞PMツールを活用することのメリット、デメリット

　リスク・チェックリストによって、リスク要因を網羅的に確認することが容易になります。今回のエピソードでは、ITセンター・プロジェクトで見いだされた新たなリスク要因を標準のリスク・チェックリストに反映し、以後のプロジェクトで活用できるようにします。

　リスク・チェックリストやリスク登録簿はどのような規模のプロジェクトであっても、扱うリスク事象のレベルを変えることにより適用できる便利なツールです。どのレベルのリスク事象までを管理の対象とするかはリスクの重要度によります。重要度の評価には発生確率－影響度マトリックス（PIマトリックス）を用います。

　重要なことはリスクの状況は刻一刻と変化しますので、定期的に見直しをするということです。リスク登録簿を作成することが目的になってしまい、完成したことに安心してしまっては何にもなりません。リスクはメンバー全員が認識し、管理をすることが重要です。このことにより、リスクが顕在化しないように関連する兆候に十分注意を払い行動するようになります。リスク登録簿を作成することによって得られる一番のメリットはこのことかもしれません。

計画フェーズI（プログラム計画）を終えて

▶ ストーリー

　『業務改革プログラム』の4つのプロジェクトは具体的な形を成してきた。PG推進室の岡田室長のもとには、4つのプロジェクトを担当するプロジェクト・マネジャーが合流した。
　PQRコンサルティング社を含むPG推進室が主体となって、商流、物流、金流、情報の流れを整理し、現状把握からあるべき姿を描き出した。それをもとに要求事項文書を作成してSIerの選定に臨んだ。

　情報システム部の本田部長の気の利いたアドバイスで、SIerの選定ガイドの作成も必要と指摘されたものの、4人のPMは難なく対応した。結果的に、RFPはS&OPプロジェクト、SCMプロジェクト、PLMプロジェクト、ITセンター・プロジェクトのそれぞれ作成し、計画したベンダーに送付することができた。

　今回のXYZ社の『業務改革プログラム』が、非常に厳しいプロジェクトばかりであることから、辞退を申し出るベンダーが出てきたものの、XYZ社としては満足のいくコンペを行うことができ、準備していた要求事項文書を満たす提案を受けた。

　3つシステム開発プロジェクトは、すべてABC社をプライムとして発注することになった。ただし個々のプロジェクトにそれぞれPMをアサインし、参加メンバーはプロジェクトを兼任しないという条件付きである。ITセンター・プロジェクトのアウトソーシング先は、シンガポールのMNOシステムサービス社が、MNO社の中にITセンターを構築するプロジェクトはJKLシステムインフラ社がそれぞれ受注した。製造装置の開発もGHI製造設備社が受注することになった。

　『業務改革プログラム』は、いよいよ実行段階へと突入する。発注した各ベンダーとの激しいやり取りや混乱した状況が起きるかもしれない…。

計画フェーズⅡ（プロジェクト計画）

計画段階

エピソード23．[ABC社・S&OP] PMO出動。若手PM抜擢／標準テンプレート

▶ストーリー

　ABC社は、システム開発を得意とするITベンダーである。4月、ABC社は、XYZ社の『業務改革プログラム』の3つのプロジェクトを獲得するため、競合他社と激しい受注競争を展開した。その結果、3つのプロジェクト（S&OPプロジェクト、SCMプロジェクト、PLMプロジェクト）を受注した。いよいよプロジェクトの開始である。
　ABC社PMOマネジャーの北島のもとに、かつて自社のPMO導入プロジェクトで一緒に働いた谷がやってきた。
「北島さん、こんにちは」
「おう、谷。久しぶりだな、元気か」
「ようやくXYZ社の商談も一段落ですよ。私もしばらくは本社にいます」
「そうか。それはご苦労さま」
　谷は、XYZ社の『業務改革プログラム』の受注の立役者だった。谷のヒアリング能力、情報収集能力、プレゼンテーション能力は、ABC社内でも有名であった。これまでもさまざまなシステム開発経験をもち、もっとも上流である要件定義フェーズを任せれば、谷の右にでるものはいない。谷は、ABC社の『業務改革プログラム』でも、その能力を充分に発揮した。特にS&OPプロジェクトの受注には、XYZ社の信頼を得ることができた。
「北島さん、実は相談があって来たのですが。後輩の谷本を覚えていますか？」
「標準化プロジェクトで君の部下だった、あの谷本くんか？」
「はい。今回、S&OPプロジェクトのPMをやらせてみようと思うのですが、いかがですか。問題はまだ本格的なPM経験がないという点ですが、やる気があります」
「確かにな。谷本くんなら、そろそろ機会を与えるべきかもしれない…」
「それじゃ、谷本に任せてもよろしいですね。フォローは私が行います。実は、PMOプロジェクトでの経験を活かして、PMOがプロジェクトに提供している標準テンプレートを活用させたいのです」
「まあいいだろう。PMOが提供する標準テンプレートを活用するチャンスだし…」
「北島さん、ありがとうございます」

>解説

>>何が起きているか

　開発ベンダーであるABC社は、プロジェクト・マネジャーを育成し、企業として底上げしていかなければなりません。そのため、ABC社は、最近、PMOを立ち上げました。

　XYZ社のS&OPプロジェクトの受注企業であるABC社は、PMOを立ち上げたメンバーの谷本をプロジェクト・マネジャーにしました。谷本はPMO導入の際はPM標準化プロジェクトで谷の右腕となって活躍しましたが、まだプロジェクト・マネジャーとして独り立ちの経験はありませんでした。

>>何をしようとしているのか

　ABC社は若手のプロジェクト・マネジャーであろうと、一定レベルのプロジェクトマネジメントを実施させたいと考えています。そのため、PMOはプロジェクト・マネジャーに対してプロジェクトマネジメントの標準テンプレート（PMBOKテンプレート）を提供し、適用方法やプロジェクト推進のノウハウ面で支援しようとしています。

>>実行できない／成果が出ない要因は何か

　PMOはプロジェクトマネジメントの標準テンプレートを提供します。しかし、プロジェクト・マネジャーとしては、標準テンプレートを与えられただけではプロジェクトを実施できません。標準テンプレートを使いこなすためには、プロジェクト内の業務プロセスが確立していて、プロジェクト・マネジャーだけでなくメンバーがプロジェクトの進行を理解し、テンプレートを使うべきタイミングと使用方法を理解していなければなりません。

▶活用したPMツール　PMOが提供する標準テンプレート

>> PMツールをどのように活用すればよいか

　PMOの機能は、企業／組織の状況によりさまざまです。本ケースに登場するPMOは経営戦略の実行支援を担うPMOとして位置づけられています（表24）。

表24　PMOの主な機能

	機能	説明
1	経営的視点	ポートフォリオマネジメント
2	PM支援	PM人事、PMトレーニング、情報共有
3	プロジェクト支援	開発方式や帳票、作業標準などの標準テンプレートの提供

　PMOはプロジェクトそのものへの支援として、PMツールの提供や、開発方式などの標準テンプレートの提供があります。標準テンプレートの例を以下に示します。

　① プロジェクト憲章、マネジメント計画書などドキュメントのひな型
　② WBS、スケジュールや変更管理表、リスク登録簿などの帳票類のひな型
　③ 変更管理フロー、品質保証プログラムなどの標準

プロジェクト・マネジャーはこれらの標準テンプレートを活用することで、ある一定レベル以上のマネジメントを実現することが容易になります。

プロジェクト・マネジャーはPMOが標準テンプレートなどのツール提供を受けるだけでなく、プロジェクト・メンバーに標準テンプレートを使うべきタイミングと使用方法を理解させなければなりません。

そのため、プロジェクト・マネジャーはPMOより以下のような支援を受けます。

① 標準テンプレートの意味、なぜ必要かを理解、修得する。
② 標準テンプレートの利用方法を知る。
③ PMOによる適用モニタリングを受け、プロジェクトにおける標準テンプレート適用へのアドバイスを受けるとともに誤用を改める。

>>実施することで、どのような成果が期待できるか

ABC社の場合、PMOがプロジェクトに標準テンプレート等を提供し支援する効果には以下のようなものがあります。

① 方法論、ツールをABC社として共有し、全社PMのレベルを引き上げる。
② 経営的観点からプロジェクトマネジメントに焦点を当て、プロジェクト失敗の可能性を低減させることで損益に貢献する。

PMOが担う範囲は会社によって異なります。プロジェクト資源までPMOが統括する場合もあります。その場合、プロジェクトに対して、プロジェクト・マネジャーを派遣し、プロジェクトに必要な設備や予算の配分をPMOが行うことになります。

>考察

>>具体的な効果（定量的／定性的）として管理可能か

プロジェクトマネジメントの標準化により各プロジェクトが比較可能になり、たとえば受注時に失敗確率を算定して受注を避けたり、プロジェクト進行をモニターしてリスクの発生を早期に検出しタイムリーな対策を打ったりすることができます。

またプロジェクトで得られたノウハウ（教訓）の活用を可能とします。

>>PMツールを活用することのメリット、デメリット

形式的な標準化を目指すのではなく、企業文化、組織文化としてPMOの理念の定着化を図らなければなりません。PMOが形式主義に陥ると、ドキュメント作成そのものが目的化し、結果として品質や効率が低下するだけでなくメンバーのモチベーションまで損なうことになります。

なぜ、PMOの提供する標準テンプレートを使うのか、本質を見極めることが重要です。

計画フェーズⅡ

エピソード24.［ABC社・S&OP］メンバーが集まらないリスク／SWOT分析

▶ ストーリー

　4月初め、ABC社のS&OPプロジェクトが立ち上がった。ABC社でも3つのプロジェクトを統括するマネジャーが必要だということになり、谷が任命された。

　谷統括PMのもと、S&OPプロジェクトのPMには若手の谷本が起用された。谷本は社内の「標準化プロジェクト」に参加していた実績がある。谷がPMOマネジャーの北島と相談し抜擢したのだ。

　S&OPプロジェクトのメンバーが確定後、しばらくして谷本PMは、驚きを隠せない表情で、谷統括PMのもとに飛び込んできた。

　「谷さん。S&OPプロジェクトのメンバーのことですが…。社内のPMOの規約では、『PMは必要なメンバーのスキルを明確にしたうえで上級マネジャーに申請すること』、それに『上級マネジャーはメンバーをアサインする責任が発生する』と決まっています。先日ご連絡を頂いた当チームのメンバーは、私が申請したスキル・レベルではありません」

　谷統括PMは、苦笑いをしながらも谷本PMの話を聞いていた。

　「谷本、用件はそれだけか？」

　若手の谷本PMは焦る気持ちが顔に出ないよう注意していたが、一瞬、谷を睨み付けてしまった。

　「(PMの内示を受けたとき、谷さんは"俺がフォローする"と言ってくれたのだ。それなのに、早速これか…)」

　「谷本、S&OPプロジェクトは、以前渡した要員リストにあるメンバーで乗り切ってほしい。メンバーの変更や増員は今のところ考えてないよ」

　「谷さん、…システムを設計するにはJavaの開発経験が最低5年必要です。テストのノウハウと経験が…」

谷統括PMは、谷本PMの言葉をさえぎった。

　「君の申請した最適なメンバーではないかもしれないね。しかし、各自が補完的に活動すれば十分プロジェクトを推進できると思うよ」

　谷統括PMは、一呼吸おいた。そして、こう続けた。

　「谷本、申請どおりのスキルを持った人間がいつでもアサインできる訳ではない。Javaの経験なら慶子くんが、テストは佑美子くんがノウハウを持っている。S&OPプロジェクトのPMとして工夫してくれないか。期待しているよ」

（注：慶子、佑美子については、表26を参照）

＞解説

＞＞何が起きているか

　プロジェクト・マネジャーはプロジェクトの計画時にどのようなメンバーが必要か計画します。計画時には、メンバーとして必要なスキルを挙げ、要員を手配することになりますが、そのときに最適なスキルを持ったメンバーが集められるとは限りません。

＞＞何をしようとしているのか

　多くのプロジェクトでは、実際に集められるメンバーでプロジェクトを乗り切るしかないことが多いと思われます。現実に集まったメンバーで最善策を見いだす必要があります。

＞＞実行できない／成果が出ない要因は何か

　多くの場合、メンバーは専門スキルごとの人財プールからアサインされますが、PMが申請したメンバーが持つべきスキルと実際に集まったメンバーのスキルにギャップがあります。
　スキル不足について、要員を教育する必要がありますが、多くのプロジェクトでは、教育が間に合わない、つまり人間の成長に対してプロジェクトが短すぎるということが考えられます。

▶活用したPMツール　SWOT分析

＞＞PMツールをどのように活用すればよいか

　PMは与えられたメンバーでチームを構築しなければなりません。各員の特徴を考え、弱点を補完しあいプロジェクトを乗り切る必要があります。
　そのために、メンバーに対してSWOT分析を行います。
　① リスク特定：要員のスキルから考え、どのような事態が予想されるか特定します。たとえば、仕様策定の能力が劣り、適切な仕様に調整できない。開発能力にバラツキがあり、設計は合格だがテストケースに抜けが散見される、など。
　② リスク対応策の策定：リスクが特定されれば、そのリスクが発生したかをどのように把握するのか考え、リスク発生時の対策を検討します。

表25　要員計画

	役　割	内　容	人数
1	プロジェクト・マネジャー	プロジェクト推進の責任者として、プロジェクトマネジメント計画書を作成し、実行をコントロールしてプロジェクト目標を達成するための中心的役割と責任を担う。	1
2	システム方式設計・システム適格性確認テスト要員	プロジェクトマネジメント計画書に従ってアプリケーション開発を行う。システム方式設計およびシステム適格性確認テストを担当。お客様要求であるJava開発スキル5年のJava経験を保有すること。	2
3	ソフトウェア方式設計、コード作成、ソフトウェア適格性確認テスト要員	プロジェクトマネジメント計画書に従ってアプリケーション開発を行う。ソフトウェア方式設計およびソフトウェア適格性確認テストを担当。お客様要求であるJava開発スキルを保有すること。	4

谷本は表25のように必要要員を計画していました。しかし、実際にアサインされた要員は表26に示されたような要員でした。

表26　ABC社のS&OPプロジェクト要員一覧

	氏名	スキルなど
1	谷本	入社10年目の中堅SE。プロジェクト・マネジャー経験は浅い。
2	慶子	Java開発経験豊富で下流工程であるソフトウェア開発が得意な中堅SE。しかし上流工程であるシステム方式設計には難がある。
3	佑美子	システム方式設計とテストに定評のある中堅SE。Java開発経験はない。
4	宏	システム方式設計／ソフトウェア方式設計とテストを、生産性と品質は可もなく不可もなく、無難にこなす中堅SE。Java開発経験はない。
5	貴司	ソフトウェア方式設計・コード製作を担当する若手。大地とは犬猿の仲。
6	大地	ソフトウェア方式設計・コード製作を担当する古株。スケジューリングされたアクティビティの順序を間違う／ときにはやっつけ仕事になり品質が一定しないなど難のある要員。
7	友子	まったくの新人。コード製作を担当する。

※メンバーの名前はこのエピソードのみに登場するため、名前のみで表記した。

要員計画と実際にアサインされた要員のスキル・レベルは大きく乖離しています。このようなとき、各自の能力を補完しながら開発体制とリスク計画を立案するとよいでしょう。そのため、要員に関するSWOT分析を行います（表27、表28）。

表27　要員に関するSWOT抽出

	弱み	発生するリスク
1	Java技術者不足（宏と貴司）の発生。	①システム方式設計が完了しない。 ②システム方式設計は完了したが、ソフトウェア方式設計が困難あるいは不可能な設計となる。
2	コード製作担当者の技量等の不足により（大地と友子）コード製作の遅延。	①コード製作が遅れる。 ②コード製作が低品質（バグが多い）。
	（省略）	
	強み	
1	Javaに長けた要員（慶子）	
2	システム／ソフトウェアの両方に長けた要員（宏）	
	（省略）	
	機会（開発フェーズ）	
1	システム方式設計フェーズ	
	（省略）	
	脅威（リスク：弱みの発生）	
1	システム方式設計が完了しない。	
	（省略）	

要員に関して、弱みと強みを分析します。基本的に、弱みにより事件（リスク）が発生し、強みを用いて対処することになります。機会は、計画された作業、脅威は計画外の事件（リスク）として分析します。

表 28 要員に関する SWOT 分析

	機会		脅威	
	システム方式設計	ソフトウェア方式設計	システム方式設計が完了しない	コード製作が遅れる
強み	システム方式設計に長けた宏と貴司を主担当とする。	新人の友子は Java に長けた慶子に任せる。佑美子、大地、友子でソフトウェア方式設計を行う。	システム方式設計に長けた佑美子をレビュー担当とし宏と貴司のシステム方式設計を支援する。レビューは毎日実施する。	ソフトウェア方式設計にも才覚がある貴司をリスク発生時には投入する。そのとき、貴司担当分は宏に担わせる。
弱み	(省略)		(省略)	

>>実施することで、どのような成果が期待できるか

　プロジェクト・チームを構成するとき、メンバーのスキルや性格を加味して、各自が補完的な役割を担うことで、最善なメンバーを構築することができます。リスク発生時に場当たり的に体制を変更すると、その影響が他の箇所にでることがあります。たとえば、「コード製作が遅れる」というリスク発生時にあわてて貴司を投入し、もともと貴司が担当していた部分を宏に引き継がせるとします。何の準備もなく突然引き継がせた場合には、そもそも引き継げるように作業を進めていなかったり、貴司が暗黙的に常識と思っていることが宏に分からず、今度は宏担当部分で問題が発生したりします。

　ここで重要なことは、要員に関するリスクは想定でき、リスク計画を立て、体制や作業手順にあらかじめ反映しておくことができるということです。このエピソードでは谷本 PM は、宏と貴司のレビューは佑美子と 3 人で行わせるなど、情報共有を徹底することで敏速な体制変更を可能とし、リスク対策を折り込みました。

>考察

>>具体的な効果（定量的／定性的）として管理可能か

　メンバーもリスク対象になり得ます。各自の弱みは負のリスクとして発生しかねません。そのため SWOT を分析します。しかし、プロジェクト・マネジャーはメンバーに対し期待、支援、そして信頼することが必要です。管理は必要なのですが、メンバーに権限を与えて独断専行を許容する度胸も必要です。そのための、リスク分析であり、リスク対策です。

>> PM ツールを活用することのメリット、デメリット

　メンバーは血の通った人間です。メンバーに対して行った SWOT 分析の情報を当人に公開すべきでない場合もあります。プロジェクト・マネジャーが把握するためにメンバーのスキルを数値化することもありますが、客観的と言えない数値化となることも多いでしょう。メンバーの育成を考え、適切に指導することを考えるとき、すべての情報を公開することが適切であるのか注意深く検討することが必要です。

　各自の弱みを把握し、対策が検討されていることをメンバーが知ると、弱みを克服するより、今のままでよく失敗したら助けてもらえると理解される可能性があります。もし、そのように理解されてしまうとそれはもはやリスクではなく、予定された失敗になります。

エピソード25．[ABC 社・PLM] PM の任命／プロジェクトマネジメント計画書

▶ ストーリー

　太陽の光が窓から入ってきている。もう昼時だ。ABC 社の長谷部 PM はコーヒーカップを片手に窓の桜を見ながら一息着いていた。
「長谷部さん、次のプロジェクトのことで話があるのでちょっと私の席に来てくれますか」
　長谷部 PM の上司の部長からだった。
　話は、ABC 社が受注した XYZ 社『業務改革プログラム』の 3 プロジェクトに関するもので、その中の PLM プロジェクトの PM を担当してもらいたいという打診であった。

「XYZ 社の『業務改革プログラム』でしたら噂で聞いています。われわれ ABC 社が選ばれたのですね、おめでとうございます。PM のお話はありがたいのですが、私はまだ担当中のプロジェクトが完全に終結しておりません」
「実は君に担当してもらいたい PLM プロジェクトは、今年の 10 月頃から本格的に開始する。夏には製造装置の選定と発注を先行して行う必要があるので、プロジェクト憲章と装置要件だけは、先に進める必要があるんだよ…」

　上司からの「君が適任だ」という強い要望に、長谷部 PM はプロジェクトを引き受ける決心をした。
「では早速 PMO に君のアサインのことを連絡しておくよ。9 月には装置メーカーの選定が厳命となっているので、8 月中には発注要件を仕上げないといけない」
さらに続けた。
「要件定義フェーズでは、先行する S&OP プロジェクトのメンバーを数名シフトするつもりだ。その方が効率もいい」
「わかりました。現行プロジェクトの終結作業と並行して準備を進めます」

　装置メーカー選定時期を考慮すると、7 月にはプロジェクト憲章の承認を得る必要がある。来週には 3 つのプロジェクト合同のキックオフだ。それにも参加しなければならない。PMO の北島からは PLM プロジェクトはスケジュールの厳しいプロジェクトになると忠告されていた。経験のある長谷部 PM なら、うまくコントロールしてくれるだろうと考えた上でのことだった。
　長谷部 PM は早速、PMO 標準のプロジェクト憲章とマスター・スケジュールのテンプレートをダウンロードした。

＞解説

＞＞何が起きているか

　ABC 社は、XYZ 社の 3 つのプロジェクトをまとめて受注し、PMO が主体になり、PM のアサインを始めています。3 つのプロジェクトの日程は、XYZ 社との協議の結果、2 つのプロジェクトが 60 期 4 月からスタートしますが、PLM プロジェクトは、60 期 9 月から着手の計画を立てています。

＞＞何をしようとしているのか

　ABC 社 PMO の北島氏は、受注した 3 つのプロジェクトの統括を谷 PM に任せ、それぞれのプロジェクトの体制を検討し、ライン組織に PM アサインを要請しています。

　PLM プロジェクトは、他の 2 つのプロジェクトが終結する時期に設計フェーズ着手になり、ほとんどの実稼働メンバーは関連する S&OP プロジェクトから移行することを想定しています。ただし今回新規に設置する装置は先行して発注されるため、機能要件と関連するインターフェースだけは、装置メーカー選定前に条件として提示する必要があります。

　ABC 社としては、9 月の立上げを万全にするため、経験値や他業務との兼ね合いを考慮して、長谷部 PM を PLM プロジェクトの PM として 4 月にアサインしたいのです。

＞＞実行できない／成果が出ない要因は何か

　プロジェクトを進める上で、関係する当事者間で、役割やプロジェクトの特性、条件など共通の認識で合意できていないと、無駄が発生するだけでなく、必要な時期に成果が達成できなくなり、プロジェクト全体の目的が達成できなくなりかねません。

　特に PM やライン組織と PMO など、当該プロジェクトの責任者クラスの合意形成を初めに詰めておくことと、その記録内容を残すことで当初の目的が担保されます。

▶ 活用した PM ツール　プロジェクト憲章、プロジェクトマネジメント計画書、マスター・スケジュール

＞＞ PM ツールをどのように活用すればよいか

　ここで新たな重責を担う長谷部 PM は、自分が PM として任命される新規プロジェクトに関しては、まだ何ら情報を持っていません。まず、プロジェクト憲章のドラフトを作成し、スポンサー（ABC 社では谷統括 PM）、任命を受諾する長谷部 PM の上長、その他の主要なステークホルダーと早期の合意を得ます。

　プロジェクト憲章は、当該プロジェクトの概要（目的、期間、体制、予算など）を記述してプロジェクトを公式に認可し、その中でプロジェクト・マネジャーを任命する文書ですから、本来プロジェクトのスポンサー（企業内においては、経営責任者など、資金提供者）が作成するべきものですが、PMO または PM 候補者がドラフトをまとめることがしばしばあります。

　プロジェクト憲章の項目についてはエピソード 12 を参照してください。

長谷部PMは、プロジェクト憲章により正式に任命された後、担当プロジェクトのマネジメント計画を立案しスポンサーの承認を得ることが必要になります。プロジェクトマネジメント計画書には、成果物、スケジュール、コスト、体制、条件などを定義し管理する手順が記載されます。プロジェクトマネジメント計画書に定義されたドキュメントを見れば、関連プロジェクト、連携すべき組織等の必要な全ての情報を得ることができます。

プロジェクトマネジメント計画書は、以下に示す複数の資料、情報を活用して作成します。

① 当該プロジェクト憲章の合意内容
② 担当プロジェクトと関連する他のプロジェクトがある場合は、その関連プロジェクトの情報
③ 担当プロジェクト計画立案のための参考情報
　プロジェクトマネジメント計画書は、社内プロセスで定められた各種書式などに従って作成しますが、以下の情報も参考にするとよいでしょう。
　　▶既存の類似プロジェクトの情報：
　　　WBS／日程計画立案、リスク計画立案など
　　▶スキル・インベントリー・リスト：
　　　体制立案、要員確保

プロジェクトマネジメント計画書には、プロジェクトに関わるすべての源泉情報を定義するとともに、活用、参照できるように保管管理する方法も定義します（表29）。たとえば、特別なプロジェクト変更がない限り、マスター・スケジュール（図17）は変更されません。マスター・スケジュールを詳細化した、各ワーク・パッケージの詳細スケジュールは、すべてこのマスター・スケジュールの内容に沿って作成されます。

また、アーンド・バリュー分析や進捗管理などに使用する詳細スケジュール表は、使用目的に応じて個別に作成し更新管理しますが、マスター・スケジュールとの整合性は保つ必要があります。

さらに、マスター・スケジュールには、PLMプロジェクトの関連プロジェクト（たとえば、メンバーの移行を計画している、S&OPプロジェクト）やサブプロジェクト（たとえば、GHI社が製造する装置とのインターフェースを開発するサブプロジェクト）の情報も併せて記述しておくと、他のプロジェクトとの相互依存関係を客観的に理解することができます。

プロジェクトマネジメント計画書が膨大になり過ぎない様にするため、スケジュール・マネジメント計画を補助の計画書として別冊することもあります。補助の計画書は、スケジュールだけでなく、スコープなど9つの知識エリアごとに作成することもあります。

表29 プロジェクトマネジメント計画書の項目

項目	内容	備考
プロジェクト基本方針	プロジェクトの特徴	
	プロジェクト予算	
	プロジェクトマネジメント・プロセス	
プロジェクトマネジメント計画書の作成について	プロジェクトマネジメント計画の作成要領	各知識エリアごとにこの補助のマネジメント計画書を本書の付録として作成する。
	作成する補助のマネジメント計画書	スコープ・マネジメント計画書 要求マネジメント計画書 スケジュール・マネジメント計画 コスト・マネジメント計画書 品質マネジメント計画書 人的資源計画書 コミュニケーション・マネジメント計画書 リスク・マネジメント計画書
	使用するベースライン	スコープベースライン スケジュールベースライン コストベースライン
	教訓の適用	教訓の知識ベースから使用可能な教訓を適用する。
プロジェクト実行の指揮・マネジメント	プロジェクト指揮・マネジメントの要領	パフォーマンス情報の収集方法など
プロジェクト作業の監視コントロール	プロジェクト作業の監視コントロールの要領	アーンド・バリュー分析など
統合変更管理について	統合変更管理の要領	
プロジェクトの終結について	プロジェクト終結の要領	

図17 マスター・スケジュール

　プロジェクトの性格によってはプロジェクトを実行する際に必要となる源泉情報や補助のマネジメント計画書を一冊にまとめた方が、メンバーが多くの文書を拾い読みせず、一冊の文書だけを見て作業でき、作業簡略化に役立つことがあります。PLMプロジェクトでは、この目的のために良く参照する文書を1冊にまとめ、以下の様な項目を記載しました。

　① プロジェクト概要（プロジェクト基本情報）
　② コスト・スケジュールベースラインおよびコンテンジェンシー計画
　③ 人的資源計画（プロジェクトを通じた組織要員育成を含む）

④ コミュニケーション・マネジメント計画（会議体／定例会議などの開催方法や対象者、適応ルールの明記と共有化）
⑤ リスク・マネジメント計画
⑥ プロジェクト作業の監視コントロール
　　アーンド・バリュー・マネジメント　　達成度とコストのバランスの把握方法
　　WBS ベースのバー・チャートなど　　進捗状況の把握方法
　　品質目標への達成状況の監視方法
　　課題の把握方法と対策状況の監視方法
　　成果物、要素成果物の管理方法　　　　保管管理遂行など
　　構成管理の方法・変更管理遂行手順など

なおこの様なマージ文書を作成する場合、プロジェクト憲章は全体像を捉えるレベルで記載し、マスター・スケジュール表（図1）などの必要な資料もこの文書の一部として一括して管理します。

>>実施することで、どのような成果が期待できるか

プロジェクト憲章は、スポンサーやお客様（の意図）を理解し、PMO や PM だけでなく関係するプロジェクト・メンバーのバイブルとして、当該プロジェクトの目的を周知させることが期待できるとともに、何らかの計画変更の際にも、当初の想定事項として活用できます。また、PM が担当プロジェクトのマネジメント計画書を作成するとき、プロジェクトの目的や意義を理解し、アプローチを検討するための拠り所になります。

プロジェクトマネジメント計画書を作成する目的は、上位責任者や担当メンバーに説明し合意形成を図るだけでなく、PM 自身も気付きや知恵を得られることです。プロジェクト初期に策定、合意しておくことは、担当プロジェクトの成功に大きく寄与することはいうまでもありません。

>考察

>>具体的な効果（定量的／定性的）として管理可能か

プロジェクト憲章やプロジェクトマネジメント計画書、さらにマスター・スケジュールなどは、記述する項目をあらかじめ決めておく（標準化する）ことで、定性的な情報の管理が可能です。ABC 社では、この点で PMO 標準が活用されています。標準以外に必要と思われる資料があれば、「補足資料」などとして付け加えておくとよいでしょう。

一つの先行するプロジェクトを参照する複数の後続プロジェクトが生成される場合には、品質情報やその他の管理情報などを後続プロジェクト間で共有する仕組みがあればより大きな効果が望めます。この点でも PMO の果たす役割は大きいといえます。

>>PM ツールを活用することのメリット、デメリット

プロジェクトは短期のものでも、3カ月を超えるものがほとんどです。プロジェクトが混乱し立ち行かなくなった場合に、必ず責任の所在や当初の目的を確認する状況が発生します。また混乱した状況を打開するためにも、当初の目的を見失わないよう記録しておくことは重要です。

エピソード26．［ABC社・SCM］納得できる見積金額／見積り手法

▶ ストーリー

　　ABC社のSCMプロジェクトの担当PMは楢崎と決まった。楢崎PMは中堅のPMであり、開発経験も豊富であった。
　　5月、ABC社の楢崎PMは、XYZ社の生産管理部の川島部長に呼び出されていた。
　「楢崎さん、SCMプロジェクトの要件定義は順調に進んでいますか」
　「はい、川島部長。おかげさまで順調といってよいと思います。でもSCMプロジェクトのXYZ社のご担当が川島部長なのですね。てっきり中沢さんかと思いました」
　「ええ、彼もメンバーですが協力してやっています。中沢課長は、今S&OPプロジェクトの方に専念しています」
　「はい、伺っております。弊社（ABC社）の谷本が担当しており、社内でも連携しています。」
　「そうでしたか。助かります」
川島部長は本題に入った。
　「楢崎さん、今日お呼び立てしたのは予算のことなのですが」
　「予算ですか、それなら3月末のベンダー選定時に概算見積をご提出致しております」
　「ええ受け取っています。ですがXYZ社としても、このプログラムをトラブルなく進めるために慎重になっているのです。要件定義がほぼ終了したわけですから、現時点で改めて確定見積をご提示願えませんか」
　「承知しました。後日お持ちいたします。」
　　数日後、川島部長は、ABC社の楢崎PMから再見積書を受け取った。
　「思ったとおりだ。当初提案されていた概算見積の金額をオーバーしている」
　　川島部長は、このような事態を過去にも経験していた。
　「現時点では、この金額が妥当かどうか判断できない。無理に価格交渉をすれば品質が低下するだろう。何よりABC社との信頼関係を保たなければプロジェクトは成功しない」
　　川島部長は、ABC社の楢崎PMをもう一度呼んだ。
　「楢崎さん、先日は再見積書をいただきどうもありがとうございます」
　「川島部長、結果的に見積額が増えてしまっています。申し訳ありません。XYZ社で許容して戴けますでしょうか」
　「そうですね、検討します。でもその前にコストの妥当性を検討しましょう。XYZ社が過剰要求をしているのなら、要求項目を減らす必要があります」
　「川島部長、承知しました。こちらもご提案のときに算出した概算見積をオーバーしていることを、申し訳なく感じています。ご理解いただけるようご説明致します…」

▶解説

≫ 何が起きているか

　SCMプロジェクトの工数算出を実施したところ、想定以上の工数になることがわかりました。XYZ社では類推法で見積りを実施していますが、今までその妥当性については検証することはありませんでした。年間の開発費用は予算策定の際に総額を定めており、その予算内にできることをやるというスタイルであったため、見積りで算出される工数は参考値に過ぎなかったためです。今回のプロジェクトは厳しい予算内でやりくりしなければなりませんから、見積工数についてはきちんと説明ができなければなりません。

≫ 何をしようとしているのか

　川島部長は従来からのドンブリ勘定のような粗い工数管理は改善したいと考えていました。工数の予実を管理するためには、見積結果の妥当性をあらかじめ確認することが必要です。見積結果の妥当性を確認することは簡単なことではありませんが、複数の見積手法を用いて見積りをすることはよく行われます。今回のプロジェクトでは見積結果をスポンサーにきちんと説明し、承認をもらわなければなりませんので、この機会に他の見積り手法も併用して見積らせることにしました。

≫ 実行できない/成果が出ない要因は何か

　今までは同じような規模のプロジェクト、同じようなスコープのプロジェクトの実コストがどうであったのかを参考に見積りをすればよかったのですが、今回は再構築ですし、そもそも同規模のプロジェクト経験はありません。いくつかの機能に分けて見積りを行い、積み上げて全体量を見たのですが、その妥当性については、自信が持てません。やはり、他の見積り手法を併用するしかなさそうです。しかし、他の見積り手法を用いた経験はありませんし、過去のデータの蓄積もありません。

▶活用したPMツール　類推見積り、係数見積り、ボトムアップ見積り

≫PMツールをどのように活用すればよいか

　代表的な見積りツールには類推見積り、係数見積り、ボトムアップ見積りがあります（図18）。XYZ社では正確な見積りは必要なく、大まかな予算を確認したかったので、類推見積りを使用していました。ABC社から提出される見積り根拠も類推見積りにより算出されたものでした。しかし、通常、類推見積りは年間の予算取りをする場合など、超概算費用を見積るときに使用するケースがほとんどです。見積り精度は類推見積り、係数見積り、ボトムアップ見積りの順に高くなっていきます。それでは精度が一番高いボトムアップ見積りだけをいつも使用していればよいのかというと、そうでもありません。精度が高い見積りをするためには、それだけ情報が必要になりますが、いつも多くの情報を手に入れられるとは限りません。その時々の状況に応じて見積りツールを変えるというのはひとつの方法です。今回、XYZ社が試みているように、見積りの妥当性を説明するために複数の見積りツールを使用するということはよくあることです。

〈ABC社 類推見積り〉

当初計画				
コスト計画	単価 (100万円)	員数	期間 (月)	定価 (100万円)
要件定義段階	A	2	1.5	3×A
	B	2	1.5	3×B
設計段階	A	4	2	8×A
	B	2	2	4×B
開発段階	A	4	4	16×A
	B	10	4	40×B
テスト段階	A	4	2	8×A
	B	6	2	12×B
移行段階	A	4	1	4×A
	B	3	1	3×B
合計				39×A
				62×B

〈ABC社 係数見積り〉

当初計画			
コスト計画	単価 (100万円)	機能数	定価 (100万円)
機能要件による機能数 (内部処理数)	C	20	20×C
	D	40	40×D
機能要件による機能数 (インタフェース数)	C	5	5×C
	D	5	5×D
非機能要件による機能 数(画面数、インプット/アウトプット数)	C	4	4×C
	D	10	10×D
非機能要件による機能 数(ユーザー承認等の 機能数)	C	4	4×C
	D	6	6×D
合計			33×C
			61×D

〈ABC社 ボトムアップ見積り〉

当初計画			
コスト計画	単価 (100万円)	アクティビティ	定価 (100万円)
要件定義段階	E1	20	20×E1
	F1	20	20×F1
設計段階	E2	40	40×E2
	F2	20	20×F2
開発段階	E3	40	40×E3
	F3	20	20×F3
テスト段階	E4	60	60×E4
	F4	40	40×F4
移行段階	E5	10	10×E5
	F5	10	10×F5
合計			×××××
			×××××

図18 類推見積り／係数見積り／ボトムアップ見積り

>> 実施することで、どのような成果が期待できるか

　見積りツールにはそれぞれ相互補完的な長所と短所がありますので、複数の見積りツールを使用することは合理的です。複数の見積りツールによって得られた結果の違いを補正することを繰り返すことによって、精度を上げるということもできます。ただし、この場合、見積りをするための入力情報は非常に多くを必要としますので、どこまで正確に見積り結果を出す必要があるのかの見極めが必要です。メインとして使用する見積りツールを決め、補完的に他の見積りツールを使用するのが現実的な選択肢であると考えられます。

>考察

>> 具体的な効果（定量的／定性的）として管理可能か

　見積りをするために収集した入力情報、見積りの結果はきちんと整理をして保管することが非常に重要です。XYZ社が従来から用いていた類推見積りも過去の情報があってこそ、見積りができるのです。このとき、さらに重要なのは、見積りに用いた入力情報や見積り結果だけではなく、実績値がどうであったのかという情報です。そして、見積りと実績に差異があった場合、その差異はどうして生じたのかをきちんと記録しておくことです。これらの情報により類推見積りであっても見積り精度は徐々に上がってきます。

　係数見積りについては実績値の情報は非常に重要です。係数見積りに使用する係数は過去の実績に基づき設定することが一般的だからです。したがって今までに係数見積りをしたことのない場合は、公表されている係数を用いることになりますが、何度も見積りをして行く内に傾向が見えてきます。この傾向をきちんと把握することも大事です。そして徐々に自社の傾向を係数に当て込んで行き、差異が出ないようにして行きます。そこまで行けば自社の見積り手法が確立したと内外に宣言ができるでしょう。

>> PMツールを活用することのメリット、デメリット

　複数の見積りツールを使用するメリットについては、前述のとおり見積り手法が持っている短所を打ち消し、精度の高い見積りができるようになることです。

　係数見積りにはFP法やCOCOMO法などいろいろな方法がありますので、複数の係数見積り手法により見積りを行い、見積り結果の妥当性を説明するという方法もあります。

　また、係数見積り法等を用いた見積支援ツールもあります。見積支援ツールで使われている係数（パラメータ）の種類やその重みの付け方などを知ることは、係数見積り法の理解に役立ちます。

エピソード27．［JKL 社・ITC］不確かなインフラ要件の確定／ヒアリングシート

▶ストーリー

　5月、JKL システムインフラ社に出勤するまでの道のりはいつもと変わらない。見慣れた風景も今日は日差しがまぶしく感じられた。雲ひとつない青空である。
　XYZ 社の IT センター・プロジェクトのベンダーに選ばれた JKL 社の松井 PM は、ひとつのハードルを越えた安堵感があった。何度も繰り返された XYZ 社岡田室長との打合せで、XYZ 社の『業務改革プログラム』に対する決意を感じていた。
　このシステム基盤は、サーバー系、ネットワーク系の両方を合わせても、それほど大規模というわけではない。この後の作業は具体的なハードウェアの選定、詳細な見積書の提出、そして注文書を受けて導入していく。いつもと変わらないそれだけの作業だ。JKL 社の参加メンバーや社内の上位マネジャーたちも安易に考えていた。
　松井 PM と JKL 社のメンバーたちは、XYZ 社のベンダー選定の段階でヒアリングを行い、その要求に応える提案をしてきた。今回、提案に携わったメンバーたちは、すでに XYZ 社の要求は十分確認できたつもりでいた。
　「（はたしてそうだろうか…）」
　たしかに、これまで何度も打合せをした。JKL 社から選んでいただけるレベルの提案だ。だがそれで XYZ 社の要求をすべて確認できたのか…。
　オフィスに着いた松井 PM は、プロジェクト・メンバーの森本を呼んだ。
　「森本くん、XYZ 社のシステムは、シンガポールに本番系システムを導入するのだったね」
　「はい。そうです」
　「現地への導入については、何か考えているのかな？」
　「現地のインフラベンダーと協業することになっています。導入先やベンダー選定には、XYZ 社、情報システム部の本田部長から指示があるようですし、われわれはその指示に従うだけですから問題はありません」
　「日本には、何も準備しないのか？」
　「何も聞いていませんので、おそらく必要ないのでしょう」
　「では、開発部門はどこの会社が受注した？」
　「ABC 社だと聞いています。彼らもシステム開発に関しては十分な実績がありますし、協力会社として安心できます」
　「ABC 社は、どこで開発を進めるか聞いているか？」
　「さあ、ABC 社が考えることですから、あまり詳しくは聞いていません…」

▶解説
▶▶何が起きているか

　提案時に XYZ 社より『業務改革プログラム』の構想を伺い、提案書を作成し、ベンダー選定が終了しました。JKL 社は、XYZ 社の『業務改革プログラム』のシステム基盤構築に関するプロジェクトの協力会社として正式に選ばれました。JKL 社の社内では、今回のプロジェクトの規模はそれほど大きくなく、すでに提案書を作成していることから、メンバーだけでなく上位マネジャーまでもが、「要件定義作業が終了し、あとはシステムを導入するだけだ」と安易に考えています。

▶▶何をしようとしているのか

　松井 PM は、現在の提案だけでは不十分であると考えています。XYZ 社から説明を受け、ヒアリングを行い、提案書や概算の見積書を提出している状況ですが、その内容のままプロジェクトを進めるのではなく、もう一度、詳細レベルの要件定義を行おうとしています。

　XYZ 社の要求は、『業務改革プログラム』のシステム基盤構築をすべて JKL 社に任せたいというものです。JKL 社は、「自分たちが提案した内容の作業しか行いません」という姿勢では、XYZ 社の要求に応えることはできないと、松井 PM は考えています。そのために、ベンダー選定が終了し JKL 社を選択していただいた今こそ、もう一度、具体的な『業務改革プログラム』に潜在する要求事項を洗い出さなければならないと考えています。

▶▶実行できない／成果が出ない要因は何か

　上位マネジャーやプロジェクト・メンバーたちは、すでに要件定義作業は終了したと意識しています。その人達に対してもう一度、要件定義から行うことを提案すると反発されることは明らかです。プロジェクト・メンバーたちは「同じことを何度もさせるのか？　自分たちが行った要求の洗い出しは不十分だといいたいのか？」と反感をもつかもしれません。また、上位マネジャーは「これまで報告を受けた内容に嘘があったのか？」と疑うでしょう。

　ベンダー選定の際に提案する資料は、あくまでも XYZ 社が JKL 社の実力を確認するための資料であって、提案書に XYZ 社との認識のズレがあっても指摘はされません。XYZ 社が提示した要求事項を正しく理解できたか、提案は要求事項を正しく理解したものになっているか、価格は正しく提示されているか、提案された内容には制約条件、前提条件、リスクなどを、XYZ 社に正しく説明し理解を求めようとしているか（都合のよいことばかりを記述していないか？）などです。ですから、XYZ 社が最初からすべての要求事項を説明してくれるわけではありません。守秘義務の要項が含まれた契約書を交わして、はじめて本心を明かしてくれるということもあります。この点を上位マネジャーやプロジェクト・メンバーに正しく説明しなければなりません。

▶活用した PM ツール　ヒアリングシート、アンケート

▶▶PM ツールをどのように活用すればよいか

　要件定義プロセスで用いる PM ツールの定番は、ヒアリングシートとアンケートです（図

19、図 20)。

　ヒアリングシートは XYZ 社に、アンケートは関係者全員に対して実施します。ただし、回答を受けた内容のすべてが要求事項になるわけではありません。回答の内容を個別に精査し、XYZ 社と協議しながら要求事項をまとめることになります。

　要求事項が増えれば当然実施するための予算も増えるわけですから、協議の上で、概算のコスト計画も併せて行わなければなりません。

　ヒアリングシートやアンケートの項目は、1 人の有識者が資料をまとめたのでは、思考が片寄ってしまいます。IT システムでは、開発部門の視点、基盤系エンジニアの視点、ユーザーの視点など、複数の有識者の視点を合わせることでバランスのとれた資料として纏めることができます。

機能要件(業務的観点)		必須	希望
サービス開始業務（プロセス）			
要求事項		必須	希望
1	運用開始に関わる計画立案		
2	運用のための資産の引き継ぎ(移行)		
:			
サービス停止業務（プロセス）			
要求事項		必須	希望
1	システム破棄計画の立案		
:			
サービス継続業務			
要求事項		必須	希望
1	起動／停止プロセスの手順		
:			
継続性の監視項目（業務プロセス）			
要求事項		必須	希望
1	サービス時間帯の稼働率など		
:			
報告業務(プロセス)			
要求事項		必須	希望
1	定例会等の会議体など		
:			
確認業務(プロセス)			
要求事項		必須	希望
1	IT 運用に関する内部統制監査等など		
:			
課題抽出(プロセス：手法)			
要求事項		必須	希望
1	運用上の課題抽出と報告手順		
:			
課題改善(プロセス：手法)			
要求事項		必須	希望
1	課題改善の手順と体制		
:			

図 19　ヒアリングシート

```
非機能要件
  ○一般的
    設置場所、サーバー規模（台数など）
```

要求事項	必須	希望
1 設置場所		
2 運用対象装置の種類／OSなど		
3 運用対象装置の台数		
:		

```
    利用用途（業務概要、接続方法、利用時間）
```

要求事項	必須	希望
1 運用するアプリケーション		
:		

```
  ○ 運用的観点
    管理性（環境：ハードウェア、OS、ミドルウェア、ネットワーク、障害対応など）
```

要求事項	必須	希望
1 不具合発生時の対処手順と体制		
:		

```
    操作性、管理容易性（監視、バックアップ運用、エラー検知／インシデント管理と問題解決ルール）
```

要求事項	必須	希望
1 自動バックアップの必要性		
:		

```
    保守性（アプリケーションのリリース、サービス時間、手順書（マニュアル）など）
```

要求事項	必須	希望
1 新規・変更されたサービスのリリース手順		
:		

```
    システムの可用性、信頼性、サービス継続性（MTBF、MTTR、SLA要求の有無、クラスタ要求、負荷分散など）
```

要求事項	必須	希望
1 リスク毎の復旧に求められる緊急度		
:		

```
    キャパシティとパフォーマンス
```

要求事項	必須	希望
1 ディスク容量やCPU利用率の管理		
:		

```
    セキュリティ（システム更新：バージョンアップ、パッチの適用、ユーザーID管理、状態の継続性確認など）
```

要求事項	必須	希望
1 セキュリティポリシー（基本方針／対策方針／ルール）		
:		

```
    財務（コスト：予算、上限枠概算）
```

要求事項	必須	希望
1 IT会計（設備／サービス別コスト細目など）		
:		

図19　ヒアリングシート（つづき）

新システム利用予定者各位

新システムの運用に関してご意見を伺いたく、アンケートにご協力頂きますよう
お願い申し上げます

部門	
役割	
お名前	

■質問1 現システムを利用していますか？当てはまる方に〇をして下さい
　　　はい　→次は質問3にご回答ください
　　　いいえ　→次は質問2にご回答ください

■質問2 現システムを利用していない理由をお教え下さい。該当する箇所に〇をして下さい
　　　① 業務に直接関係がない
　　　② 業務に関係するが、利用するメリットがない
　　　③ その他（　　　　　　　　　　　　　　　　　　　　　　　）
　　　→次は質問7にご回答ください

■質問3 利用しているサービスを記載して下さい
　　　利用しているサービス（　　　　　　　　　　　　　　　　　　　）
■質問4 利用しているサービスの便利な点を教えて下さい
　　　どのような点で便利か（　　　　　　　　　　　　　　　　　　　）
■質問5 利用しているサービスの不便な点を教えて下さい
　　　どのような点で不便か（　　　　　　　　　　　　　　　　　　　）
■質問6 セキュリティ上の問題はありますか？（不安な点や運用上IDが共用されている、
　　　　　　データの改ざん、紛失などのトラブルがある、など）
　　　（　　　　　　　　　　　　　　　　　　　　　　　　　　　　　）
■質問7 新システムを利用するに当たって継続／追加／削除したい業務を教えて下さい
　　　継続したい業務（　　　　　　　　　　　　　　　　　　　　　　）
　　　追加したい業務（　　　　　　　　　　　　　　　　　　　　　　）
　　　削除したい業務（　　　　　　　　　　　　　　　　　　　　　　）
■質問8 新システムで利用したいサービスについて教えて下さい
　　　操作性で希望することを教えて下さい
　　　　（　　　　　　　　　　　　　　　　　　　　　　　　　　　　）
　　　可用性（サービスの利用時間など）について希望することを教えて下さい
　　　　（　　　　　　　　　　　　　　　　　　　　　　　　　　　　）
　　　セキュリティ要件について希望することを教えて下さい
　　　　（　　　　　　　　　　　　　　　　　　　　　　　　　　　　）
　　　　　　　　　　　　　　　　　　　　　　　　　　　　　　以上

ご協力ありがとうございます

図20　アンケート

＞＞実施することで、どのような成果が期待できるか

『業務改革プログラム』で、JKL社は何を求められているのかを再確認することになり、XYZ社との認識の違いを埋めることができます。認識がずれたままプロジェクトを進め、JKL社が自ら提案した内容が合意されたスコープであると誤った理解でいると、その他のS&OPプロジェクト、SCMプロジェクト、PLMプロジェクトとの連携もできず、実行段階で多数の課題やトラブルを誘発することにもなりかねません。そのような事態を招かないようにXYZ社の要求事項を十分理解しておかなければなりません。

＞考察

＞＞具体的な効果（定量的／定性的）として管理可能か

簡単な実績報告（依頼数に対する実績など）を行う際、数値報告を行うことができるかもしれません。どの部署からどれぐらいの要求項目数を抽出できたかを確認するうえでは重要な数値となるでしょう。

＞＞PMツールを活用することのメリット、デメリット

ヒアリングシートとアンケートを実施しようとすると、予想以上に工数がかかります。項目の洗い出し、抽出された要求事項の精査、影響度報告、その上で要求事項を決定するのですから、XYZ社、ABC社の工数もかかる訳です。したがって、まずこのようなPMツールを使った作業を行うにあたっては、関係者の協力が必要になります。

エピソード28．［JKL社・ITC］納品物確定・ゴールへの第一歩／スコープ記述書

▶ストーリー

「よし、これで要求事項はある程度確認できた。やはり岡田室長の構想を十分理解していなかったようだ」

松井PMは、ヒアリングシートやアンケートの結果から、潜在的な要求事項の一端を確認することに成功した。

「森本くんよくやった。さらに詳細化するためには、我々JKLシステムインフラ社がITセンター・プロジェクトのゴールのイメージを提案しつつXYZ社と共有することが大切だぞ」

松井PMは、森本の積極的な活動とその成果に労いの言葉をかけ、同時に今後の作業についても指示を出した。

「わかりました。この結果をもとに、私なりにゴールをイメージしてWBSを作成してみます」

「おいおい、WBSを作成するにはまだ情報が足りないぞ」

「えっ、ヒアリングシートやアンケートで、もう十分なくらい情報を入手しました。まだ足りませんか？」

松井PMは、要件定義のプロセスがこれで終了したとは考えてなかった。プロジェクトのゴールのイメージが共有できなかったために、後工程でお客様の要求事項が増えたことや、手戻りの作業が発生した経験が松井PMには何度もあった。

「森本くん、試しに今回のプロジェクトのスコープ記述書を作成してみてはどうだろうか」

「えっ、スコープ記述書ですか？ 見積書を作成するときには、ハードウェアの構成品目を記述しますが…。後は納品物の一覧とか…」

「そうだ。見積書にも詳細を明記する場合があるね。しかし、我々の人件費や作成したドキュメントは、どのように記述しているかね？」

「詳細に記述していません。『一式』とか…」

「そうだ。スコープ記述書は見積書で表現するのはむずかしい。ベンダー選定のときにXYZ社に提出した我々JKL社の提案書、先日のヒアリングシートやアンケートの結果、我々の過去の事例やノウハウによって作成されるものなのだよ。森本くん、作成してくれるかね」

「わかりました。自分の経験を踏まえて、まずは、やらなければならないことをリストアップして一覧にしてみます。その後、カテゴリごとに分類します」

「ありがとう。よろしく頼むよ」

▷解説

▷▷何が起きているか

　XYZ社の要求を十分理解できたからといって、すぐにWBSやスケジュールを作成できるわけではありません。要求事項が確認できたとしても、それでプロジェクト・スコープが決まるわけではありません。「XYZ社とゴールのイメージを共有する」とは、すなわち、「プロジェクトのスコープを共有する」ことになります。このイメージをXYZ社と共有できないままWBSを作成してしまうと、XYZ社から「○○を作成してくれないか」とか「○○手順書がないと運用できない」など、要求がさらに増える事態に陥り、コスト超過の原因になります。

▷▷何をしようとしているのか

　JKL社はXYZ社の要求事項をまとめ、スコープを定義しようとしています。そのために、XYZ社とJKL社との間で『業務改革プログラム』に必要なゴールのイメージを共有しようとしています。スコープ記述書を作成することで、JKL社がXYZ社に対して最終的に提供するものは何かを明確に宣言することになり、このことがスコープの範囲を決定することになります。もちろんスコープ記述書で記述される成果物は、機能要件だけでなく非機能要件も考慮したものでなければなりません。

▷▷実行できない／成果が出ない要因は何か

　「スコープ記述書を作成する」といっても、詳細なレベルにまで、ブレークダウンすることはできないでしょう。たとえば運用者が利用するマニュアルの内容やその品質などです。XYZ社もこの段階で必要な運用マニュアルのすべてをJKL社に提示できません。むしろJKL社がXYZ社の要求を満足するために必要なマニュアル類を提案しつつ要求が満足されることを保証することになります。

　この場面でも、XYZ社の側に立って検討することが大切です。JKL社が一方的に「記載内容はJKL社に一任してください」と主張したとしても、XYZ社は「タイトルしかわからない状況では提案されたドキュメント類を承認することは出来ない」と対決姿勢を強固にするでしょう。

▶活用したPMツール　スコープ記述書、WBS

▷▷PMツールをどのように活用すればよいか

　WBSを作成するまえにスコープ記述書を作成し、これまでのお客様の要求事項やそれに応える成果物などを整理して合意しておくことが必要になります（図21）。

　スコープ記述書がXYZ社と合意できれば、それをブレークダウンしてWBSを作成します（図22）。

第２章●計画段階

○ドキュメント		
1	要件定義書	
2	基本設計書	
3	インタフェース設計書	
4	環境定義（パラメータシート）	
5	運用設計書	
6	運用定義書	
7	システム環境書	
		システム構成
		配置図（レイアウト図）
		配線図（電源系、ネットワーク系、周辺装置系）
8	運用プロセス定義書	
9	運用プロセス手順書	
10	テスト計画書	
11	テスト報告書	
○環境成果物（システム環境）		
1	開発環境	
2	本番環境	
3	災害対策環境（ステージング環境）	

図21　スコープ記述書の項目

レベル			環境成果物／ドキュメント作成
1			要求定義段階
	1		要求事項の決定
	2		基盤環境の決定
	3		各種調達
	4	＊	要件定義書
2			設計段階
	1		環境設計
	2		インタフェース設計
	3	＊	基本設計書
	4	＊	インタフェース設計書
3			構築・実装段階
	1		導入機器の受入れ
	2		設置、初期動作確認
	3		インフラ・基盤環境の構築
	4	＊	システム環境書
		1 ＊	システム構成
		2 ＊	配置図（レイアウト図）
		3 ＊	配線図（電源系、ネットワーク系、周辺装置系）
	5	＊	テスト計画書
4			テスト段階
	1		インフラ・基盤環境　基本テスト
	2	＊	テスト報告書
5			環境維持段階
	1		環境維持

＊ドキュメント作成

図22　WBS（1）

125

>>実施することで、どのような成果が期待できるか

　PMBOK® ガイドにも示されているとおり、スコープ記述書をブレークダウンしたものがWBSになります。また、WBSは一度作成すると変更管理の手続きを経ずに項目の追加をすることはできません。なぜなら、WBSは実施するべきワーク（作業）と直結し、さらにコストに直結するためです。

　作業が増えたからといって安易にWBSの項目を追加することは、監視コントロール・プロセスを混乱させることになります。そしてプロジェクトの終結の段階で「要件の抽出が十分でなかった」と反省することになります。これは「要件の抽出が十分でなかった」のではなく、「要件を満足するためのスコープが明確に定義できなかった」ことが原因である場合がほとんどです。

　スコープ記述書を作成しXYZ社と合意することで、JKL社が何をしようとしているかをXYZ社に宣言し『業務改革プログラム』のゴールのイメージを共有することができます。

>考察

>>具体的な効果（定量的／定性的）として管理可能か

　スコープ記述書は、定性的および定量的な分析結果をもとに、プロジェクト計画書を作成するためのインプット情報として十分な内容を記述する必要があります。スコープ記述書に記述する内容の大枠は各社で定型化されている場合が多く、様式も様々です。しかしながら、プロジェクト計画書のインプット情報としてスコープ記述書を作成しお客様と合意することで、後の監視・コントロール・プロセスの中で、定性的および定量的に管理することが可能になります（たとえば、コストや品質、進捗に関する管理など）。

>>PMツールを活用することのメリット、デメリット

　スコープ記述書は設計書ではありませんから、あまり細かく記述する必要はありません。ゴールをイメージするとはいえ、本来、設計フェーズで行うべきレベルにまで立ち入って作成しようとすると、XYZ社をかえって混乱させ合意を得ることができず、結果的に、プロジェクトはスコープ記述書を作成しなかったのと同じ筋書きをたどります。

　したがって、JKL社は自社標準のスコープ記述書のテンプレートやWBS作成基準をあらかじめ用意しておき、すばやくXYZ社と合意することが大切です。

エピソード29．[JKL社・ITC] コストを考慮したリスク対応計画／リスク登録簿

▶ストーリー

　JKLシステムインフラ社の松井PMは満足していた。森本の頑張りでXYZ社のゴールをイメージしたプレゼンテーション資料ができあがった。この内スコープ記述書についてはXYZ社の情報システム部の本田部長には事前にお見せし良い感触を得ていた。
「森本くん、お疲れだったね。先日見せてもらったプレゼンテーション資料だが、社内レビューの指摘事項は修正しておいてくれたかね」
「はい。資料のほうは修正しました。WBSやコスト・ベースラインも修正済みです」
「ありがとう。森本くんの豊富な経験が活かされているよ。今日はXYZ社の情報システム部の本田部長にご説明する予定だ。細かな説明を求められるだろうが、自信を持って説明してもらいたい。ただ、現段階では、われわれがWBSやコスト・ベースラインを作成していることは秘密にしておいてほしい」
「わかりました」
　XYZ社に到着したのは、正午を少し回った頃だった。汐の香りがする爽やかな風がビルの谷間を流れていた。会議は午後1時からなので少し時間がある。1階のコーヒーショップで資料の確認や会議の準備をするのも習慣になっていた。健康的で元気のよい女性店員にも、いつしか顔を覚えられてしまっていた。
「いつものアメリカンでよろしいですか？」
「はい。それでお願いします」
　森本が笑顔で答えている。会議の前に笑顔をみせてくれるこの店に、松井PMは感謝した。
　10分前に受付を済ませてエレベータに乗った。会議室は23階である。本田部長とは、それほどの面識はなかった。初回の顔合わせを含めて今回が三度目である。森本が資料を一通り説明したあと、本田部長からコメントをいただいた。
「ありがとうございます。導入されるインフラのイメージも、私達XYZ社の認識とおおむね合っています。開発機と災害対策用の機器は日本に準備し、本番機はシンガポールに導入する計画です。スコープ記述書も参考になりました」
松井PMは安堵した。
「では、これらをさらにブレークダウンしたいのですが…」
「その前に、松井さんにご相談したいことがあるのですが…」
「本田部長、何でしょうか？」
「シンガポールに本番機を導入した後の運用方法です。海外に設置して現地のエンジニアに作業を依頼することになります。XYZ社では、そのようなノウハウはありませんから、どのように維持管理をすればよいか考えがまとまりません。何か提案をしていただけませんか？」

▶ 解説

▶▶ 何が起きているか

　スコープ記述書はJKL社のレビューが終了し、上位マネジャーの承認も得ることができました。その内容を踏まえて、あらかじめWBSやコスト・ベースラインも作成していました。もちろんそのコスト・ベースラインは、JKL社としてのプロジェクトを黒字にするためのものであったわけです。

　ところが、松井PMは本田部長の思わぬ相談をうけ、事実上、JKL社が認識していたXYZ社の要求事項に漏れがあったことになります。準備しておいたスコープ記述書は一見、本田部長の合意を得たかに見えましたが、要求事項を満たさなくなりました。

▶▶ 何をしようとしているのか

　『業務改革プログラム』によってシステムがサービスインした後、シンガポールの現地のエンジニアに実運用を任せることになります。そのルールを決めなければなりません。松井PMは、スコープ記述書と事前に作成しておいたWBSやコスト・ベースラインをもう一度見直すことになりました。XYZ社の『業務改革プログラム』によせる熱意と期待が大きいほど、JKL社にはそれがリスクとなることを痛感します。

　松井PMは、考えられるリスクを整理し、社内の合意を事前に取り付けておく必要があると判断します。

▶▶ 実行できない／成果が出ない要因は何か

　現段階でなら、まだWBSやコスト・ベースラインを見直すことは可能です。しかしながら、実行段階に入ってからでは簡単に見直すことはできません。ところが、XYZ社は、システム基盤の構築プロジェクトを進めているわけではなく『業務改革プログラム』を進めているわけですから、当初計画の成果物にさまざまな変更を求めてくるでしょう。これらをすべて拒否しつづけることは、事実上不可能です。

　リスク登録簿を作成するためには、リスクを明確にする（リスクを特定する）必要があります。『業務改革プログラム』全体の中では小さな修正であっても、プロジェクトにとっては大きな変更と成り得る要求が、どの程度発生するかは予測できません。潜在するリスクに対して、どこまで歯止めができるかがリスク登録簿を作成する上でのポイントといえます。

▶ 活用したPMツール　リスク登録簿

▶▶ PMツールをどのように活用すればよいか

　WBSの各項目に対して、リスクを洗い出しリスク対応策を立案します。リスク対応計画では、リスク対応費用の負担について、XYZ社が担うのかJKL社が担うのかについても計画し、XYZ社と合意しておきます。

　JKL社が担う基盤構築のような作業では、発生確率の見積りとコンティンジェンシー対応策のコストが見積もられることがあります。そのような場合には、コンティンジェンシー対応策のコストもコスト・ベースラインに織り込み、JKL社が負担するリスク対応費用について、リスク・

マネジメント計画とともにXYZ社の合意を取り付けておきます。それによって、アクティビティの手戻りにおけるプロジェクト・マネジャーの権限やXYZ社からのさまざまな要求に対する許容あるいは拒否をプロジェクト・マネジャーとして判断する基準になり、プロジェクトマネジメントを敏速に行えます。

　WBSごとにリスクを洗い出す方法はWBSの項目そのものが増えてしまうような変更要求には対応できません。WBSを変更するレベルの変更要求の場合、スコープ・ベースラインの変更や契約の見直しなどの方法で対応することになります。

　リスク対応策は、図23に示すように、リスク登録簿に記載します。

■基盤環境構築

					対応策	お客様協議項目	
						リスク対応責任元	
レベル		環境成果物／ドキュメント作成	リスク事象番号	リスクの発生事象	コンティンジェンシー対応策	お客様(XYZ社)	受注業者(JKL社)
1		要件定義段階					
	1	要件事項の決定	1	お客様要件が明確に決定できない。	要件事項の決定まで作業を停止する。	○	
	2	基盤環境の決定	2	要件を満たす機器が選定できない。	選定範囲を広げる。追加加工数は..を限度とする。		○
	3	各種調達	3	納期が遅れる。	原因と特定し、その都度対策を講ずる。	○	○
	4　*	要件定義書	4	要件定義書の合意が得られない。	追加検討を行う。追加工数は..を限度とする。	○	
2		設計段階					
	1	環境設計	1	定義された要件が明確でない。（ブレイクダウンできない）	要件の再定義を促す。追加工数は..を限度とする。	○	△
	2	インタフェース設計	2	選定した機器が要件を満たすことができない構成であった。	機器の再選定を行う。		○
	3　*	基本設計書	3	基本設計に必要な情報が集まらない。	必要な情報収集を促し作業を停止する。	○	
	4　*	インタフェース設計書	4	方針が決まらず設計できない。	方針決定を促し作業を停止する。	○	
3		構築・実装段階					
	1	導入機器の受入れ	1	欠品、初期不良	欠品、初期不良対応を行う。追加工数は..を限度とする。		○
	2	設置、初期動作確認	2	欠品、初期不良、工程の不備（作業遅れ）	欠品、初期不良対応、工程の不備対応を行う。追加工数は..を限度とする。		○
	3	インフラ・基盤環境の構築	3	作業漏れ、設定ミス	作業漏れ、設定ミス対応を行う。追加工数は..を限度とする。		○
	4	システム環境書	4	内容の合意が得られない。	内容を再度検討し合意形成する。	○	○
	1　*	システム構成					
	2　*	配置図（レイアウト図）					
	3　*	配線図（電源系、ネットワーク系、周辺装置系）					
	5　*	テスト計画書	5	テスト項目がブレイクダウンできない。	ブレイクダウンできない原因を究明して対処する。追加工数は..を限度とする。		○
4		テスト段階					
	1	インフラ・基盤環境基本テスト	1	テストの目的（要件）を理解して実施していない。	テストの目的（要件）を再確認したうえで再試験を行う。追加工数は..を限度とする。		○
	2　*	テスト報告書	2	報告内容、エビデンス取得不備	再試験を行い、エビデンス等を再取得する。追加工数は..を限度とする。		○
5		環境維持段階					
	1	環境維持	1	要件項目とリソースのスキルアンマッチ	アンマッチの内容を分析し対策する。	○	○

図23　リスク登録簿（2）

>> 実施することで、どのような成果が期待できるか

　リスク抽出をWBSベースで行うことで、WBSの各アクティビティにおけるリスクを網羅的に抽出できます。

　リスク対応費用について、一般に起きるかどうかわからない未知のリスクに対するリスク対応費用を予算に織り込むことはありません。このエピソードでも、基盤構築に必要な装置の納入が何らかの原因で遅延するというリスクでは、リスク発生時に原因を特定し対策する必要があり、コストの見積りができず、予算化はされていません。

　しかし、プロジェクトの性格によっては、WBSを完遂するのに追加で必要となるコストも計画に折り込んでおくことが可能となることがあります。このエピソードで紹介した基盤構築では、リスク対応の方法で該当WBSを再実施するというものが少なくありません。WBSの再実施のコストは事前に見積れます。そのような場合には、リスク対応費用も含めたコスト・ベースラインを策定できるので、リスク発生時に必要となる承認行為などが簡略化され迅速なリスク対応が可能となります。

> 考察

>> 具体的な効果（定量的／定性的）として管理可能か

　リスク抽出をWBSベースで行う方法では、WBSに関係するリスク要因を定量的に管理するだけでなく、コストなどの定量的な管理も行います。WBSを完遂できない原因やリスク対応を実質的に行える組織が、常にJKL社の様な受注側とは限りません。リスク対応の役割と責任の所在を明確に意識し、予算とタイミングをコントロールすることが大切です。

>> PMツールを活用することのメリット、デメリット

　リスク対応計画は、関係者すべてで合意しておく必要があります。今回の場合は、XYZ社の本田部長をはじめ、統括PMの岡田室長も含まれます。そのリスクが発生した際、どちらの会社が費用も含めてリスク対応の責任を持つのかを十分に合意しておく必要があります。

計画フェーズⅡ（プロジェクト計画）を終えて

▶ストーリー

　ABC社では、先般、PMOを社内に構築するべく「PMO導入プログラム」が進行中であった。北島マネジャーを中心としたPMOが順調に立ち上がり、ABC社の全システム開発案件に対しての支援活動を開始していた。そんな中でABC社は、XYZ社の『業務改革プログラム』の3つのプロジェクトを受注した。

　ABC社では、統括PMとして谷が任命され、3つのプロジェクトそれぞれに、PMが任命された。そしてPMO標準に基づいてプロジェクトを進めはじめた。

- ▶ S&OPプロジェクト：谷本PM（若手）
- ▶ SCMプロジェクト：楢崎PM（中堅）
- ▶ PLMプロジェクト：長谷部PM（ベテラン）

　一方、JKLシステムインフラ社では、松井PMがITセンター・プロジェクトのPMに就任し、メンバーの森本を教育しながらプロジェクトを推進する体制をとった。

　ABC社も、JKL社も、シンガポールのMNOシステムサービス社も、まだ互いに情報を連携しているわけではなく、それぞれが、XYZ社の担当PMと話し始めたところである。

　実行段階に突入したXYZ社の『業務改革プログラム』は、いよいよ計画フェーズから実行フェーズに移る。これは個々のプロジェクトでいえば、要件定義フェーズが終了したことを意味する。次章では、実行フェーズに入った個々のプロジェクトが設計を開始し、システム設計や製造装置の設計、基盤の詳細設計などが順次スタートし始める。

Column 2

実行段階で要件定義？

システム開発でよく活用されるウォーターフォール型開発方法論では、以下のように進むのが一般的です。

【要件定義】＞【設計】＞【開発】＞【テスト】＞【運用開始】

まずシステムのアウトプットの内容を決定していくのが「要件定義」であり、決定した内容をどうように作成するのかを決めるのが「設計」です。本章（第3章）では、実行段階で各プロジェクトの担当PMが「要件定義」を行っています。たとえばS&OPプロジェクトは第60期4月から、PLMプロジェクトは第60期9月から「要件定義」を開始しています。はたしてこのような進め方は正しい方法なのでしょうか？

『業務改革プログラム』としては「計画段階」でSIerを選定し、「実行段階」で各プロジェクトの具体的な活動を開始しています。「実行段階」というのは『業務改革プログラム』の段階を指しており、その中で各プロジェクトがそれぞれの計画に沿って「要件定義」を始めていることを示しているのです。各プロジェクトは、プロジェクトごとのスケジュールで進捗します（詳しくは、付録 B（4）の『業務改革プログラム』マスター・スケジュールをご参照ください）。

本文で登場する「実行段階」や「要件定義」などの言葉は、どのプロジェクト（あるいはプログラム）の状態を指している言葉かを意識することで、より一層理解が深まります。

第3章　実行段階

▶ストーリー

　第60期6月、いよいよ、XYZ社、ABC社、JKLシステムインフラ社の定例会議が本格化する中、それぞれのプロジェクトは設計フェーズに入っていた。これで『業務改革プログラム』は離陸した。PG推進室の岡田室長は引き続きプログラムとしての進捗を管理するが、プロジェクトマネジメントは個々のPMに任せられた。中沢課長、川島部長、遠藤部長、本田部長の4名である。

　中沢課長と本田部長の2人は同期入社であり、しかも2人とも個性的な兵（ツワモノ）である。岡田室長は彼らの実行能力に期待した。
　川島部長は生産部門の担当部長であり、XYZ社にとっては古株といえる叩上げの生産管理のプロである。また、遠藤部長は技術管理部の担当部長であり、優秀なエンジニアであると同時にXYZ社にとって初の女性マネジャーでもある。この2人は、過去にも同じようなプロジェクトを経験している。
　「（うまくやってくれる…）」
　岡田室長はそれほど心配はしていなかった。むしろ信頼していた…。

　4人のPMには岡田室長の不退転の決意が伝わっている…そう岡田室長は信じていた。

XYZ社　実行段階　（第60期 6月）

XYZ社	第59期				第60期				第61期	
	10月	11月	12月	1～3月	4～6月	7～9月	10～12月	1～3月	4～6月	7～9月
中期経営計画	…実施中…				…終結◆	◆スタート…				
業務改革プログラム	準備段階		計画段階		実行段階			運用段階…		
	企画フェーズ	構想フェーズ	計画フェーズI	計画フェーズII	構築フェーズI		構築フェーズII	移行フェーズ	◆運用開始…	

現時点

実行段階 構築フェーズⅠ（システム開発の開始）

エピソード30．[ABC社・S&OP] 進捗確認と報告頻度／モニタリング

▶ストーリー

　６月、早くもS&OPプロジェクトは危機に瀕していた。仕様が確定した機能の一部は開発作業に回していたものの、全体としては仕様調整に難航し、進捗は芳しくなかったのである。谷本PMの直属の上司が、S&OPプロジェクトの社内の進捗会議の場に乗り込んできた。そして谷本PMに遅延の説明を求めた。
　「プロジェクトの遅延の原因は…、販売系の画面設計で…、業務がなかなか定義できず…。お客様も新規業務なので思いつきで話されていて…」
　「もういい！」
　谷本PMの報告をさえぎった。そして谷本を含むメンバー全員に向かって、こう言った。
　「これからは私に進捗を報告するように！」
　上司は、遅延の原因は単に谷本PMが進捗管理できていないためだと決めつけていた。細かな作業計画と進捗報告により、無駄な作業や手待時間を撲滅すれば、遅れを取り戻せると決めつけたのだ。上司は続けてこう言った…。

　「画面仕様は１画面ごと１時間単位で設計作業計画をたてること。報告は毎日５時だ！報告には、１画面ごとにファンクションポイント算定時の指標と実績値を記載し、差異について分析と対策を記載すること。遅延が発生していれば、残業時間を含めてリカバリプランを１画面単位／時間単位に立案しておくように！」

　「（そんなことできるわけないだろう。細かすぎる。それに遅れているのは俺たちの責任じゃないぞ。お客様が明確な仕様を言わないからだ）」
　口には出さないが、メンバーは明らかに怒っていた。（プロジェクト・チームが瓦解する！）しかも、この上司は重箱の隅をつつくような指示をだすことで社内でも有名であり、谷本PMはどうしたらよいのだろうかと思い悩んでしまった…。

＞解説

＞＞何が起きているか

　管理者は、遅延を取り戻そうと焦るあまり、過度に詳細な報告を求めました。このままでは、報告作業の負荷によりプロジェクトの遅延は加速し、さらにメンバーのやる気を削ぐことにより、チームが崩壊していきます。

＞＞何をしようとしているのか

　進捗のモニタリングは、進捗状況を把握してタイムリーに適切な対応を行うために実施するものです。特にスケジュール時には、遅延の原因を特定し対処することに特に注意してモニター指標を決めなければなりません。モニタリングの負荷が重すぎると、遅延を取り戻すどころかモニタリング作業（報告作業）そのものが最大の遅延要因となってしまいます。

　進捗管理として適切なレベルの管理に戻さなければなりません。そしてメンバーを団結に導き総力をあげて対策に取り組まなければなりません。

＞＞実行できない／成果が出ない要因は何か

　管理を強化すれば事態を好転できると考えている管理者の方は多いものです。しかし、過度な監督管理は開発現場に重くのしかかり、それだけで進捗を悪化させてしまいます。

▶ 活用したPMツール　モニタリング（品質指標）

＞＞PMツールをどのように活用すればよいか

　進捗のモニタリングは、進捗状況を把握し、進捗に関するリスクの発生を把握するためにあります。

　ABC社はXYZ社より画面設計を行うための要件（画面要件）をシステムのサブ機能単位にドキュメントの型式で受領し、サブ機能単位に画面設計を行い五月雨式にXYZ社に仕様確認する計画でした。谷本PMの上司は過去の経験から自社の設計作業に問題があると決めつけています。しかも谷本PMの進捗報告は定性的で、上司が状況判断するに充分な定量的な情報を持っていませんでした。

　対策として、谷本PMはPMOの谷に相談し、定量的な指標で計測することにしました。その内の一つが進捗把握のモニタリング・ツールとしての管理図です。計測の結果を図24に示します。管理図「設計リードタイム」では、上下限の間に実績が入り、問題ない状況が分かります。画面要件は週に2サブ機能ずつ受領する予定でしたが、これが遅れているようです。それを的確に示すのが管理図「要件累積到着件数予実績」です。実績が予定を大きく下回り、下限より下に推移しました。このことからXYZ社からの要件提示が遅れており対策が必要であることが分かります。

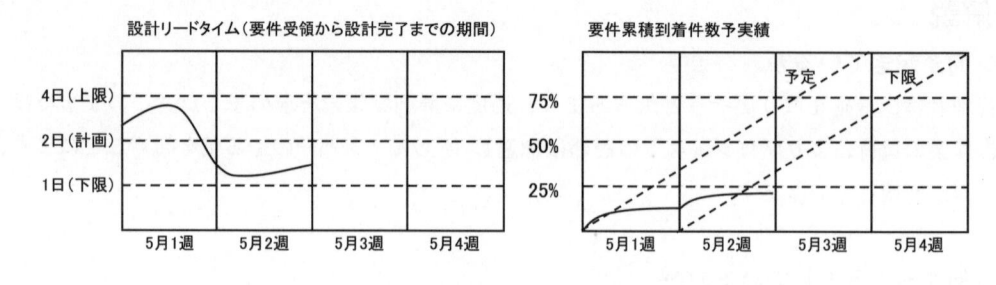

図24 モニタリング（管理図）

　また、このようなモニター値は、自動集計する仕組みを工夫することで、手間を掛けずに、いつでも予実差異が把握可能になります。

≫実施することで、どのような成果が期待できるか

　管理限界線は、問題となる事象が具体的に発生するより前で、プロジェクトを正常な状態に容易に戻せる所に引くことが管理図をうまく使うコツです。モニタリング間隔は、そのベストなタイミングを見いだすのに必要十分な間隔で実施します。最適な間隔はモニタリング項目毎に違う事も多いです。モニタリング項目と頻度を適度に設定することで、作業の負荷を軽減し、プロジェクト・メンバーを本業に集中させることができます。

＞考察

≫具体的な効果（定量的／定性的）として管理可能か

　モニタリング項目は対策と関係づけて計画することが、進捗をマネジメントする上で有効です。このとき管理図を活用して対策を打つ時期を決めることは実用的です。つまり、管理図の異常値に入ると対策を打つように計画すると、進捗管理が半自動的に行えます。

≫PMツールを活用することのメリット、デメリット

　あった方が良いという程度の有効性の低いモニタリング項目は、あえて省力化することも必要です。例えば、モニタリング項目レビュー時間の判断タイミングが工程終了時のみであったとします。この様な場合、日々のモニタリング報告ではレビュー時間の報告を不要とすることも可能です。

　モニタリングには、作業の監視以外の項目もあります。特に品質保証のために行うモニタリング項目は多くのプロジェクトで必要としているものと思われ、モニタリングの項目とサンプル間隔等は品質保証の観点から設定されなければなりません。ここで紹介した進捗管理上の観点から設定するモニタリング項目／間隔とは発想が異なる点に留意してください。

エピソード31. ［ABC社・S&OP］相反する現場の要求／要求事項トレーサビリティ・マトリックス

▶ ストーリー

　この日は、ABC社S&OPプロジェクトの定例会議だった。ABC社からは、谷統括PM、谷本PM、それにリーダークラスのメンバーが揃っていた。
　最初に谷本PMが話し始めた。
　「みなさんご存じのように、XYZ社の今期の売上は当初計画を下回ることが確実とのことです。そのためすべての投資予算を圧縮することになったそうです。『業務改革プログラム』も例外ではなく、当社が受注している3プロジェクトも当初金額の10%カットが打診され、機能の絞り込みを条件に受諾しました」
　「どの機能を絞り込むのか決まったのか？」
　谷の質問に、メンバーの1人が答えた。
　「お客様（XYZ社）の営業部門と製造部門、物流部門で、開発機能の優先順位の主張に大きく違いがあります」
　谷本PMは溜息をついた。優先順位や仕様の確定には相当苦労しており、本人も気づかないうちに、溜息をつくようになっていたのである。他のメンバーが続けて発言した。
　「営業部門は需要予測機能の拡充を優先するように主張しています…。製造部門は集中購買機能を優先するようにと…。どうしましょう」

　統括PMの谷は、しばらくメンバーの顔を見回してこう質問してみた。
　「XYZ社のS&OPプロジェクトの目的は何だった？」
　「お客様（XYZ社）のプロジェクト憲章には、販売計画と生産・物流計画を同期化させて結果的にはコスト削減するようなことが書いてありました」
　メンバーの1人が答えた。谷は更に付け加えた。
　「現在のお客様の主張は、この目的に沿ったものと言えるか？」
　他のメンバーが答えた。
　「それぞれの機能は、コスト削減には貢献すると思います」
　谷はメンバーをじろりと見回し、ゆっくり語った。
　「それぞれの機能がおのおのコスト削減に貢献するのではなくて、それぞれの機能が連携して売れるものだけを作ることで売上拡大し、売れないものを作らないことで結果的にコスト削減になるということじゃなかったかな。コスト削減だけが目的ではなかったはずだ。それぞれ立場の違うお客様の要件を聞いていたのでは、要求仕様がまとまらないのは当たり前だと思わないか？」
　「…」
　谷本PMを含めメンバー全員が沈黙した。

＞解説

＞＞何が起きているか

　XYZ社の各部門の担当者は、予算削減に際して自部門が要求した機能の向上を優先するように主張しています。各部門がコミットメントしている、コスト削減、売上向上の数字を上げるために活用するための主張で、各部門の交渉担当者は容易には妥協できません。しかし、その効果は部門内に限定しているため、XYZ社にとってのS&OPプロジェクトの目標である販売・生産・物流を同期化し、製販活動の最適化という目的が忘れ去られています。

＞＞何をしようとしているのか

　このプロジェクトがこのまま進んだ場合、ABC社としてはお客様の要求事項を実現したと考えたいところですが、XYZ社のプロジェクト・スポンサーとしては当初の目的を達成できないため、きわめて不満足な結果となってしまいます。場合によっては、XYZ社からABC社へのクレームに発展するかもしれません。

　不幸な事態に陥らないために、全社目的のためにどのような成果物が必要かを改めて把握し、ステークホルダー間の利害の衝突を調整する必要があります。

＞＞実行できない／成果が出ない要因は何か

　ABC社にとってのS&OPプロジェクトの目標はS&OPシステムの開発です。どのようなシステムであるのかについてはお客様要求と考え、ABC社は関与しないと考えがちです。つまり、XYZ社におけるS&OPプロジェクトの目的を忘れプロジェクトをあらぬ方向へ導いても気がつきません。

　一方、XYZ社にも問題があります。XYZ社の社内部門間で調整されていれば、ABC社はお客様要求を容易に確認できますが、残念ながらそうではありません。このような改革チームに集まったメンバーは社内各部門の出身であり、出身部門の事情について詳しいものの、他部門の事情には疎いものです。また、出身部門の課題やしがらみからどうしても出身部門へ利益を誘導してしまいます。部門として必要な機能を優先するように主張したり、メンツのために自部門に関係する機能を開発させようとしたりします。

▶活用したPMツール　要求事項トレーサビリティ・マトリックス

＞＞PMツールをどのように活用すればよいか

　プロジェクトマネジメントとして、以下の点に留意して、XYZ社内のステークホルダーと協議する必要があります。

① プロジェクト目的の再共有
② 開発機能の再確認

　最初に活用するのが、お客様であるXYZ社のS&OPプロジェクト憲章です。何のためのプロジェクトなのか確認する根拠になります。

　XYZ社のS&OPプロジェクトは利害の反する部門が多く参画しており、ステークホルダーご

とに参画の度合や立場が異なっています。各部門の利害調整のために、まずステークホルダーを再確認する必要があります。ステークホルダー特定プロセスで検討したステークホルダーの分析グリッドを見直し、ステークホルダーに応じた対応を検討します（図25）。

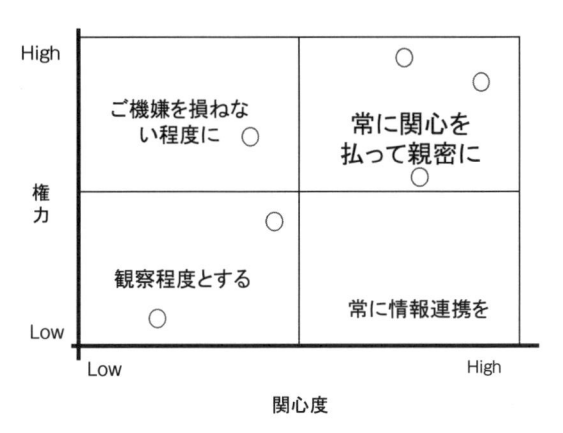

図25　ステークホルダー分析グリッド（2）

ステークホルダーとの調整では、ステークホルダーの期待のマネジメントが重要になります。以下の点に留意します。

① 確認項目：ステークホルダーごとに確認したい点、同意を求める点を明らかにしておきます。確認項目の例を表30に示します。確認の度に表を用意する必要は無く、たとえば業務要件一覧表に妥当性、効果、制約、の欄を設けておけばより効率的です。

② 誰と会うか：ステークホルダーにおける組織の文化とスタイルを十分考慮する必要があります。名目だけのトップより業務担当者がステークホルダーであることも考えられます。面会するのがよい場合とメールや電話がよい場合があり、手段も考慮します。また、ステークホルダー間のパワーバランスを考え、会う順番を決めます。会う順番を間違えると調整がむずかしくなることがあるので、人間関係には特に注意します。

表30　確認項目表

	項目	内容
1	プロジェクト憲章との整合性の確認	提案された機能の導入目的を確認する。導入目的はプロジェクト憲章に示された目的に照らし合わせて、整合性があるか評価する。
2	効果の大きさ	開発を主張されている機能によって得られる効果の大きさを確認する。また、効果の範囲（どの部門に影響を与えるか）について確認する。
3	制約条件	開発を実施する場合の制約条件について確認する。また、開発を実施しなかった場合の悪影響を確認する。

表30における確認事項であるプロジェクト憲章との整合性や効果の大きさそして制約条件を確認するのに役立つのが、要求事項トレーサビリティ・マトリックスです。プロジェクトの最上位の目的から要求事項→設計→製作→テストまで一貫して整合性のある要求を維持し、説得性のある優先順位を共有できるようにします。

このエピソードにおける要求事項トレーサビリティ・マトリックスの例を表31に示します。この表は要求事項の展開に伴い3つの部分に分かれており、各項目は識別番号によってリンクしています。

このエピソードの時点では、要素成果物としてシステム設計書や一部のテスト仕様書などが作成されていました。要求事項から設計、プログラム、テストまでトレースできるようになっていれば、各部門からの変更要求がシステム設計書のどの部分に対するものか分かり、また、この表を逆にたどってどのビジネス・ニーズに対するものなのか把握することができます。

これにより、変更要求による効果の大きさや制約条件を明示的に把握することができ、変更の可否や優先順位の決定に納得性が得られます。

表31 要求事項トレーサビリティ・マトリックス

表A ビジネス・ニーズに対する要求事項

識別番号	ビジネス・ニーズに対する要求事項	本項を細分化した要求事項
B100	S&OP業務は需要レビュー、生産等の能力レビュー、統合調整の3つの会議体を中心に構成される。	P100、P550
B200	生産能力の評価見直し(翌月〜24カ月間)ができること。	P100、P500、P600
B300	月ごとの需要の見直し(翌月〜24カ月間)ができること。	P100、P200、P300
(以下略)		

表B 業務要件に対する要求事項

識別番号	業務要件に対する要求事項	本項を細分化した要求事項
P100	需要に関して、販売マーケット部門の計画と過去統計からの類推から在庫計画を策定し責任を負う部門が新設される。その部門で使用するITを整備すること。	R100、R101、R102
P200	販売マーケッティング部門において、本社・販社統合計画を策定し責任を負うこと。	R200、R300
P300	販売マーケッティング部門において過去販売実績から将来の需要予測を行うこと。	R300、R301、R500
(以下略)		

表C システム要件に対する要求事項

識別番号	要求事項	要素成果物	テスト仕様
R300	専門オペレータにより需要予測を実施可能なこと。	需要予測システム設計書 4. 1. 2. 2 UI設計(P201)	需要予測システムテストケース 1210−0010
R301	商品・商品種を階層的に分析できること。	需要予測システム設計書 4. 1. 2. 4 UI設計(P210)	
		需要予測システム設計書 2. 1. 2 処置方式(P110)	
R500	一時的な社会情勢の変化など過去の需要擾乱要因についてマニュアル設定可能なこと。	需要予測システム設計書 2. 4. 5 外部定義ファイル(P170)	
(以下略)			

＞＞実施することで、どのような成果が期待できるか

　システム化の要求検討を行っていても、各部門の要件は自部門内のニーズや課題を解決する方向にバイアスが掛かってしまいます。また、予算削減などの事態が発生したときなどはシステム要求を絞り込む必要が生じ、自然と自部門の要求を優先してしまいます。

　しかし、これら個別の要求を網羅的にお客様要求として認識し実現しようとすると、成果物がばらばらになり、気がつくとプロジェクト目的から懸け離れてしまいかねません。

　このようなとき、PM はすべてのお客様要求をお客様要求として受け入れるという罠に陥ってしまうことがあります。確かにお客様が主張しているのでお客様要求に見えます。しかし、お客様が言っている内容をすべて実現すれば、目的を達成できるのでしょうか？ PM はお客様の言いなりになることが仕事ではありません。プロジェクトをゴールに導くことが仕事です。

　このようなときに、要求事項トレーサビリティ・マトリックスを活用し、プロジェクトの最上位の目的であるビジネス・ニーズあるいはプログラム目標と要求事項を関連づけて調整することで、プロジェクトの目的に沿った活動へとステークホルダーのベクトルを合わせることができます。

＞考察

＞＞具体的な効果（定量的／定性的）として管理可能か

　調整の方法はプロジェクト・マネジャーの個人的なスキルまたはスタイルにより千差万別ですが、要求事項トレーサビリティ・マトリックスのようなツールで要求事項の体系的な可視化ができればどのようなスタイルのマネジメントにおいても有効です。1つの目的を実現するということがステークホルダー間で共有化されれば、客観的に各部門の要求事項に優劣を付ける基準ができ、ステークホルダー自身が納得した解にたどり着けます。

＞＞PM ツールを活用することのメリット、デメリット

　要求事項トレーサビリティ・マトリックスは、各要求事項を目的と関連づけて管理するツールです。本来の使い方は、要求事項をプロジェクト・ライフサイクルに沿ってどのように実現していったか記録に留め、追跡するのに使います。要求事項を追跡する管理を行うことで、プロジェクト完了時に承認された要求事項が抜けなく間違いなく達成されることが保証されます。

　要求事項トレーサビリティ・マトリックスの表の形式にはいろいろな形式があります。表 31 は、要求事項をブレークダウンする方向のトレーサビリティだけを表に記載していますが、成果物がどのような要求事項に基づいて作成されたか逆方向のリンクを記載するような書式もあります。また、表 31 は複数の表を使って網構造のリンクを張るデータ構造をしていますが、1枚の表で単純にツリー構造に細分化するような形式の表や、QFD（品質機能展開）を応用することもあります。プロジェクトの特性を勘案して表の構成を選択すると効率的です。

構築フェーズ I

エピソード 32．［ABC 社・SCM］変更のコントロール／変更管理フロー

▶ストーリー

　　ABC 社 SCM プロジェクトの楢崎 PM は重圧を感じていた。5 月の再見積りの折、XYZ 社の川島部長から工数について細かく確認されたからである。
　「川島部長は、アプリケーション開発のことをよくご存知だ。PM としても信頼できる。ABC 社もしっかり成果を出していかなければ…、これは厳しく管理されるぞ」
　楢崎 PM は、開発担当のところに顔を出してみた。するとメンバーがみな浮かない顔をしている。
　「プロジェクトは始まったばかりだというのに…どういうことだ」
　楢崎 PM は、担当者の 1 人に声をかけた。
　「たいへんだろう、ご苦労さま。作業の方は進んでいますか」
　「はい…」
　気のない返事だった。フロアー内のプロジェクト・メンバー全体がそんな感じだ。みな、疲れ始めている。楢崎 PM は、グループ・リーダーの 1 人を呼んだ。
　「どうかしたのか」
　「それが…。設計作業を進めているのですが、いったんレビューで合意された内容が頻繁に修正されてしまうのです」
　「作業は遅れているのか」
　「遅れているというほどではありませんが、細かな修正が多いので…。みな、その修正を含めてスケジュールを守るよう頑張っていますが…。修正が間に合わないものも出てきています。我々の責任ではないのに、作業が遅れたという扱いで管理されるので、みな疲れてきて…」
　楢崎 PM は状況を理解した。
　「（レビューのタイミングと合意のとり方に問題があるのだ。それに変更を管理できていない。これはまずい。早めに手を打たねばならない）」

　楢崎 PM は、他のメンバーとも簡単な会話をして状況の把握に努めた。
　「（変更管理フローを応用するか。細かな変更であっても顕在化して XYZ 社に提示していかなければ、これは止まらないぞ。状況をまとめて直ぐに XYZ 社の川島部長に報告しよう）」
　楢崎 PM は、メンバー全員に声をかけ、それぞれ 10 分程度、口頭ベースでのヒアリングを行った。なるべく現場の生の声を聞き、マネジメントに反映させるつもりだった。

＞解説

＞＞何が起きているか

　ABC社が担当しているSCMプロジェクトに遅れが出始めています。リーダーの楢崎PMが担当者数名に状況の確認をしたところ、XYZ社から仕様変更の依頼が五月雨式に出ており、この対応により手戻りが発生して作業を遅らせています。大きな仕様変更があれば、報告しなければならないが、1つ1つはたいした変更ではないので、報告はしなくてもよいと思っていたとのことです。

＞＞何をしようとしているのか

　仕様変更の依頼があった場合は報告をするようにとプロジェクト・メンバーには伝えていましたが、どのような手続きが必要なのかは曖昧でした。このため、担当者はそれぞれ自分の判断で仕様変更の要望に応じて対応をしていたのです。今からでも手続きを明確にして、プロジェクトとして、仕様変更をコントロールできるように軌道修正をしなければなりません。このままでは、言った、言わないというレベルの問題にも発展しそうです。今まで簡単な表を用いて仕様変更の管理をしてきましたが、管理しておくべき情報も足りなかったようです。

＞＞実行できない／成果が出ない要因は何か

　手続きが曖昧であったため、仕様変更依頼を誰が受け取るのか、誰が責任者となるのか、誰が承認をするのかが不明確でした。このため、仕様変更依頼は担当者のところに直接届き、その内容はリーダーに伝わらないこともあります。一刻も早く情報の一元管理化を図る必要があります。

▶活用したPMツール　変更管理フロー

＞＞PMツールをどのように活用すればよいか

　手続きを明確にするのには、変更管理フローが便利です（図26）。変更管理プロセスにおける手順を詳細に記述し、責任者や決定者が誰であるのかを明確にすることができます。フロー図として表現することによってわかりやすくなります。変更管理には、変更要求票や変更管理表も重要な役割を担います。仕様変更はその内容によってはプロジェクトを崩壊させてしまうようなものもあります。したがってその仕様変更を認めるのか否かの判断をするために必要な情報は変更要求票にすべて含まれていなければなりません。この書式は非常に重要なものなので、あらゆる面から検討したものを実際に使ってみることが大事です。変更の可否を検討する上で不足している情報があれば書式に付け足すことをしていけばよいでしょう。

　変更管理表は仕様変更のプロセスを監視するためのものです。承認されたのか、否認されたのか、承認されたものであれば、その仕様変更の状況がどうなっているのかなど最新状況がわかるようにしておく必要があります。また、変更管理フローで定義した手順に則って確実に実施していくことが重要です。そのことによって、すべての情報をきちんと記録していくことが可能になります。

構築フェーズI―エピソード32

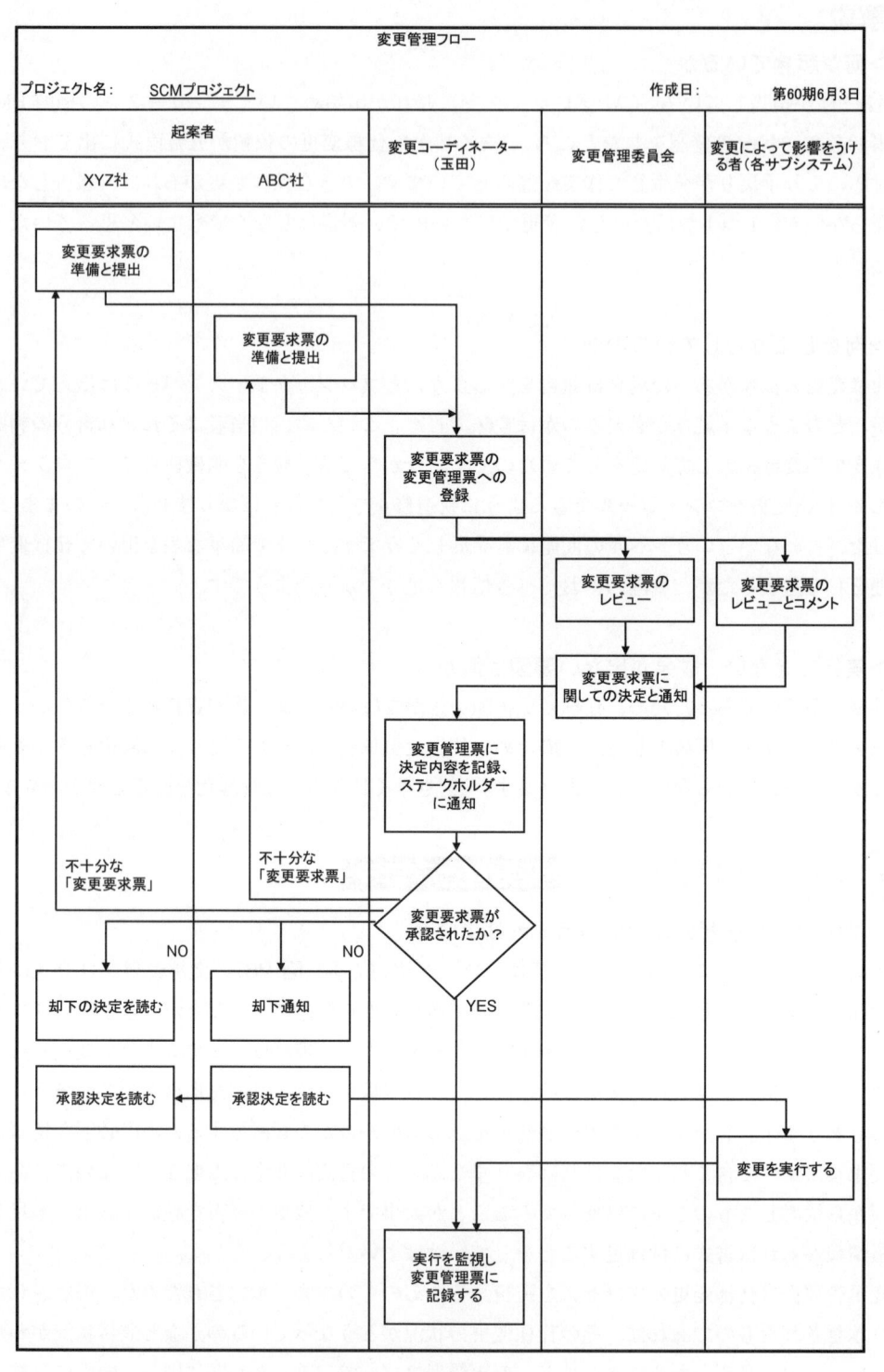

変更管理フロー					
プロジェクト名：	SCMプロジェクト			作成日：	第60期6月3日
起案者		変更コーディネーター（玉田）	変更管理委員会	変更によって影響をうける者（各サブシステム）	
XYZ社	ABC社				

```
XYZ社:                  ABC社:
[変更要求票の            [変更要求票の
 準備と提出]             準備と提出]
     │                       │
     │                       ▼
     │              [変更要求票の
     │               変更管理票への
     │               登録]
     │                       │
     │              ┌────────┴────────┐
     │              ▼                 ▼
     │        [変更要求票の    [変更要求票の
     │         レビュー]       レビューとコメント]
     │              │                 │
     │              └────────┬────────┘
     │                       ▼
     │              [変更要求票に
     │               関しての決定と通知]
     │                       │
     │                       ▼
     │              [変更管理票に
     │               決定内容を記録、
     │               ステークホルダー
     │               に通知]
     │                       │
不十分な       不十分な         ▼
「変更要求票」 「変更要求票」 ＜変更要求票が
     ▲             ▲         承認されたか？＞
     │ NO          │ NO       │
[却下の決定を読む] [却下通知]   │YES
     │             │          │
     ▼             ▼          ▼
[承認決定を読む]←[承認決定を読む]
                              │                [変更を実行する]
                              ▼                       │
                        [実行を監視し←─────────────────┘
                         変更管理票に
                         記録する]
```

図26　変更管理フロー

＞＞実施することで、どのような成果が期待できるか

　前述のとおり、仕様変更はプロジェクトに大きな影響を与えることがあります。したがって、この仕様変更を取り扱う手順が決められていないということは非常にリスクを抱えていることなので、必ず変更管理フローは作るべきです。

そして、どのような仕様変更で、どこに影響が出そうかを変更要求票によって、明確に表現できるようにさせます。このことによって間違いのない採否の判定ができるようになります。そしてその採否の決定を変更管理表に記録して完了までの推移を監視できるようにします。影響力が大きい仕様変更でありますから、対応漏れは決してあってはならないものです。変更管理フローと変更管理表は対応もれの防止におおいに役立つのではないかと期待されます。

＞考察

＞＞具体的な効果（定量的／定性的）として管理可能か

　仕様変更をすることになったものにはどのようなものがあるのか、コストやスケジュールにはどの程度の影響があるのかは変更管理表から集計することができます。仕様変更をどの程度許容するのかをプロジェクトごとにあらかじめ決めておき、許容枠に対する状況を追跡していくことは重要です。

＞＞PMツールを活用することのメリット、デメリット

　仕様変更手続きをあらかじめ定めておくことは非常に重要であり、変更管理フローは視覚的に捕らえやすいという意味で有効です。新規で作成するのには手間が掛かりますし、仕様変更手続きをプロジェクトによって大きく変更することはないと思われるので、日程に余裕のあるプロジェクト時に作成することが現実的です。

　変更要求票、変更管理表については書式をどのようなものにするのかは別にして、まったくない状態でプロジェクト管理することはできません。何を管理したいのかによってカスタマイズすることはよい試みです。書式を作成することが目的になってしまい、管理が置き去りにならないように注意が必要です。

エピソード33．[ABC社・SCM] プロジェクト進捗把握／マイルストーン分析

▶ストーリー

　ABC社SCMプロジェクトの楢崎PMは、XYZ社の川島部長のところにいた。設計フェーズになって頻繁に出る変更要求のコントロールについて申し出ていたのだ。
「楢崎さん、状況はよくわかりました。こちらも注意しなければなりませんね。なるべくABC社に負担にならないよう配慮していきます」
「川島部長、ありがとうございます」
「楢崎さんのご提案の変更管理フローを取り入れましょう」

　数日が経過した。ある日、楢崎PMにラインの上司から連絡があった。
「楢崎さん、部長がお呼びです」
　事務の女性の声だった。いつも笑顔でまわりの雰囲気を和ましてくれている明るい事務員である。だがこの日、楢崎PMはまた重圧を感じた。
「(変更管理フローの件だろうか?)」
　楢崎PMには、察しがついていた。変更管理フローの実施をXYZ社に申し出る際に、部長にも了解を得ていたからである。
「楢崎くん。XYZ社のSCMプロジェクトのことだが…」
「(やっぱり…)」
　楢崎PMは心の中で叫んでいた。
「状況を報告してくれないか。先日、変更管理フローを導入したようだが、それだけで、XYZ社の変更要求を抑え切れないだろう。変更要求によりコストはどれだけUPするのか気になっている。現時点でのコストの消化状況を教えてほしい」
　たしかに変更管理フローは変更を管理できるツールだ。しかし、変更そのものを出さないようにはできない。
「(さすが部長だ。見抜いている)わかりました。状況をまとめてご報告します」
「簡単でかまわないよ。報告のための資料作りは最小限でいい。それよりも事実が大事だ。わかっているね」
「はい。承知しています」
「よし。厳しいプロジェクトだ。進捗も遅れているようだがよろしく頼む。夕方までには報告しれくれよ」
　部長の励しの言葉に楢崎PMは安堵した。そしてコスト・ベースラインから確認を始めた。
「以前、WBSからボトムアップ見積りでコストを算出し、コスト・ベースラインを作成したはずだ。いままで気にしていなかったが、部長へのコスト報告には、この資料を使おう」
　楢崎PMは、そう思った。

＞解説
＞＞何が起きているか
　ABC社が担当しているSCMプロジェクトに遅れが出始めています。仕様変更の取り込みにより工数も増加しているようですが、コストの消化状況がわからないので、報告をするようにと楢崎PMは指示を受けました。

＞＞何をしようとしているのか
　コストの消化状況が妥当であるのかを見極めなければなりません。今回はWBSを使用したボトムアップ見積りも併用しているためコスト・ベースラインは出来上がっています。
　ただ、仕様変更の見直しはできていません。仕様変更分を積み上げれば最新版のコスト・ベースラインもできるので、これを用いればコスト消化状況の妥当性が説明できるのではないかと考えています。

＞＞実行できない／成果が出ない要因は何か
　コストの消化状況と今後の予測ではアーンド・バリュー分析が推奨されます。しかし、初心者には「なにやら難しく、にわか勉強ではとても適用することはできない」と敬遠されますし、今回の様に緊急報告で短時間に傾向を掴むためにはより簡易な方法が望まれます。そのため、ABC社の楢崎PMは、もっと簡単にコストの消化状況を把握できるツールを使ってみたいと考えています。

▶活用したPMツール　マイルストーン、コスト・ベースライン
＞＞PMツールをどのように活用すればよいか
　プロジェクトの進捗状況を測定するものとしてマイルストーンがあります。マイルストーンのタイミングでコストの予実をコスト・ベースライン上にプロットするなら、比較的容易にコスト・ベースラインのSカーブを図示できます。図27はこの例です。

構築フェーズⅠ―エピソード33

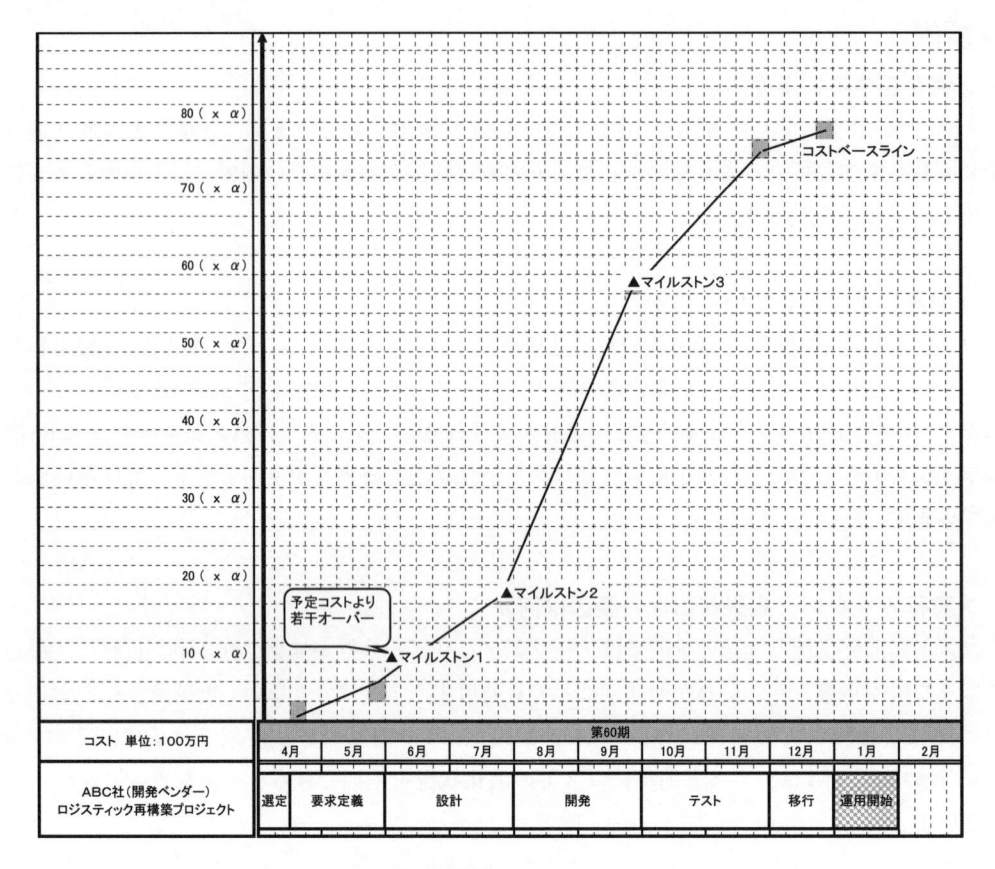

図27 Sカーブで表現されたコスト・ベースライン

　今回は、WBSを使ったボトムアップ法で見積りを実施しているのでコスト・ベースラインを引くことは簡単にできました。しかし、類推見積り法などにより簡易な見積もりの場合にはさらに工夫が必要です。このような場合は、マイルストンを通過した時点の累計コストをSカーブにプロットすることで、近似的ではありますが、実務上有効なコスト・ベースラインを図示することができます。

>>実施することで、どのような成果が期待できるか
　マイルストンを活用する方法でもスケジュール差異、コスト差異を表現することができ、将来のコスト、スケジュールの予想がしやすくなります。今回のケースでは、スケジュールが遅れており消化したコストが当初計画を大幅に超過してることが懸念されたのですが、マイルストンでプロットした結果、WBS毎のコスト消化状況は概ね計画どおりであることがわかりました。

>考察
>>具体的な効果（定量的／定性的）として管理可能か
　マイルストンを基にしたSカーブによるコスト・ベースラインの図示によりコスト差異を容易に確認できます。コスト差異については、金額で表現することもできますし、工数で表現す

ることもできます。メンバーが理解しやすく報告等で間違いが少ないので、場合によっては工数による表現が有効な場合もあります。

＞＞ PMツールを活用することのメリット、デメリット

　マイルストーンを基にしたプロットは比較的簡単に、コスト差異を表現できることがメリットとしてあげられます。しかし、マイルストーン分析では作業が並行しているものの表現をどのようにするかという問題があります。これは、並行する作業の収束点にだけマイルストーンがあれば問題ないのですが、並行した作業毎にマイルストンがある場合にはプロットすることが出来ません。このように、マイルストーンによるプロットは細かい単位での状況把握には適さず、大枠での状況把握しか出来ない点に留意してください。

構築フェーズⅠ

エピソード34. ［JKL社・ITC］成果物に関する顧客合意のための立脚点／アーンド・バリュー分析

▶ ストーリー

　６月、JKLシステムインフラ社の当初の計画では要件定義書が出来上がりXYZ社と合意している時期であった。
「森本くん、要件定義書はXYZ社と合意したかね」
「いいえ、本田部長から難題を出されて合意が取れません」
「おいおい、難題とはどういうことかな？」
「サーバーやネットワーク系の要求性能を記述するように言われています。通信速度やCPU処理性能、障害復旧時間などです。本来、XYZ社から提示されるものだと思うのですが…。本田部長も提示してくれませんし、私達が記述することもできません」
「遅れても影響はないのか？」
「いいえ、ABC社が開発に使うサーバーは、７月末までに納入しなければなりませんのであまり余裕はありません。ですからXYZ社に指示をお願いしているのですが回答をもらえないで困っています」
　松井PMは、企画立案時のマスター・スケジュールを確認した。たしかに開発機と本番機の要件定義フェーズが５月末までとなっている。遅れた…。
「開発機の方は開発要員数から要求性能を割り出すことはできるかね？」
「いいえ、そちらもできません。開発機は本番機のバックアップとされており、同等の性能を持つものと要求されています」
「開発機のサーバー構成や台数は決まっているね」
「はい、それはXYZ社から要求を頂いています」
「それなら大丈夫だ。森本くん、今から指示をするから準備してくれ」
　松井PMは、受注した開発機の性能値を記述するよう指示した。
「森本くん、開発機はこの数値でいいよ」
「わかりました。しかし本田部長にはどのように説明するのですか？」
「大丈夫だ。開発機はこれでいい。要件定義書は、開発機用と本番機用を分けて作成してくれ。そして本番機用には、「要求性能値は別途協議する」と記述しほしい。森本くん頼んだよ」
　松井PMは、作成した開発機用、本番機用の要件定義書を持って、XYZ社の本田部長、PG推進室の岡田室長に説明し、無事に要件定義書の合意をいただいた。
「森本くん、約１週間の遅れだが次工程への影響はどうだろう」
「はい。１週間なら問題ありません。挽回できますよ」
「いいや、だめだ。１週間といっても何処に影響があるか確認する必要がある。それに、本番機の要件定義書は協議事項が残っている。どの程度の影響かを確認する必要があるよ」

＞解説

＞＞何が起きているか

　ヒアリングシートとアンケートを実施したことによって、要求事項は確認できていました。またスコープ記述書、WBS、コスト・ベースラインまで事前に作成し、リスク対応策もほぼ合意されていました。松井PMは、XYZ社が要件定義書の合意を躊躇する理由はほとんどないと認識していました。そして森本に後の作業を任せていたのです。
　ところが、要件定義書は合意されず、そのまま放置されていました。

＞＞何をしようとしているのか

　若干ではあるものの、JKL社のプロジェクトの遅れが生じたと松井PMは考えました。進捗のチェックをもっと確実にしなければならなかったことに気づきます。そして森本にそれを伝え、その準備をするように働きかけます。

＞＞実行できない／成果が出ない要因は何か

　JKL社のプロジェクトは開始されたばかりで、今のところ目立った遅れはありませんでした。進捗の報告も口頭で「順調です」と報告されていました。JKL社にとって大規模ではないプロジェクトであったためかメンバー達は安易に考えています。しかしプロジェクトの遅れが目立ってからでは対応が遅れてしまいます。
　メンバーにプロジェクトの状況を確認させる意味からも、客観的に進捗を確認できるツールが必要になります。

▶ 活用したPMツール　アーンド・バリュー分析

＞＞ PMツールをどのように活用すればよいか

　まず、成果物を現実のものとして作成していくためのスケジュールをメンバー全員で共有する必要があります。XYZ社より提示されたスケジュールはあるものの、JKL社が担当するプロジェクトの詳細スケジュールは作成していなかったのです。これではせっかくコスト・ベースラインを作成していてもコスト管理ができません。詳細スケジュールを決定し作業の遅れを正しく把握することによりコストへの影響を確認することが可能になります。併せてスケジュールが遅れた場合の影響を把握するためには、スケジュール差異分析を行うことが効果的です（図28～図30）。

図28　マスター・スケジュール（バー・チャート）

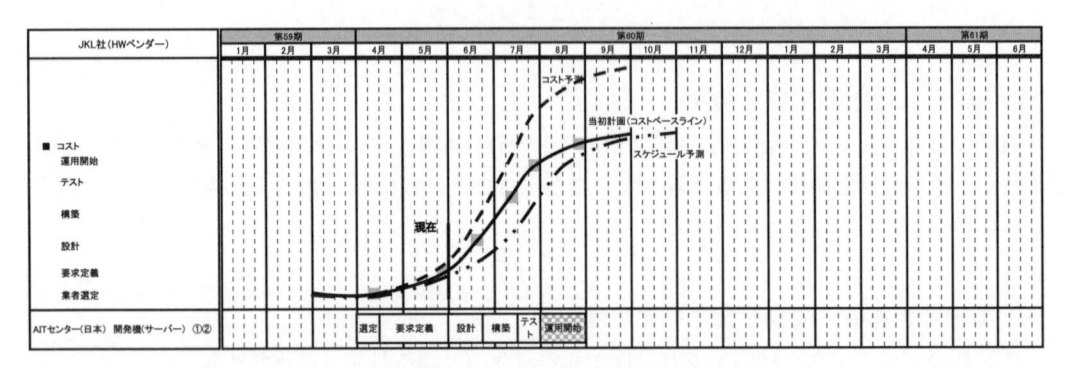

図29　アーンド・バリュー分析

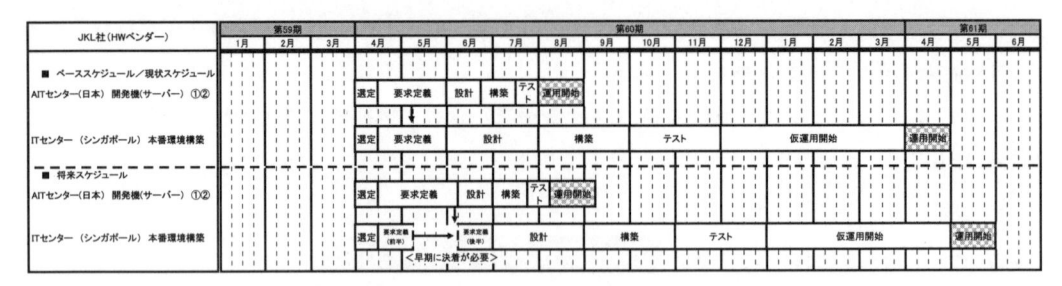

図30　論理的順序関係付バー・チャート（スケジュール差異分析の報告例）

>>実施することで、どのような成果が期待できるか

　複数のプロジェクトが同時に並行して進んでいく場合、他のプロジェクトの進捗度合いやトラブルなどによって、自分たちのプロジェクトが影響を受けることがあります。進捗に遅れが生じたときは、そのままコスト増に結びつきます。したがって影響がどの程度のものなのか早く察知して対処することが、監視コントロール・プロセスでは重要な要素になります。

　バー・チャートは、メンバーそれぞれが自分の役割を確認し作業漏れが起きないように防ぐ効果があり、スケジュール差異分析は、遅れの影響が後工程にどのように影響するかを予測できます。また、アーンド・バリュー分析は進捗の度合いを数値化し、影響の大きさを確認することが可能になります。

>考察
>>具体的な効果（定量的／定性的）として管理可能か

　バー・チャートやスケジュール差異分析は、数値を管理するものではありませんが、アーンド・

バリュー分析によって数値として事象を確認することが可能です。

>> PMツールを活用することのメリット、デメリット

　ツールを利用することはそれだけ、管理コストがかかります。それに見合った情報がそのツールから得られるかどうかはわかりません。むやみにツールを利用することは、お勧めできませんが、危険を察知してその影響をすばやく確認するためには、このようなツールは有効な手段といえます。

エピソード35．[ABC社・S&OP] 標準遵守と実践での変更／標準テンプレート

▶ ストーリー

　6月、ABC社の谷統括PMは、S&OPプロジェクトで使用している変更要求票の欄外にお客様の職制印やメモが記載されているのを見つけた。ABC社のPMOでは、変更要求票の起票、管理はABC社にて行うことを想定したので、谷統括PMはお客様の職制印やサインがあることに違和感を覚えた。それを谷本PMに尋ねた。

「谷本くん、S&OPプロジェクトの変更要求票だか、運用手順はどのように行っている？」
「フォーマットと運用手順はPMOの標準フォーマットをそのまま利用しています。PMOのプロジェクト評価基準では、標準適用率70％を超えないといけませんし、XYZ社にもお話し納得いただいています」
「お客様の職制印が押されているのには意味があるのかな？　実際の運用手順はどのようになっているのか教えてほしい」
「記載はABC社が行いますが、XYZ社側で起票されることもあります。承認済み変更要求であることを保証するため、起票された変更要求票はお客様側部門長の押印を必要とすることにしました。それ以外は、わが社の標準手順と同じですので、フォーマットも手順も標準を使用しています」
「お客様の職制印が押されていないものもあるが、これは？」
「すみません。お客様の承認洩れだと思います。確認します」

「（谷本、まずいぞ）」谷統括PMは思った。
「谷本、XYZ社でも同じフォーマットが使用されているのは、プロジェクトとしてもよいことだと思う」
谷統括PMは続けた。
「運用方法を改善するために変更するのは構わないが、変更したルールを皆が遵守するようにしなければいけない。プロセスやフォーマットを修正して、プロジェクトの内外に周知しなければ情報が共有できないで誤解を生むぞ」
「70％はPMOの標準ツールやプロセスを使わなければならないのでしょう？」
「そうだ。しかしPMOの標準ツールは、現場に合わせて修正してもかまわない。それでもPMO標準を使用したことになる」
「えっ、そうなのですか？」

＞解説

＞＞何が起きているか

　ABC社の若手プロジェクト・マネジャーはPMOから提供された標準はそのまま適用しなければならないと思い込んでいます。しかし、実務では、すでに標準から離れた手順で運用されています。そのため、暗黙の了解事項として欄外の余白が使われています。

＞＞何をしようとしているのか

　標準にはそれまでのノウハウが蓄積されています。しかし、実務との間にギャップが発生する可能性は残されています。今回のような、欄外の活用では、部門長の了解を得ることをウッカリ失念するなど、問題を生む可能性があります。

　もし、実務と標準の間にギャップがあれば、実務に即した改訂を行うのは当然として、他のプロジェクトでも有用と思われる改訂であれば積極的に標準そのものを修正し、よりよい標準に仕上げていくことが重要です。

＞＞実行できない／成果が出ない要因は何か

　標準は変えてはならないという意識が働きます。とくに、標準をそのまま使うように指導されているときには、運用で何とかしてしまいます。しかし、その結果ミスを誘発するようでは、何のための標準か分からなくなります。

　プロジェクト独自の変更（テーラリング）や標準の修正を提案するには、ABC全社としての高い視点が必要になります。しかし、なかなか高い視点からものを言うのは難しいものです。

▶活用したPMツール　標準テンプレート

＞＞PMツールをどのように活用すればよいか

　むやみにプロジェクト独自のテーラリングを行うと、標準を定めプロジェクト品質を一定レベルに保つという目的を損なう恐れがあります。プロジェクト・マネジャーは、標準をそのまま活用することを念頭に置きつつもプロジェクトにおける利用状況を判断し、プロジェクト独自の変更や、ときには標準そのものの改訂も提案しなければなりません。

　図31では右上にお客様の承認を意味する職制印が押されているが、職制印を押す枠の記載がなく、承認忘れが生じています。

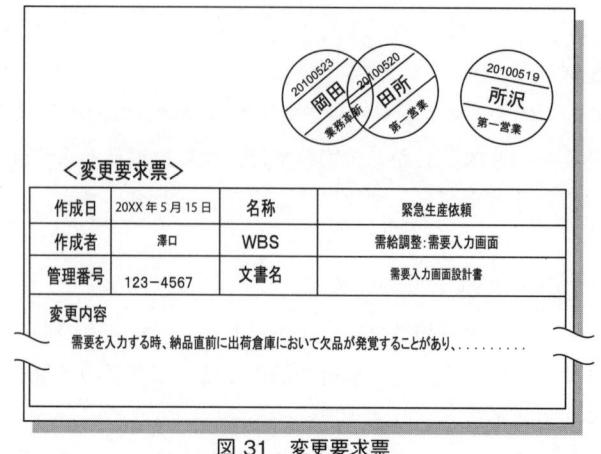

図31　変更要求票

>>実施することで、どのような成果が期待できるか

　プロセスやルールを定め、遵守することはプロジェクトにおける品質を担保します。うっかりしたミスを防止する意味で帳票類を改善することは効果的ですし、開発の局面で設計書記述規約、コーディング規約、そしてテスト規約などを適時改訂することは、同様のエラーを未然に防ぐ意味で効果的です。

　特に標準へのフィードバックは、このプロジェクトで得た教訓をすぐに次のプロジェクトに適用でき、標準を利用する目的であるプロジェクト品質を向上させるという本質をメンバーに浸透させることができます。

>考察

>>具体的な効果（定量的／定性的）として管理可能か

　プロジェクトにおけるテーラリングや標準そのものへの改訂要求について、変更内容と変更理由そして採否に至る討議経緯を記録として残すことは重要です。

　① 本プロジェクトにおいて変更経緯をメンバーで共有し、手戻りを防止する。
　② 他のプロジェクトおよび後続プロジェクトに教訓を残す。

>>PMツールを活用することのメリット、デメリット

　標準を利用することはノウハウの共有という点などで有効です。しかし、標準そのものは完成形でも最終形でもなく、状況により変化しなければ陳腐化します。標準を陳腐化させないためにもプロジェクトにおける実践をフィードバックすることが望まれます。

　社内標準を制定、管理する部署（例えば、品質保証部門やPMOなど）では、各プロジェクトの状況に応じて、社内標準をテーラリングするルールを決めておくことが重要です。たとえば、起案者が変更の目的や内容、影響度などを明示し、標準管理部門に承認を得ることを手順化することが想定されます。

エピソード36．［ABC社・SCM］的確なリスク・コントロール／リスク登録簿

▶ストーリー

　7月、ABC社の楢崎PMは、XYZ社のSCMプロジェクトのことを気にしていた。先月、上司の部長からコストの件で指摘をうけたばかりだったのだ。
　「プロジェクトは順調に進んでいるだろうか。このプロジェクトは、XYZ社の川島部長がご担当だ。川島部長のためにもご迷惑とならないよう、もう少しきめ細かく確認しなければ…」
　楢崎PMは、開発リーダーの玉田を呼んだ。
　「玉田くん、進捗について教えてくれないか。先月は若干の遅れがあったが取り戻せそうか？」
　「たぶん大丈夫です。きちんとリスク対応しましたから」
　「おいおい、たぶんでは困るよ。きちんと確認しているのか？」
　「もちろんです。例会で確認してますから」
　「現状を教えてほしい。確認の記録を持ってきてくれ？」
　「記録ですか…ありません。リスクについては口頭で確認することにしていましたから」
　「…。今回のXYZ社のSCMプロジェクトはXYZ社だけでなくABC社としても重要なものだよ。このまま遅れが拡大するようでは困る。そのために、3月にリスク登録簿を事前に作成したはずだが…」
　「はいもちろんです。そのために、リスク登録簿策定時に対処方法は特に楢崎PMにご意見を伺ったのですから」
　楢崎PMは焦った。あのとき、対応計画については細かく指示したが、監視方法と記録について指示しなかったことを思いだした。きちんと対応する様にと指示したので、当然チェックを行い記録も残しているものと思い込んでいたのだ。

　「（…しまった）」
　楢崎PMは、玉田のフォロー・アップができていなかったことを後悔した。
　「わかった、玉田くん。一緒にやろう。状況が好転していればよいが、監視漏れなどがあったらたいへんだ。リスク登録簿と突合せながら確認しよう」
　「わかりました」
　楢崎PMは、玉田と一緒に確認作業に取り掛かった。
　「玉田くん、リスク登録簿に定期レビューや対応策実施の結果を記録する方法を把握しているかい？」

＞解説

＞＞何が起きているか

　SCMプロジェクトの内、XYZ社で担当している機能に遅れが発生しており、その状況がきちんと追跡されていないことが分かりました。プロジェクト開始時にリスク登録簿を作成しリスク計画を記載したことでリスク管理については目的を達成したような気になり、リスクのモニタリングができていなかったのです。

＞＞何をしようとしているのか

　玉田はリスクを定期的に監視することが大事であることは知っていましたが、どの様に行うのが適当か判断するには経験不足でした。今回のことで、リスクの状況はこまめに監視することが重要であることに気が付きました。また、特にリスク発生時の対応策については、実施後の状況を細かく監視し、十分な効果を発揮しているのか確認して行かなければならないと考え始めています。

＞＞実行できない／成果が出ない要因は何か

　リスクの監視は言葉としては知っていましたし、無視していたわけではありません。玉田は「リスクは心配事のようなものだ」と考えていましたので、とりあえずリスクの監視も行っていたのですが適切な方法ではなかったため、きちんとした対応はできていなかったのです。リスク登録簿には初期の計画値としてリスク発生時の対応策を記載していましたが、リスクの発生を認識した後のPMとしての行動については考えが及んでいませんでした。後々の事を考えると記録を取っていくのがよいのだろうと思いながらも、どのようなもので管理していくのがよいのか、まったく見当も付いていませんでした。

▶活用したPMツール　リスク登録簿

＞＞PMツールをどのように活用すればよいか

　リスクのコントロールに使用するツールにリスク登録簿があります。リスク登録簿は、プロジェクト開始に当たって設定したリスク対応計画を初版として、特定したリスクの追跡や残存リスクの監視の結果を反映して、プロジェクトの状況変化に併せて更新していきます。

　リスク登録簿のフォーマットとして、リスク計画に「現在の状況」欄が追加されているフォーマットが良く使われます。このフォーマットはリスク計画がある場合は手軽に導入することができます。

第3章●実行段階

ワークパッケージ／タスク	リスク事象番号および表題	責任者	重要度	計画			実績			
				予防措置	トリガー・ポイント	コンティンジェンシー対応策	状況	影響発生日	リスクの影響	是正措置

プロジェクト名：SCMプロジェクト　　リスク登録簿　　ページ番号：1/1　日付：20XX/6/20

| コーディング・単体テスト（Unit Test） | 9. 若手中心のメンバー構成による内部ソフトウェア開発の遅延 | 玉田 | C | チーム内連携による特定要員の遅れを他の要員が支援する。 | 週次の進捗会議 | 追加メンバーの投入 | コンティンジェンシー対応策の発動の承認待ち | 2010/6/20 | 2週間遅延 | |

プロジェクト名：SCMプロジェクト　　リスク登録簿　　ページ番号：1/1　日付：20XX/7/3

ワークパッケージ／タスク	リスク事象番号および表題	責任者	重要度	計画			実績			
				予防措置	トリガー・ポイント	コンティンジェンシー対応策	状況	影響発生日	リスクの影響	是正措置
コーディング・単体テスト（Unit Test）	9. 若手中心のメンバー構成による内部ソフトウェア開発の遅延	玉田	C	チーム内連携による特定要員の遅れを他の要員が支援する。	日次の進捗会議	追加メンバーの投入	有効な手立てがなく状況が悪化	2010/7/3	3週間遅延	コンティンジェンシー対応策の発動

C：重要（Critical）
NC：準重要（Near-Critical）
NNC：非重要（Noncritical）

図32　リスク登録簿（3）

図32には、6月20日版のリスク登録簿とその更新版である7月3日版のリスク登録簿が例示されています。6月20日の週次の定例会で、作業遅延が認識され、コンティンジェンシー対応策を発動することになり、その状況を反映してリスク登録簿の更新版である6月20日版が発行されました。その後、コンティンジェンシー対応策は承認されたのですが、対応策にある追加要員が配置されず状況が悪化しました。著しく状況が悪化したことを認識した7月3日には、重要度をAとしモニタリング間隔を日次とする更新が行われています。この様に、プロジェクトの進行に併せて現在の状況を詳細に記述します。このフォーマットのリスク登録簿は、現状が最新版で一目で分かり、リスク管理を容易にしています。また過去の履歴は、更新履歴を参照することで追うことが可能です。

もし、リスク対応策を発動させたならば、その効果は当初の目論見どおりの効果を発揮しているのかを評価していくことが大事です。十分な効果が出ていないのであれば、追加処置を取らなければなりません。そのため、リスク対応策を発動させるという状況変化があれば、次のアクションを起こすトリガー・ポイントなども見直さないといけませんし、見直した内容をリスク登録簿更新版に反映させておかなければなりません。

＞＞実施することで、どのような成果が期待できるか

定例進捗会議ではスケジュールやコストなどのベースラインと比較してプロジェクトの状況を把握していきますが、この進捗会議の場でリスクについても監視することは非常に有意義です。

トリガー・ポイントを過ぎていれば計画どおりにコンティンジェンシー対応策に沿って追加処置を取ることになりますし、トリガー・ポイントになっていない場合でも臨機応変に対応策の変更をするという場面があるかもしれません。いずれにしても、リスク登録簿を活用することで、モニタリングし評価、分析、対応を行うことが容易かつ効率的に実施できるので、大きな導入効果が得られます。

＞考察
＞＞具体的な効果（定量的／定性的）として管理可能か

リスク登録簿には現状を定量的あるいは定性的に記載します。リスク計画に基づいて行うモニタリングの抜け漏れミスを逓減することができます。

また、同じメンバーは同様のリスクを同じプロジェクトで再発させる傾向がありますので、リスク発生時には、同じ表に記載されている計画欄の予防処置を強化するなどの対策が考えられます。リスク登録簿更新版を通じて現状を明示的にメンバーに指示できるので、この様な変更された対策を徹底することが容易にできます。

また、過去の更新版も破棄せず残すことで、プロジェクトの推移も記録され、後々、分析に使うことができます。例えば顕在化したリスクについて、リスク登録簿更新時にはどのような評価をしていたのかを知ることができます。計画していた対応策は実施されたのか、実施されたのであれば効果はどうであったのかを知ることもでき、これらの実績は数値化して統計的に処理することも可能です。過去の情報をこれからのプロジェクトに生かすことができるわけです。リスク

がなぜ発生したか／どのような対処が必要かなどを分析するためのツールとして、特性要因図やヒストグラムなどの QC 七つ道具があります。過去情報として蓄積して行きたい情報が何であるのかを明確にして、リスク登録簿をカスタマイズして使用します。

≫ PM ツールを活用することのメリット、デメリット

　リスク登録簿は現在の状況の入力も難しいものではありませんし、手間もあまり掛からないので、デメリットはあまりありません。

　留意点としては、リスクが同時多発的に発生した場合の記載方法です。リスク計画は識別したリスク毎に対策をうつことを想定していますが、同時多発リスクは想定外だとすると、対策も既存のリスク計画にはありませんので、同時多発リスクを認識したまさにその時のリスク登録簿にはステータスや具体的な是正処置を記載する欄が無いという状況も起こります。このような場合は識別されたリスクそのものをも更新します。

　メリットですが、非常に大きなものがあります。リスクとして認識している項目について、常に最新状況を把握できるようになります。また、第三者にも状況を視覚的に捉えることができます。軽減策の妥当性についても常に評価ができますし、不適切なところが見つかれば即座に対応が可能です。

構築フェーズⅠ

エピソード37．[JKL 社・ITC] 決まらぬ設計を裁定／重み付け得点法

▶ ストーリー

　7月初旬、その日は雨。
　ABC 社はこれまでの開発経験から、本番機に必要な要求性能を割り出していた。JKL システムインフラ社の松井 PM はシステム・テストの段階で、本番機の性能が期待値に満たなかった場合のインパクトを、事前に PG 推進室の岡田室長に説明していた。そして、正確な要求性能値を見積ってもらうよう、ABC 社にも協力をお願いしたのである。
　その頃、シンガポールの MNO システムサービス社との会合が定期的に持たれるようになった。松井 PM は MNO 社のスキルの高さに安堵した。
　「(これなら共同作業も問題ないだろう。うまくやっていける)」

　松井 PM は XYZ 社との定例会議に出席していた。その日はインターフェース設計に関する初回の打合せであった。まず MNO 社のマルクス PM から自社（MNO 社）が提供する外部接続の概要について説明された。いわゆるインターネットを活用した VPN（Virtual Private Network）接続によるサービスである。以前は、インターネット上を WEB ベースの暗号化接続を提供する SSL、メールによる暗号化も行われていたが、MNO 社では、VPN 接続が可能とのことであった。会議に参加した XYZ 社のプロジェクト・メンバーや、ABC 社の谷本 PM、楢崎 PM から、さまざまな意見が上げられた。
　「販社や工場は、頻繁にアクセスすることはないだろう。システムに直接つなげなくてもいいのではないか」
　ABC 社ではプログラム設計をしている最中であり、谷本 PM、楢崎 PM からシステム基盤の仕様を決めてもらいたいと強く要望されていたが、XYZ 社ではインターフェース設計について判断できない様子であった。
　「災害対策機への複製は、なにもデータそのものを複製しなくとも、本番機と同じバッチファイルを実行すればよいのではないか？」
　「いや、その場合でも本番機からデータを複製する手段を考えておかないと二重障害に対応できない」
　議論は続いたが、そのとき、XYZ 社のメンバーの 1 人が発言した。
　「外部接続は、VPN とそれ以外ですね。違いは費用がかかるかどうかです。データベースの複製方法については ABC 社さんと JKL 社さんからご提案いただけますか？ それをもとに、次回の会議で決定しましょう」
　会議に参加者していたメンバー全員がうなずき、会議が終了した。

＞解説

＞＞何が起きているか

　ABC社は開発機をもとにして、本番機の処理性能を予測しました。予測値は前提条件を細かく決めたうえで算出されていました。前提条件はXYZ社の利用状況（計画）を十分検討した結果となっていました。

　ただし、MNO社に設置される本番機への接続方法（インターフェース設計）までは決めておらず、今回の会議の議題になりました。

＞＞何をしようとしているのか

　どのような接続方法を選択するのかは簡単に決められません。XYZ社の業務要求によって開発を進めているABC社、MNO社が提供するサービスの性能値とコスト、それらを検討し最終的にXYZ社が判断することになります。もちろんJKL社が決定するわけでもありません。

　松井PMは、MNO社とVPN接続のデータ通信性能について打合せをし、ABC社やXYZ社が判断できる材料を提供しなければならないと考えます。

＞＞実行できない／成果が出ない要因は何か

　シンガポールと日本を結ぶ接続方式だけでなく、XYZ社の販社や工場との接続も検討しなければなりません。MNO社の接続実績を問い合わせてもあまり参考にならないでしょう。拠点間の通信速度は確認できても、運用者の体感速度までは予測できるものではありません。

　松井PMは、JKL社としての提案を求められていますが、性能値をコミットすることはできないのです。

▶活用したPMツール　重み付け得点法

＞＞PMツールをどのように活用すればよいか

　ABC社やXYZ社に判断を委ねるために、松井PMは重み付け得点法を選択します。重み付け得点法は、プロジェクトの立上げプロセスでよく利用されるツールで、企画された複数のプロジェクトに優先順位をつけるなど、判断材料を提供します（図33）。

■重付け得点法

基準要素	機能1A	機能1B	機能2A	機能2B	機能3A	機能3B	基準／要素の評点の平均（点）
1. 戦略的位置づけ(20)							
事業戦略との整合性(10)	8	6	7	6	7	4	6.33
戦略的重要性(10)	8	6	7	6	7	4	6.33
2. 製品競走上の優位性(10)							
製品の独自機能(10)	8	8	7	8	7	6	7.33
3. 情報の即時性(市場の即応性)(30)							
開示・閲覧(10)	8	8	7	8	7	6	7.33
更新(10)	8	8	6	6	5	6	6.67
常時接続の必要性(10)	8	6	8	6	8	5	6.83
4. 情報の信頼性(20)							
セキュリティ(10)	8	8	6	6	6	6	6.33
障害復旧時の影響度(10)	8	5	5	5	5	2	5.00
5. 技術的観点・その他(20)							
自動化されているか(10)	8	8	4	6	4	4	5.33
プロセスの複雑性(10)	8	8	2	8	2	2	5.00
総合評点：満点=100	80	67	58	67	58	45	62.5

■インタフェース

インタフェース接続を必要とする機能	VPN接続 常時利用	VPN接続 夜間利用（時間制限利用）	インターネット（SSL接続）	メール（暗号化帳票伝票の伝送）
1) 本番機-開発機データ連携				
機能1A	○			
機能1B		○		
2) 本番機利用-販社A				
機能2A			○	
機能2B		○		
3) 本番機利用-工場A				
機能3A				○
機能3B			○	
4) 本番機利用-本社(管理部門)				
機能4A			○	
機能4B	○			
コスト算出（小計）				
コスト算出（合計）				

図33　重み付け得点法

　松井PMは、XYZ社から提案することを求められましたが、JKL社として提案できないことを承知しています。したがって、XYZ社が決断できるように、その判断材料のみを提示しようと考えました。

　重み付け得点法によって得られる情報は、その重み付けによって結果が左右されます。どちらか片方の結果を有利にするために重みを意図的に操作することもできてしまうので、注意が必要です。重み付けをどうするかも、決定者の基準に委ねることが肝要です。

＞＞実施することで、どのような成果が期待できるか。

　重み付け得点法は、個々の要素を数値に置き換えて得点を積み上げますので、曖昧な判断ではなく、根拠のある判断を下すことが可能になります。

＞考察

＞＞具体的な効果（定量的／定性的）として管理可能か。

重み付け得点法は、情報を数値化するためのツールです。基準要素には定量的な要素の他に定性的な要素も挙げられています。たとえば、"戦略的重要性"では「戦略的に実現することが重要と思われる性質を10項目のリストにして、その実現数で評価する」などの方法で定量化されます。したがって、得られた結果は、定性的な情報も加味された定量的な数値であるといえます。

＞＞PMツールを活用することのメリット、デメリット

数値化するための項目を正しく洗い出すことができなければ、得られる結果が適切なものであるとはいえません。作成者の主観で結果のみを報告したのでは思わぬ誤解が生じます。

結果を提示するまえに、定量的な数値についてはデータの根拠や算定式、定性的な数値については定性的な情報の収集方法や変換式が説明できるものになっているかをレビューすることも大切です。

構築フェーズ I

エピソード38．［JKL社・ITC］海外との共同作業の留意点／品質マネジメント計画書

▶ストーリー

　8月、いよいよシンガポールで本番機の構築が始まった。期間は2カ月なので余裕はある。しかし油断は禁物だ。JKLシステムインフラ社の松井PMは、MNOシステムサービス社のマルクスPMとの連携を、重要なテーマとして考えた。

　日本、すなわち松井PMが所属するJKL社では、システム構築に関する作業標準があり、個々の作業それぞれに細かな確認項目が決められていた。構築のプロセスについては、MNO社のマルクスPMとも事前に調整をしていた。マルクスPMによると、MNO社もプロセス標準を持っており、スキルの高い技術者が揃っているとのことであったので、システム基盤構築に関する経験と作業の品質は同等であろうと考えていた。それでも、松井PMは海外の異文化、考え方や認識の違いによって問題が生じるのではないかと心配していた。

　そこで松井PMは、これから構築する本番環境の品質確保について、マルクスPMと打合せをした。その結果、MNO社の品質マネジメント計画書をインフラ構築用に修正し、それに基づき作業をすすめることで合意した。このような試みは作業品質をMNO社のメンバーに意識させるよい機会であると、マルクスPMも快く了承してくれた。

　早速、マルクスPMが本番環境構築用の品質マネジメント計画書のドラフトを作成し提示してくれた。しかし、松井PMの考えていたものとは異なっていた。
「マルクスさん、ありがとうございます。ですが提示していただいた品質マネジメント計画書は私の認識と若干違いますね」
「PMBOKの品質マネジメント計画書は、品質方針やスコープ記述書、WBSなどを、インプットとして作成します。松井さんもご存知かと思いますが…」
「はい、確かにそのとおりです。ですが私が意識したいのは、作業が貴社の品質マネジメント計画書どおりに進められているかを確認したいのです。つまり本番環境構築用の品質マネジメント計画はこれでよいのですが、作業の実施責任者を明記した責任分担マトリックスを作成したいと考えています」
「品質マネジメント計画書の実施責任を明確にするのですか…面白そうですね。詳しくお話を聞かせてください」
「ご理解いただいて感謝します。ぜひ両社で品質のよい成果物を作成していきましょう」
　こうして、新しく基盤構築に特化したツールについて、議論がスタートした。

＞解説

＞＞何が起きているか

　松井 PM は、MNO 社との初めての共同作業を成功させるために、構築作業の品質についてお互いの認識を合せたいと考えています。JKL 社も MNO 社もインフラの構築に関しては十分なプロジェクト経験をもっています。しかしその経験を鵜呑みにするわけにはいきません。MNO 社は十分な経験があるといっても、JKL 社はまったくのおまかせというわけにはいきません。

＞＞何をしようとしているのか

　MNO 社が構築する本番環境について、JKL 社がその品質を確認する方法を考えています。しかしその方法は JKL 社の一方的な押付けにならないよう配慮されたものでなければなりません。
　まず、JKL 社と MNO 社の両者の標準プロセスを確認しあい、今回の作業における作業プロセスと手順を決定します。その上で品質マネジメント計画書によって、その作業プロセスが守られているかを JKL 社、MNO 社の両方で確認しあうことを考えています。

＞＞実行できない／成果が出ない要因は何か

　MNO 社は十分な経験の会社であり、そのメンバーも個性を持った人が多いでしょう。新しい構築用の作業プロセスを作成したからといっても、理解を求めることは難しいかもしれません。ベテラン技術者であれば、なおさら自らのやり方を変えないものです。無理に新しいプロセスを強制すると「自分たちを信頼していないのか」と疑われたりします。
　まず、共通のプロセスを持つことの重要性を説き、MNO 社の技術者が構築した本番環境が品質の高いものであることを外部に示すためにも、品質マネジメント計画書によって管理することが重要であると理解を求めなければなりません。マルクス PM の理解を取り付け、さらに MNO 社のプロジェクト・メンバーにも、十分な説明が必要です。

▶ 活用した PM ツール　品質マネジメント計画書

＞＞ PM ツールをどのように活用すればよいか

　今回はプロジェクトの品質を確認するのではなく、本番環境の構築作業に特化した品質マネジメント計画書を作成します（図 34）。さらに、その品質を最初に確認するのは、構築に携わる技術者自身の責任であることを明確にします。
　松井 PM は、JKL 社の作業標準から MNO 社に求める作業プロセスを明確にします。さらに MNO 社の標準プロセスを重ね合わせます。そして得られた項目について、誰がリーダーになり、どのような方法で品質確認するのかを MNO 社自身に決めてもらうのです。JKL 社は、その実施結果を報告として受けることになります。
　品質を確認するプロセスや報告を受けるプロセスをあらかじめフローチャートにまとめておくことも大切です。

■基盤環境構築

レベル		環境成果物／ドキュメント作成	品質標準	品質保証タスク	責任分担マトリックス				記録（エビデンス）
					作業者1	2	3	4	
3		構築・実装段階							
1		導入機器の受入れ	MNO社：ISO標準プロセス	レビュー	A		D		チェックリスト
2		設置、初期動作確認	作業成果物確認	受入検査	A		D		受入検査証
3		インフラ・基盤環境の構築	作業前準備の確認	チェック／修正		A		D	作業手順書
			作業手順の遵守性	チェック／修正		A		D	チェックリスト
			作業後の確認	チェック／修正		A		D	作業報告書
4	*	システム環境書	最終確認	レビュー		A			チェックリスト
1	*	システム構成	読みやすさ	チェック／修正	D			A	―
			構築結果との整合性	チェック／修正		D		A	―
			JKL社：マニュアル作成基準	チェック／修正			D	A	―
2	*	配置（レイアウト図）	読みやすさ	チェック／修正	D			A	―
			構築結果との整合性	チェック／修正		D		A	―
			JKL社：マニュアル作成基準	チェック／修正			D	A	―
3	*	配線図（電源系）	読みやすさ	チェック／修正	D			A	―
			構築結果との整合性	チェック／修正		D		A	―
			JKL社：マニュアル作成基準	チェック／修正			D	A	―
3	*	配線図（ネットワーク系）	読みやすさ	チェック／修正	D			A	―
			構築結果との整合性	チェック／修正		D		A	―
			JKL社：マニュアル作成基準	チェック／修正			D	A	―
3	*	配線図（周辺装置系）	読みやすさ	チェック／修正	D			A	―
			構築結果との整合性	チェック／修正		D		A	―
			JKL社：マニュアル作成基準	チェック／修正			D	A	―
5	*	テスト計画書	読みやすさ	チェック／修正			D	A	―
			構築結果との整合性	チェック／修正			D	A	―
			JKL社：マニュアル作成基準	チェック／修正			D	A	―

＊：ドキュメント作成

D：実行（Action）
A：承認（Approve）

図34　品質マネジメント計画書（責任分担マトリックス部分）

＞＞実施することで、どのような成果が期待できるか

　MNO社が作業を実施した内容を記録として残し、本番環境の構築に携わったメンバーとその作業品質を確認することができるようになります。これはJKL社だけでなく、XYZ社情報システム部の本田部長やシステム開発のABC社にも報告することができ、後工程で問題が発生した場合にも原因を特定する有効な情報になります。

＞考察

＞＞具体的な効果（定量的／定性的）として管理可能か

　作業品質を確認する担当者（承認者）を別の作業者が役割を担うことは、ピアレビューによる確認方法ともいえます。単に構築作業や成果物の作成を担当者に任せっぱなしにしてしまうとミスも増えてしまうものです。

　責任分担マトリックスは、担当者を決めるだけなので、定性的あるいは定量的な管理をするものではありませんが、それぞれの担当者が行う確認方法は、品質マネジメント計画書に基づき、定性的にチェック項目を決め、定量的にそのポイントを確認することなるでしょう。

≫ PMツールを活用することのメリット、デメリット

　品質の一次確認は、あくまでもMNO社になります。その点でMNO社の十分な理解が得られなければ、せっかくの品質マネジメント計画書と責任分担マトリックスによる構築作業の確認もJKL社の予定どおりに実施されず、結果的に品質を疑わなければならなくなります。MNO社の各項目のリーダー（承認者）に任せるだけでなく、その項目の確認プロセスが正しく機能しているかを、MNO社としてマルクスPMにも確認してもらう必要があります。

構築フェーズ I

エピソード39．［GHI 社・PLM］短納期への対応／CPM ダイアグラム

▶ストーリー

　９月末、GHI 製造設備社の長友は、XYZ 社の遠藤部長からの連絡を待っていた。長友は、XYZ 社から海外向上向け製造装置の要求仕様を受けていたが、その納期が４カ月とあまりに短かったため、仕様変更を申し出ていたのである。
「XYZ 社からの連絡はまだか…？」

　GHI 社は製造装置メーカーである。お客様の要求に合わせた装置を製造し提供している。GHI 社が製造する装置の取引先は多岐に渡っているものの、種類が多いわけではない。注文を受ける装置がおおむね決まっており、細かな仕様が異なるだけだからである。
GHI 社では装置の製造工程について標準プロセスを持っている。お客様の仕様によって若干の変更はあるものの、その標準プロセスに基づいて製造している。
　今回、XYZ 社から要求された複数の装置のうち、この GHI 社の製造プロセスを大幅に見直さなければならないものが含まれていた。この装置を製造するためには、どうしても４カ月の納期では間に合わなかったのである。

　長友は、ひとつの賭けに出ていた。要求をすべて満足したのでは、XYZ 社が求める納期で製造できない。…といって納期の延長を強く求めれば、XYZ 社からの受注そのものが危うくなる。長友は考えた末、「XYZ 社からの要求事項を一部除くことで納期を間に合わせる」と提案をした。自社の製造プロセスを CPM ダイアグラムにして、XYZ 社の遠藤部長に説明したのである。
「長友さん、XYZ 社の遠藤様からお電話です」
「（来たか）」
　遠藤部長からの返事は、GHI 社からの申し出に応じて XYZ 社の要求仕様を変更するというものであった。
「長友さん、ご提案ありがとうございます。こちらで検討した結果、GHI 社にお願いをすることに決めました。仕様の変更部分は、開発するアプリケーションの方で吸収することにします」
「遠藤部長、弊社を選んでいただきありがとうございました」
「とんでもありません。高品質で名高い GHI 社さんですから間違いはないと判断しました。ただし、納期は確実に守ってくださいね」
　長友は、受話器を通して遠藤部長の優しい受け答えに癒された。
「承知しました。これからすぐに取り掛かります。今後ともよろしくお願い致します」

第3章●実行段階

＞解説

　製造装置メーカーであるGHI社は自分たちの標準プロセスを持っています。そのプロセスに沿って依頼された装置を製造する場合には、4カ月の納期に間に合うと長友は予測しました。ところがGHI社が通常組み立てる部品だけでなく、特殊な部品が必要な装置をXYZ社から要求されたのです。これは外部発注するしかなく4カ月の納期では間に合わないことが明白でした。長友は事前にCPMダイアグラムを使って納入リードタイムを確認していました。

＞＞何をしようとしているのか

　CPMダイアグラムで得られた結果は、やはり特殊部品を省くことでした。たしかにこの機能を削除することで4カ月という納期を守ることができます。しかし、明らかに要求を満たすことができません。長友は、スケジュールを取るか、機能を取るかで迷ったあげく、スケジュールを守る提案をXYZ社の遠藤部長に行ったのです。

＞＞実行できない／成果が出ない要因は何か

　GHI社は、日頃から生産能力を向上するべく活動しており、短納期の要求に対応できるよう作業プロセスの改善を繰り返してきました。その結果、何度もCPMダイアグラムを作成しては、部材の調達や作業工程を見直してきたのです。現場要員もその工程になじみ作業効率も上がっていました。

　しかし今回は、新規装置の開発としては納期までの期間が極端に短く、またすでに受注している他の契約業務との兼ね合いで、充分な体制も確保できない状況でした。

▶ 活用したPMツール　CPMダイアグラム

＞＞ PMツールをどのように活用すればよいか

　GHI社の長友は、コミュニケーション・ツールとしてCPMダイアグラムを用いました（図35）。本来なら自社の製造工程を外部に知らせることはありません。長友は、説明に必要な箇所以外は極力簡略化してノウハウが外部に漏れないようにしたうえで、あえて自社の製造工程を公開しました。そして、一部の機能を削除すれば工期が短縮し、要望納期に間に合うような提案資料にしたのです。

構築フェーズⅠ―エピソード39

製造装置A

工程	内容	前工程	所要期間日程
A	開始		0
B	Xのパーツの製造	A	10
C	Yのパーツの製造	A	10
D	Aの組み立て	B、C	10
I	Xのパーツの変更	B	20 (*1)
J	Yのパーツの変更	C	15 (*1)
E	Yのパーツの調整	D	10
F	Zのパーツの製造	I、J	10
G	組み立て	E、F	5
H	検査・終了	H	5

(*1)：工程I、Jが製造装置に仕様変更に有する工程
(*2)：通常の工程では、B、Cが前工程となる。

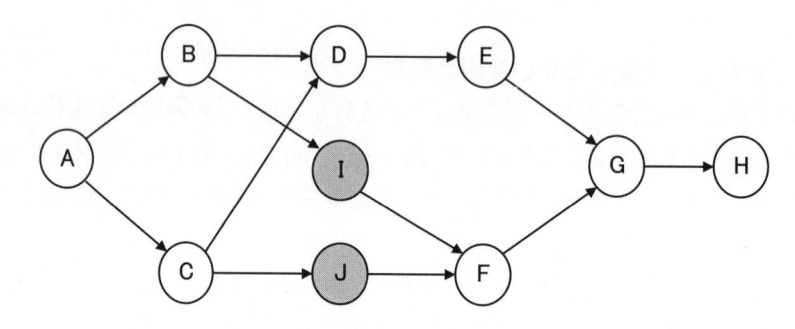

図35　CPMダイアグラム

＞＞実施することで、どのような成果が期待できるか

　要求機能の変更を検討する上で重要なことは、今回のように削除される機能がXYZ社にとって、どのようなインパクトがあるのかを判断することです。その判断は、逆にGHI社の長友には想像し得ない内容です。だからこそ、長友にとっても、大きな賭けだと感じたのです。

　結果的に、その機能は装置の複数の動作を1つの命令で実行させるものであったため、既存の命令を組み合わせれば実現可能でした。これを、XYZ社が受け入れてくれるかどうかが心配でしたが、今回はGHI社の製造装置の品質が高く評価され、ABC社が開発するアプリケーション・ソフトで補うことを約束してくれたのです。

＞考察

＞＞具体的な効果（定量的／定性的）として管理可能か

　CPMダイアグラムを利用することで、具体的な工程や製造所要期間が明確になります。作業工程が複雑で多岐にわたる場合などに、作業プロセスを改善し期間を見直すには、有効なツールになります。

》PMツールを活用することのメリット、デメリット

　CPMダイアグラムは、リソース変更の影響やプロセスを確認することができるため、不測の事態が起きた場合（ある工程の装置が停止したときなど）の影響を把握し、クリティカル・パスを明確にして対応策を検討するのに適しています。

　ただし、複数の活動が特定のリソースを取り合うような場合はクリティカル・パスの修正が必要になります。そのような手法はクリティカル・チェーン法といいます。

エピソード40．[XYZ社・業革] 予期せぬ工場統廃合の激震／影響確認リスト

▶ ストーリー

　第60期9月の定例取締役会で、中期経営計画の施策のひとつである生産革新プロジェクトからの提言によって工場の統廃合（中国工場の閉鎖とベトナム工場への設備移転）が決定された。

　岡田室長は、その連絡をPG準備室で耳にした途端、思わず背筋を凍らせた。『業務改革プログラム』に変更が入ったのだ。しばらくして岡田室長は、『業務改革プログラム』スポンサーの企画本部長から呼び出された。

「『業務改革プログラム』への影響を至急確認して報告してほしい」
「承知しました」

　岡田室長は、4つのプロジェクトのそれぞれのPMを呼んだ。中沢課長、川島部長、遠藤部長、本田部長の4名である。
「みなさん、お聞きのとおりです。至急、現在のプロジェクトへの影響を確認してください。ただし、各協力会社（SIer）には、具体的な対応方針が決まるまで、この事実を伏せておいてください」

「岡田さん、スケジュールの見直しは必須ですね」
「スケジュールだけじゃなく、工場の統廃合に伴ってS&OPプロジェクトで実施する業務改革の優先度も見直さなければなりません。前提が変われば対象となる業務組織も変わるでしょう」
「PQRコンサルティング社の中村部長には連絡しないのですか？ 今年の2月に自社の業務内容をかなり整理してくださいました。それが役に立たなくなると思うと…」
「そんなことはありませんよ。再編されても業務がなくなるわけではない。無駄になることはありません」
「とにかく閉鎖される中国工場と、移転されるベトナム工場を中心に、プロジェクトへの影響を確認します。現在の設計にそれほど影響なければいいのですが…」
「みなさん、よろしく頼みます」

　その様子を本田部長は黙ってみていた。
「（ITセンターは直接影響ない。それより他のプロジェクトの影響の方が気になる…）」
　そして、各々確認作業にとりかかった。くれぐれもSIerには伝えないように…。

▷解説

▷▷何が起きているか

　XYZ社は、中期経営計画の施策である生産革新プロジェクトにより、工場の再編（統廃合）を決定しました。『業務改革プログラム』を推進していたPG推進室の岡田室長、その他4人のPMたちは、否応なくその影響を受けることになりました。

▷▷何をしようとしているのか

　『業務改革プログラム』への影響を調べる必要があります。さらに『業務改革プログラム』で作成した業務改革企画書、業務改革構想書（プログラム憲章）を見直す必要が出てきました。

▷▷実行できない／成果が出ない要因は何か

　『業務改革プログラム』のような大規模なプログラムへの変更に対して、XYZ社のプログラムのメンバーは適切に対応する方法を知りませんでした。とにかく影響を調べようとしていたのです。（でもどうやって…）

▶ 活用したPMツール　影響確認リスト

▷▷PMツールをどのように活用すればよいか

　生産革新プロジェクトは中期経営計画の施策の1つであり、その効果を予測していました。重要なことは、施策（工場の再編）を実施することによって、現在実施中のプロジェクトへの影響を正しく把握すること、そして業務改革企画書や業務改革構想書をどの程度、変更する必要があるかを見極めることです。

表32　プログラム変更の影響確認リスト

	プロジェクト名	管理項目（影響項目）	影響度と対応案
1	S&OPプロジェクト	システム要件	ベトナム工場の新規業務：製品ミックス計画に対応した業務プロセスの見直し、追加開発が必要
		スケジュール	追加WBS相当の遅延が発生する
		費用	仕様追加分のコスト増
		効果	影響なし
2	SCMプロジェクト	システム要件	システム要件には影響なし 業務プロセスおよびテスト仕様の見直しが発生
		スケジュール	影響は軽微
		費用	手戻り作業分のコスト増
		効果	動線が単純化し効果増
3	PLMプロジェクト	システム要件	ベトナム工場の新ラインに対応したIFの追加開発が必要
		スケジュール	追加WBS相当の遅延が発生する
		費用	影響は軽微
		効果	現地設計要員の雇用リスクが増大し効果を逓減する可能性あり
4	ITセンター	システム要件	ネットワーク再設計が必要だが、影響は限定的
		スケジュール	影響は軽微
		費用	影響は軽微
		効果	影響なし
5	業務改革企画書	ポートフォリオ分析	施策間の影響はなし 財務面での影響あり
6	業務改革構想書	ロードマップ	S&OPプロジェクトに手戻り作業あり SCMプロジェクトに手戻り作業あり 手戻り作業分のコスト増

表32のように、まず影響度を把握するためのサマリーを作成し、その後、より具体的なコストやスケジュールへの影響を検討する必要があります。

併せて対応策についても幾つか検討しておく必要があります。コスト増といっても、人的リソースを投入せずにスケジュールを遅らせるのか、スケジュールを死守するために人的リソースを増員するのか、またはその両方で対応するのかなどを検討します。また対応策の実現性も検討する必要があります。予算がない、リソースがないといった次の課題の検討も必要になります。

このような検討を行った後、その検討結果が業務改革企画書や業務改革構想書にどのように影響するかを確認します。

＞＞実施することで、どのような成果が期待できるか

今回の『業務改革プログラム』には当てはまりませんが、現在進めているプロジェクトをキャンセルしなければならない場合もあります。また優先順位が変更される場合には、予算を再編し、より重要と思われるプロジェクトに資産を投入するという経営判断がなされる場合があります。

＞考察

＞＞具体的な効果（定量的／定性的）として管理可能か

『業務改革プログラム』への影響を確認するということは、すなわち現在活動中のプロジェクトへの影響を確認することになります。できるかぎり、定量的（定量化できにくい場合は、定性的）に影響を把握しなければ、その後のプロジェクトの変更や『業務改革プログラム』の変更を正しく修正することができなくなります。漠然とした影響判断ではなく、より具体的に確認することが望まれます。

＞＞PMツールを活用することのメリット、デメリット

変更に伴うPMツールは幾つかありますが、今回のようなケースでは、これまで活用してきたWBSや個々のプロジェクトのマスター・スケジュール、アーンド・バリュー分析などの実績によって、予測することが重要になります。

エピソード41．[XYZ社・業革] 戦略に整合した優先度見直し／ポートフォリオ

▶ ストーリー

　岡田室長は、4人のPMからの報告をまとめた。確認の結果、S&OPプロジェクトに影響があることがわかった。その他のSCMプロジェクト、PLMプロジェクト、ITセンター・プロジェクトには、それほど大きな影響はなく、スケジュール、コストともに軽微なレベルの対応でよいことがわかった。

　岡田室長は、スポンサーに説明した。
「なるほど。岡田くん、ありがとう」
　スポンサーは、岡田室長を労った。
「S&OPプロジェクトの影響は理解した。あとは、スケジュール延期とコスト増をどれだけ許容できるかだな」
「はい。S&OPプロジェクトの影響は、ABC社とも交渉しなければなりません。至急、XYZ社としての方針を決定して、S&OPプロジェクトの変更を伝えなければ…」
「そうだね。至急、方針を決定するとしよう。少し時間をもらいたい」
「承知しました」
「他にも影響があるかもしれないな。業務改革企画書を立案したときの、ポートフォリオ分析の結果があるだろう。それも見直したい」
「はい。当時、私も経営企画室にいましたので存じております。今は経営企画室を離れておりますが…」
「そうだったね。当時の副室長が、今は君の代わりに室長を務めてくれている。彼に分析させるとしよう」
「よろしくお願いします。当時は一緒にポートフォリオ分析をしております。彼なら状況はよく知っています」
「わかった。なるべくはやく結論を出す。待っていてくれ」
「はい。お待ちしております」

＞解説

＞＞何が起きているか

　岡田室長は、4つのプロジェクトについて確認した結果をまとめ、スポンサーに報告しました。PG推進室の岡田室長の役割は、文字どおり『業務改革プログラム』を遂行することにあります。しかし、工場の統廃合によって、業務改革企画書や業務改革構想書の前提が崩れてしまいました。

S&OPプロジェクトにスケジュール延期とコスト増の影響が出てしまったのです。このまま『業務改革プログラム』を進めてよいのかどうかを、スポンサーに相談しています。

>>何をしようとしているのか

スポンサーは、取締役会で『業務改革プログラム』の影響を報告しなければなりません。そして、中期経営計画のその他の実行中の施策や外的影響を考慮し、総合的に判断した結果（方針案）を提案するつもりです。

>>実行できない／成果が出ない要因は何か

『業務改革プログラム』の4つのプロジェクトは、お互いに関連していましたが、今回の工場の統廃合による影響は、二重の影響（あるプロジェクトの変更が、さらに他のプロジェクトの変更につながるような場合）にはなりませんでした。それでもS&OPプロジェクトのサービスインが遅れ、コスト増となることの経営的なインパクトをすぐに判断するには、日頃の準備が必要です。

▶ 活用したPMツール　ポートフォリオ（バブル・チャート）

>>PMツールをどのように活用すればよいか

エピソード3で紹介した図3を再度使用します。業務改革企画書を作成した際の前提条件となったポートフォリオ分析の結果をもとに、現在の状況の変化を再度確認することになります。

>>実施することで、どのような成果が期待できるか。

業務改革企画書を立案した第59期10月末から、ほぼ1年が経過しています。XYZ社をとりまく経営状況も変化しています。したがって、当初計画した状態から、現在の状態への推移を確認し、経営施策として『業務改革プログラム』を今後どのように進めるかを、あらためて確認することができます。必要なら、追加の施策を検討しなければなりません。

>考察

>>具体的な効果（定量的／定性的）として管理可能か

エピソード3でも記述しましたが、バブル・チャートは、縦軸、横軸、大きさ、色と4つの軸で表すことが可能です。今回の場合は、当初計画からの推移を示す必要がありますので、その情報がわかるような工夫を加えることが大切です。

>>PMツールを活用することのメリット、デメリット

バブル・チャートのメリット、デメリットは、エピソード3で記述した内容と同じです。そちらをご参照ください。

構築フェーズⅠの中断（工場統廃合によるプログラム変更）

▶ストーリー

　XYZ社は、各社SIerの協力を得て『業務改革プログラム』を前進させていた。

　3つのシステム開発を請け負ったABC社では、S&OPプロジェクト、SCMプロジェクトがスタートした。S&OPプロジェクトは、その性質から、要求仕様を決定するのに苦労していたが、ABC社の社内標準（PMO標準）を駆使して作業効率を上げようと試みた。XYZ社もまた、ABC社に明確な要求仕様を出しきれていない状態が続いた。SCMプロジェクトは、遅れを取り戻し、テスト・フェーズを迎えようとしていた。

　またXYZ社は、GHI製造設備社に新たな製造装置を発注する。このとき、まだABC社との連携はされていなかった。

　JKLシステムインフラ社は、XYZ社に対して開発環境のシステム構築および引き渡しを済ませ、MNOシステムサービス社と協力して、本番環境のシステム基盤構築をスタートさせようとしていた。

　MNO社もまたシンガポールにある自社のアウトソーシング・センターにXYZ社用の設置スペースや物理セキュリティの配置準備を着々と進めていた。

　そんな折、XYZ社は、9月の取締役会で工場の統廃合を決定したのである。内容は、中国工場の廃止、ベトナム工場の増強であった。PG推進室の岡田室長は、その決定を聞いて、すぐに『業務改革プログラム』の各プロジェクトの進行を中断させ、各マネジャーに影響を調査するよう指示した。確認したプロジェクトへの影響は、PG推進室において吟味され、優先度を見直した上で、スポンサーに報告された。そして『業務改革プログラム』についての方針が下された。今年（第60期）は中期経営計画の最後の年であり、来年（第61期）は新たな中期経営計画がスタートする。『業務改革プログラム』は、なるべく早く終結する必要がありS&OPプロジェクトのサービスインは遅くとも当初計画から3カ月遅れの7月1日とする方針が出た。すなわち、業務改革プログラムのスケジュールは修正されたのだ。

　あとはコスト増がどこまで許容できるかを確認しなければならなかった。岡田室長は、ABC社との交渉を始める…。

Column 3

工場閉鎖と雇用の問題

　XYZ社では、『業務改革プログラム』の施策だけでは、収益改善は見込めないと判断し中国工場を閉鎖してベトナム工場に集約することになりました。たしかに、工場を集約することで、部材在庫や仕掛品を減らして業務効率を上げることができます。労働賃金の効果（低コスト）もあるでしょう。しかし労働力はそう簡単には移動できません。熟練工が離れていくことで品質が下がることもあるでしょう。また単純に解雇という手段をとることもできません。移転先の労働者の教育も必要になります。このような課題を解決したうえで、工場を移設することになります。そしてこれもプロジェクトの1つなのです。

　『業務改革プログラム』のスコープではありませんが、生産革新プロジェクトも大きな山場を迎えているのです。

　XYZ社は、このようなプロジェクトは慣れていました。XYZ社が一方的に推し進めることをせず、現地の労働者や関係者と十分な話し合いを繰り返しました。話し合いを怠れば世論を敵にすることになります。これが原因で業績が悪化するかもしれません。XYZ社は熟知していました。

　ステークホルダーの利害関係を考慮しつつ妥協点を探りながら進めることがプロジェクトを成功に導く鍵になります。

第4章 実行段階（2）

▶ ストーリー

　10月、この日も雨だった。取締役会の決定事項を受ける日は雨がふる。岡田室長は、そんなことを考えた。工場の統廃合という決定が、現行プロジェクトにどの程度影響を及ぼすのか…。中沢課長、川島部長、遠藤部長、本田部長とともに、それぞれのプロジェクトへ及ぼす影響範囲、特にスケジュールとコストについては確認できた。

　岡田室長は、川島部長を呼んだ。

　「川島部長、すまないがABC社との交渉を始めてくれませんか。当社の許容できるスケジュール遅延とコスト増の範囲は決まっている。その範囲内でABC社に変更を受け入れてもらうしかありません」

　川島部長からの連絡を受けたのは、ABC社の統括PMである谷だった。

　「川島部長。お話は分かりました。こちらで影響範囲を確認して至急ご報告します」

　「谷さん、厳しい内容で申し訳ありませんが、よろしくお願いします」

　谷はプロジェクト・メンバー全員を呼んだ。そしてXYZ社が工場の統廃合を決定したこと、それによるプロジェクトの変更を求められ、S&OPプロジェクト、SCMプロジェクトの影響を確認する必要があることを伝えた。

　「谷さん。SCMは開発工程が終了して、これからテストのフェーズですが…」

　「楢崎さん。XYZ社からはテストより何よりも影響の確認を求められている。とにかくS&OPプロジェクトとSCMプロジェクトの手戻りがどの程度か、正しく把握して明日報告してほしい。頼むよ」

　「…わかりました」

　S&OPプロジェクト担当の谷本PMは、XYZ社からの申し出に困惑していた。そして統括PMの谷に意見を求めた。

　「谷さん、XYZ社の突然の申し出にどうしていいかわかりませんよ…」

　「おい、谷本。何を言っている。しっかりしろ。我々はお客様の要求事項に誠意をもって応えていく。それだけだよ」

　統括PMの谷は、しばらく考えた…。

「おそらく社内のメンバーだけでは、対応しきれないだろう。…今回もDEF社に協力してもらったほうがよさそうだ」

楢崎PMから連絡があった。
「谷さん、楢崎です。SCMプロジェクトには問題なさそうですね。工場が統廃合されても、取り扱うデータはかわりませんから。若干仕様変更があるだけです。このままテスト・フェーズには入れませんが、スケジュール遅延もコスト増もなく対応できそうです」

しばらくして、谷本からも連絡があった。
「谷本です。S&OPプロジェクトはかなり手戻りがあります。統廃合される工場の先での作業プロセス、作業時間、情報連携方法などを細かく確認しなければなりません」
「わかった。この件は細かく確認しよう」
「（やはり、DEF社に協力をお願いしよう…）」
谷は、コスト増を覚悟した…。

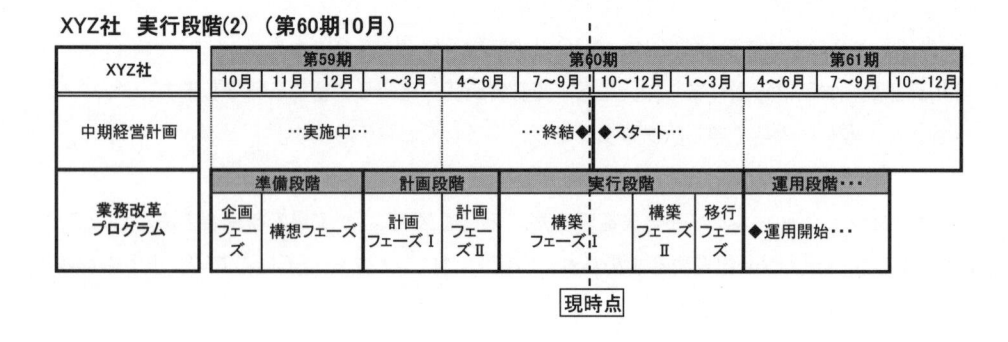

XYZ社　実行段階(2)（第60期10月）

XYZ社	第59期				第60期				第61期		
	10月	11月	12月	1〜3月	4〜6月	7〜9月	10〜12月	1〜3月	4〜6月	7〜9月	10〜12月
中期経営計画	…実施中…					…終結◆	◆スタート…				
業務改革プログラム	準備段階				計画段階		実行段階				運用段階…
	企画フェーズ	構想フェーズ		計画フェーズI	計画フェーズII	構築フェーズI		構築フェーズII	移行フェーズ	◆運用開始…		

現時点

| 実行段階
(2) | # 構築フェーズ I の再スタート
（変更の受入れ、再開発） |

エピソード42．[DEF社・S&OP] 品質保証の責任範囲／品質保証フロー

▶ ストーリー

　10月初旬、そろそろ紅葉の季節だろうか。DEFシステム開発社の稲本PMは、日々の忙しい業務の中にいた。DEF社は比較的小規模の案件を得意とする開発会社であり、稲本PMはその会社のベテラン女性PMである。DEF社は社内標準もしっかりしており、社員にも浸透していてプロジェクトマネジメントやその他のスキルについても、レベルの高い会社である。
「そういえば、ABC社の本社ビルの入り口には、楓の木があったわよね。あの木もそろそろ紅葉かしら。ABC社とは長いお付き合いなのに、最近はお伺いしていないわね」
稲本PMは同僚とそんな会話をしながら、忙しいながらも和気あいあいと業務を進めていた。

「稲本さん、ABC社の谷さんからお電話です」
「あら、噂をすれば…だわ」
稲本PMが、転送された電話を受けた。
「はい、稲本でございます。いつもお世話になっております」
「やあ、ABC社の谷です。ご無沙汰しています。お元気ですか？」
「（嫌だ、馴れ馴れしい、何だか嫌な予感がする）はい、お陰さまで」
「実は、DEF社の稲本さんに、どうしてもお願いをしたい案件があるのですが」
「（やっぱり来た）どのような案件でしょう。お話をお伺いしたいのですが」
「期間は3カ月なのですよ。あるお客様の開発プロジェクトに仕様変更が入ったので、是非ご協力をお願いしたくて。DEF社の稲本さんなら、うち（ABC社）との関係も長いし、信頼できるパートナーだから」
　ABC社の谷はいつもこんな感じだ。私たちDEF社を信頼してくれるのはうれしい。でも自分たちが困ってから連絡してくる。
「（でも仕方がないか…）」
　自分たちで計画どおりに実施できていれば、DEF社に連絡は来ない。
「出来る限りご協力致します。まずは詳しいお話をお聞かせいただけますか」
「そう。稲本さん、引き受けてくれますね。ありがとう。助かります…」

「いえ、まずはお話をお伺いしてからということで」
「そう言って、いつも協力してくれますよね。頼りにしています」
「とにかくお話をお伺いしたいので、明日9時に御社に伺います。お時間を戴けますか」
「わかりました。詳しいことはそこでお話しますね。ところで明日概算のコストが算出できますか」
「(○▲※□●△??　できるわけがない。何も聞いていない)」
「谷様とのこれまでの開発案件のコストをご参考値として用意することは可能かと」
「わかった。まずはそれで打ち合わせしましょう。お待ちしています」

稲本PMはドット疲れが出た。これで何度目だろう。ABC社から依頼される案件はいつもこんな感じだった。事情はわからなくもないが、やはり関係を改善していきたい。稲本PMは前向きに検討してみたいと常々思っていた。
「そうだ、スケジュールは3カ月と言っていた。それなら1カ月単位で、設計、開発、テストにしてしまえばいい。DEF社の社内標準を使って先に品質保証フローを作って合意してしまえば、ある程度、ABC社の要求をガードできるかもしれない。本来ならWBSが決まらないといけないのだけど…。とにかく、いつものように要求が明確にできないままスタートするのは、今回は避けたいわ」

稲本PMは、要求の項目と精度、ボリュームなどを先に決めることで、受注の条件（制約事項）にしてしまおうと考えた。

▶解説

▶▶何が起きているか

短納期の開発では、着手を急ぐ余り、作業項目の指示を受けるだけで、作業に着手してしまうことがあります。しかし作業項目は、発注者側の思いつきで追加や変更が発生しがちであり、その都度対応するという方法ではスケジュールは意味をなさず、納期も費用も守りようがありません。

▶▶何をしようとしているのか

このような事態に陥らないために、短納期のプロジェクトにおいても品質を確保するために品質保証プログラムを活用することは有効です。あえて言えば、短納期を守るために品質保証プログラムにおける品質保証フローをより厳密に適用し、仕様調整や仕様確認、開発などのマイルストーンを確実にこなしていくことが重要です。

そのためには、プロジェクト開始にあたり、ステークホルダー、このケースの場合はABC社に品質保証プログラムを適用することを宣言し、合意を得ておく必要があります。

▶▶実行できない／成果が出ない要因は何か

短納期であるため、発注側からは即時作業着手への要求が強いものです。また、発注者は時間

がなく焦っているので、要求仕様は明文化しなくてもいいだろうと甘えるものです。受注者は発注を受けているという点で弱い立場にあるので、発注者の圧力をはね除けることが困難です。

▶活用したPMツール 品質保証フロー

>> PMツールをどのように活用すればよいか

　プロジェクトのスケジュールとコストを守るための重要な前提条件は、要件の確定と変更管理です。所定のマイルストーンまでに要件が確定しなければ、その後のスケジュールはその影響を受けて遅延します。それは避けなければなりません。

　ISO9001の品質保証プログラムでは、発注者による要件定義の手順や変更管理手順、受注者による開発手順が明確化されます。DEF社にとって、品質保証プログラムの適用は、開発作業においては作業量が増える可能性がありますが、要件を管理できる点にメリットがあります。一方、ABC社にとっても必要な品質が作り込まれることが保証できるのでメリットがあります。したがって、この様な短納期プロジェクトの場合には、既存の品質保証プログラムがあれば適用を申し入れるべきです。

　図36は、DEF社が持っていた品質保証プログラムに記載された要件定義と変更の手順です。品質保証プログラムには、これ以外にも、開発手順や品質指標の計測方法なども記載されています。この適用をABC社に申し入れます。この様な各種手順を包括的に短時間で取り決める事ができます。

　特に、機能要件の変更手順と役割、スケジュールについて合意しておくことが必要です。短納期という共通したゴールのために後工程で安易な仕様変更を許さないという姿勢を示すだけでなく、ルールとして定着させることができます。

構築フェーズⅠの再スタート—エピソード42

(*) 要件定義段階のフローチャート
DEF社：ソフトウェア品質保証プログラム（要件定義段階のフローチャート）

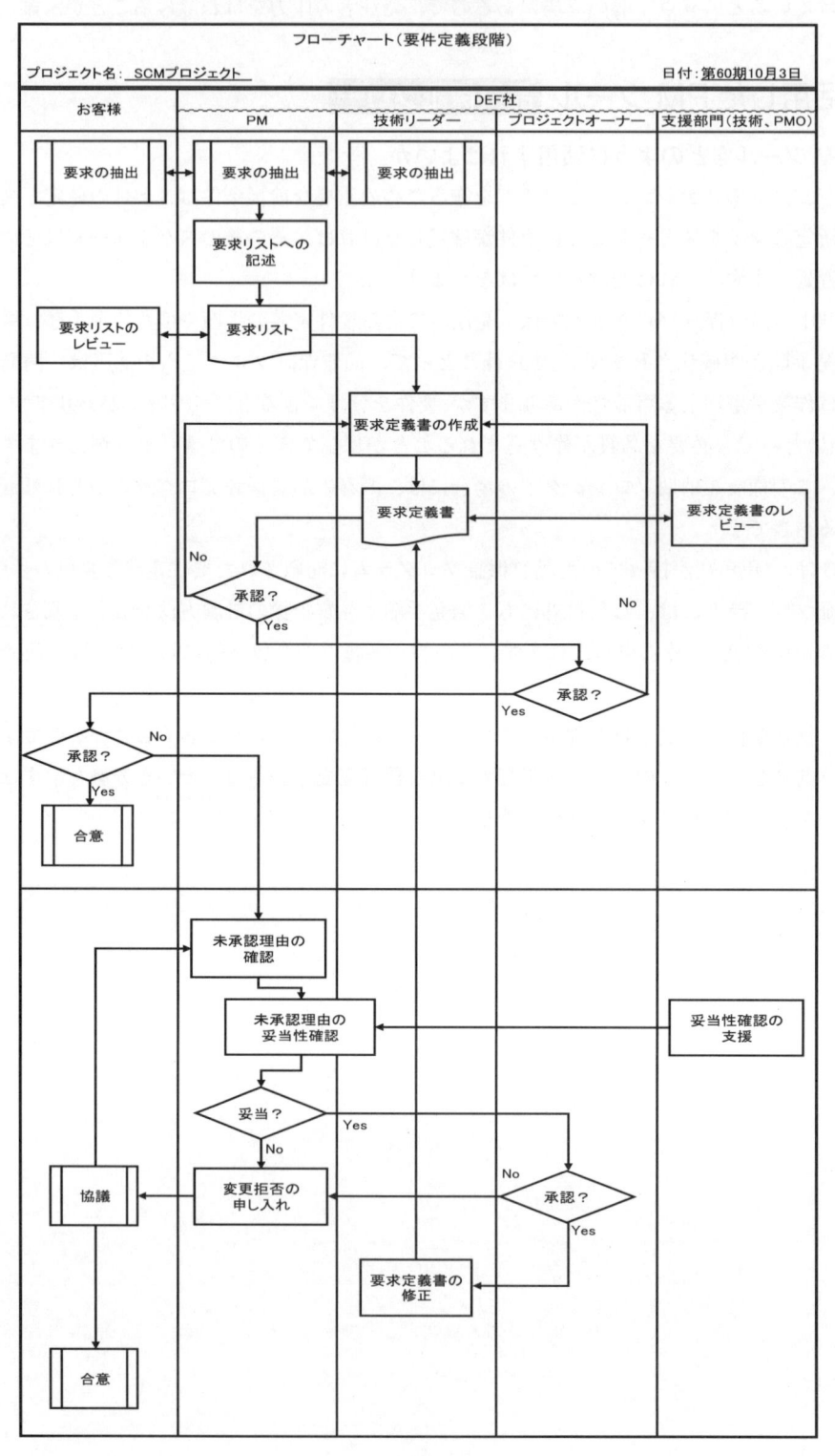

図36　品質保証フロー

>>実施することで、どのような成果が期待できるか

短納期のプロジェクトでは、発注者に何らかのトラブルが発生していることがあります。混乱した中で、外部に委託した作業は、委託を決めた時点で終わったような気になったりします。

しかし、受注者からみればプロジェクトは開始されたばかりで、右も左も分かりません。先を見ていない発注者の甘えに屈し、見切りで作業を開始しても、納期とコストを遵守できなければ受注者に被害が発生するだけでなく、スケジュールや品質が守られないなど、発注側にも被害が及びます。そのため、特に短納期でスケジュール的に余裕のないプロジェクトほど、プロジェクトの立上げにおいて十分な準備をしなければなりません。

特に、品質保証プログラムでは、DEF社にとっては要件の定義／変更管理に関して、ABC社にとっては開発システムの品質に関して、ルールを明確化し徹底することができるので、プロジェクトの立上げにおいて合意しておくことが有効です。

>考察

>>具体的な効果（定量的／定性的）として管理可能か

ISO9001の品質保証プログラムでは、定性的な要求機能の定義や変更管理および作業手順などのプロセスが定義され実施状況が管理されます。また、品質を保証するのに必要な指標の計測と評価の実施も要求されますので、定性的な要素も定量的な要素も管理できると言えます。

>>PMツールを活用することのメリット、デメリット

品質保証プログラムは、本来は発注者から見た調達システムの品質を確保するためのプログラムです。これを適用することで、発注者が必要とする機能を含む品質が定義され、その品質の作り込みが受注者に求められます。受注者にとっても、義務もありますが要求が明示されるというメリットもあります。

エピソード43．[DEF社・S&OP] あいまいな作業範囲の決定／スコープ記述書

▶ストーリー

　翌日、9時にスタートした打合せは、約1時間で終了した。XYZ社の大規模開発案件『業務改革プログラム』の中のプロジェクトであることを知らされた。ABC社としては想定外の機能追加要求が発生し、開発の一部をDEFシステム開発社に任せたいとのことだった。ABC社としても重要案件として対応している雰囲気を稲本PMは感じとった。
「（これは、DEF社としても何とかお手伝いしたいわ）」
稲本PMも、いつもよりも増して責任の重さを感じていた。

　ABC社から受ける開発案件は、いつもWBSの項目が増えていく。これが悩みの種だ。ABC社だってスケジュール・コントロールができなくなるので困るはずなのに…。
　今回の開発は、3カ月の短納期。しかも厳守だ。とにかく、出来る限りスコープを明確にして、WBSに落とし込まなければ見積もれない。
「（少しABC社に危機感を与えようかしら…）」
　稲本PMは、打合せの内容を反映させて、スコープ記述書、WBSのドラフト版を作成し、ABC社の谷統括PMと谷本PMにメールで送信した。その後、すぐに電話をかけた。

「DEF社の稲本でございます」
「稲本さん、谷です。今朝はお越し戴いてありがとうございました」
「いいえ。早速、スコープ記述書とWBSのドラフトを作成しましたので、メールでお送り致しました」
「さすがですね。いつもテキパキと仕事が速い。やっぱり稲本さんで安心です」
「ありがとうございます」
　稲本PMはお礼を述べ、続けて話し始めた。
「ABC社様とのお仕事では、いつもこの状態から設計を開始します」
「そうですね」
「はい。そして、後工程になってWBSの詳細化をやり直したり、スケジュールを見直したり、ひいてはコストを見直したりしています」
「…」
「谷さん、今回のプロジェクトではスケジュールを遵守しなければならないとお伺いしました。私たちはコストも重要なのですが、ABC社様にとっては、何よりスケジュールの遅れが致命的ではないかと。このままでは、後工程でスケジュールの見直しをする事態になりかねないと考えています」
「稲本さん。何か妙案があるのですか」

> 「いいえ。でも御社の開発担当リーダーさんからもお話をお伺いしたいと考えております。こちらも開発リーダーを参加させますので、その間で出来る限り、要件の詳細化と責任分担を明確にできればと考えております」
> 「なるほど、いいでしょう。明確になればコストやスケジュールもより現実的な値になる」
> 「そのとおりです」
> 「わかった、稲本さん。PMの谷本に準備させます。早速、明日9時にまたこちらに来てくださいますか？」
> 「承知しました」

>解説

>>何が起きているか

このケースの場合、DEF社ではプロジェクト憲章はまだ書かれていません。しかしこのような緊急短納期プロジェクトの場合、要件を確認する前に作業を開始してしまうことも多いと思われます。その場合、一見進捗しているように見えるので安心しがちですが、結局、仕様確認ミスにより手戻りが発生し、対策が後手にまわりコストや納期に悪影響を及ぼします。

>>何をしようとしているのか

プロジェクト開始に当たり、定石どおりスコープや要件を可能な限り確認します。

スコープや要件、制約条件を把握し、プロジェクトの規模や必要な要員のスキルおよび人数を見積って着実にプロジェクトを開始したいと考えています。

>>実行できない／成果が出ない要因は何か

発注者は焦っており、少しでも早く作業に着手してほしいと考えています。また言わないでもそれくらい分かるだろう、問題があればそのとき言えばよいだろうと考えています。問題が発生したときには、「プロなのだからそれくらい分かっていて当然ではないか」と無理強いすることが許されてきました。

そのため、このケースのようにWBSのドラフトが提示されても、内容をレビューし、受注者と合意することに思い至りません。

▶活用したPMツール　スコープ記述書、WBS

>> PMツールをどのように活用すればよいか

時間のない中でも可能な範囲でスコープとWBSを定義します（図37、図38）。まずは、書ける範囲の粗いレベルのWBSで十分です。このケースの場合、DEF社は数時間の作業でWBSを記載しABC社にドラフトを提示しています。

また、両者で要件を合意しておく必要があります。そのため、提示したWBSはABC社によりレビューされ承認されなければなりません。

構築フェーズⅠの再スタート―エピソード43

	スコープ記述書

プロジェクト名： S&OPプロジェクト　　　　　　　　　　　日付：第60期10月3日

ビジネスの目的
中国工場を閉鎖し、ベトナム工場へ統合することに伴い、中国工場で利用していた独自システムを
ベトナム工場のシステムで利用できるようにする。

プロジェクトの目標
時期　　　：第60期/12/31 完了
費用　　　：800万円
品質　　　：その他特記事項参照

プロジェクト作業記述書
　システムフロー図
　ソフトウェア構成
　ソフトウエアのリリース手順書

プロジェクトフェーズ、主要要素成果物、納品物
フェーズ毎の主要要素成果物は以下とする。
要件定義　：要求定義書、スコープ記述書（当資料）
設計　　　：外部設計書、内部設計書、インタフェース設計書、データベース仕様書
開発　　　：開発モジュール、
テスト　　：単体テスト計画書、結合テスト計画書

主要マイルストン
第60期/10/15　要件確認完了　　　第60期/11/30　実装完了
第60期/10/31　外部設計完了　　　第60期/12/15　単体テスト完了
第60期/11/15　内部設計完了　　　第60期/12/31　結合テスト完了

制約条件
ベトナム工場システムと中国工場システムの開発言語が異なるため、ベトナム工場システムの
開発言語で開発を行う。

前提条件
原則、ベトナム工場システムのワーク・フローを変更しない形で、中国工場のシステムを追加する。
なお、類似フローが存在した場合は、ベトナム工場のワーク・フローに合わせるものとする。

除外事項、その他特記事項
お客様検収は、納品物の机上レビューとし、お客様の移行フェーズでの支援は対象外とする。
当社納品物の品質に問題がある場合、1ヶ月間の瑕疵責任を負うものとする。

承認

PM	プロジェクトオーナー	お客様
日付：第60期/10/3	日付：	日付：

図37　スコープ記述書

レベル		開発成果物／ドキュメント作成
1		要求定義フェーズ
	1	要求事項の決定
	2	サービスレベルの決定
	3 ＊	要求定義書
	4	
2		設計フェーズ
	1 ＊	外部設計書
	2 ＊	内部設計書
	3 ＊	外部インタフェース設計書（インプット／アウトプット表）
	4 ＊	データベース設計書
	5	
3		開発フェーズ
	1	開発モジュール
	2 ＊	単体テスト計画書（追加開発部分の最低限検証のみ）
	3 ＊	結合テスト計画書
	4	
4		テスト段階
	1	結合テスト実施
	2 ＊	単体テスト計画書（テスト計画書に検証結果を追記したもの）
	3 ＊	結合テスト報告書（テスト計画書に検証結果を追記したもの）
	4	

＊：作成・更新するドキュメント。短納期開発のため、最低限必要なドキュメント作成とする。

図 38　WBS（2）

>>実施することで、どのような成果が期待できるか

多くのITプロジェクトでは、仕様が追加されます。受注者からみればWBSが追加されるように見えますが、発注者からみれば誤解を解いているに過ぎないという認識のずれがよく起こります。

常にスコープを意識し、可能な範囲でできるだけ詳細に合意するように心がけることで、"認識のずれ"をいち早く発見し、作業範囲について合意することができます。

>考察

>>具体的な効果（定量的／定性的）として管理可能か

スコープ、WBSをステークホルダー間で常に合意しておくことは、着実にプロジェクトを進めていく上で重要です。プロジェクトのゴールが把握されるため、プロジェクトが迷走するリスクを低減することができます。

またこの合意は、仕様追加時に、仕様のベースラインを明確にする上でも役立ちます。

>>PMツールを活用することのメリット、デメリット

プロジェクトの目的を関係者で共有しておくことは、特にコミュニケーション不足に起因するリスクを低減でき、プロジェクトを成功に導きます。

このケースの場合、発注者からみれば、プロジェクトの目的を実現するための施策のひとつに過ぎないIT開発ですが、受注者からみればIT開発を完了すること自身がプロジェクトの目的になります。この発注者と受注者の認識の差が、スコープを定義する際のモチベーションの差ともなります。

特に、受注者側が自身のプロジェクトの目的を積極的に定義し、ステークホルダー間で承認を得る努力を行う必要があります。

エピソード44．[DEF社・S&OP] 急激なスタート、社内の絆／バー・チャート

▶ストーリー

　２日目の打合せが終了した。今回はさすがに３時間かかった。ABC社の開発担当リーダーが、設計書のすべてを開示してくれたのである。そして変更箇所を詳しく説明してくれた。

　DEFシステム開発社の稲本PMは、その会議に大久保を連れて行った。大久保も開発経験が豊富なベテランのシステムエンジニアである。気心の知れた女性同士ということもあり、２人はよくチームを組んでいた。

「大久保さん、突然お願いしてごめんなさい。貴方のスケジュールが空いていて本当に助かったわ」

「稲本さん、どういたしまして。まさか昨日ABC社の案件のお話があって、今日の会議でこんなに詳しい打合せになるなんて、思ってもいませんでした」

「そうよね。いつもなら設計の段階で行っているようなものだもの。受注前にするなんてね。それより貴方の部長に何も説明してないのよ。それが心配。本当は話をしておくべきだったから…」

「あの部長なら別にいいですよ。気にしませんから」

「そうはいかないわ。ちゃんと説明しておかなければ。彼もステークホルダーよ」

稲本PMは、メンバーの上司の協力がなければ、どんなプロジェクトも成功しない、なにより参加したメンバーが報われないことを知っていた。

「とにかく、今日のことはメールでしか連絡していないから、彼にはちゃんと説明しておくわ。それに大久保さんに参加してもらうように相談してみる」

「わかりました」

「あなたの方は、今日の打合せをもとにして、WBSを見直してみてくれるかしら。できるだけ、特に開発項目がいくつあるのかブレークダウンしてもらいたいわ」

「了解しました」

「それができたら、バー・チャートとマイルストーン・チャートの作成ね。手伝ってくれるかしら」

「はい。稲本さんと一緒なら楽しいですし、私も手伝いたいですから」

「ありがとう」

稲本PMは、大久保にお礼を言った。

稲本PMは、DEF社に到着するなり大久保の上司に説明に向かった。

「稲本です…」

「やあ、稲本さん、お帰りなさい。ABC社からの帰り？　来ると思っていましたよ。大久保さんのことでしょ？　オーケーですよ。よろしくお願いします」

＞解説

＞＞何が起きているか

　どのようなプロジェクトでも、プロジェクト開始時にスケジュールを立案することは必要です。特に短納期のプロジェクトは、短納期という時間的制約から、スケジュール遅延や変更に関する許容度が低いものです。もし、プロジェクト開始にあたり、プロジェクト推進の手順を十分に考えておかなければ、スケジュール変更が頻発し、その結果、納期、工数が当初計画から逸脱するでしょう。

＞＞ 何をしようとしているのか

　短納期プロジェクトでは、プロジェクト憲章の承認を待たずに、マイルストーンと詳細なバー・チャートを定義し、プロジェクト推進上の不確定要素を可能な限り減らします。

＞＞実行できない／成果が出ない要因は何か

　短納期プロジェクトの場合、とにかく担当者をアサインし作業に着手するという圧力が発注者側から受注者側に掛かります。
　また管理者の心理として、スケジュールを検討するより手を動かしているのを見た方が安心するという心理も働きます。
　その結果、スケジュールを検討するより、作業着手が優先されます。

▶ 活用したPMツール　マイルストーン・チャート、バー・チャート

＞＞ PMツールをどのように活用すればよいか

　マイルストーン・チャートは、主要となるイベントなど、納期を守らなければならないポイント（時点）を集めたものです（図39）。
　スコープからWBSを定義した後、WBSを実現するためのアクティビティを定義します。アクティビティを実現する上で、マイルストーンや要員や開発環境などの資源が制約条件になります。制約条件を把握した上で、アクティビティを順番にならべ、バー・チャートに書き表します（図40）。このとき、WBSはできるだけ相互に独立した成果物単位に分解し、アクティビティに要員を簡単にアサインできるように配慮することが肝心です。
　また、作業の過程で認識した重要なイベントについて時間軸に対してプロットし、マネジメント層やメンバーなどの関係者にイベントを意識させます。重要なイベントは、複数のアクティビティが収束するポイントで、そのポイントをマイルストーンとして把握しスケジュール管理をします。

レベル			環境成果物／ドキュメント作成	10月	11月	12月	1月
1			要求定義フェーズ				
	3	＊	要求定義書		◆		
	4						
2			設計フェーズ				
	1	＊	外部設計書			◆	
	2	＊	内部設計書			◆	
	3	＊	インタフェース設計書（インプット／アウトプット表）			◆	
	4						
3			開発フェーズ				
	1		開発モジュール				◆
	2	＊	プログラム説明書				◆
	3	＊	テスト計画書				◆
	4						
	5						
4			テスト段階				
	1	＊	テスト報告書				◆
	2		納品				◆

図39　マイルストーン・チャート

レベル			環境成果物／ドキュメント作成	10月	11月	12月	1月
1			要求定義フェーズ	▓▓			
	1		要求事項の決定				
	2		基盤環境の決定				
	3	＊	要求定義書				
	4						
2			設計フェーズ		▓▓		
	1	＊	外部設計書				
	2	＊	内部設計書				
	3	＊	インタフェース設計書（インプット／アウトプット表）				
	4						
3			開発フェーズ			▓▓	
	1		開発モジュール				
	2	＊	プログラム説明書				
	3	＊	テスト計画書				
	4						
	5						
4			テスト段階				▓▓
	1	＊	テスト報告書				
	2						

＊：ドキュメント作成

図40　バー・チャート

>> 実施することで、どのような成果が期待できるか

マイルストーン・チャートは、プロジェクトを進める上での守らなければならない主要な納期をあらかじめ把握することができます。バー・チャートでは、プロジェクトのゴールまでの道筋の把握が容易になり、各担当のタイムマネジメントのミスを低減するだけでなく、マネジメント層に対しては、いつリソースが必要になるか理解を促すことができます。

特に短納期プロジェクトでは、資源に関するトラブルによる遅延をカバーすることが困難な場合が多いため、バー・チャートやマイルストーン・チャートを用いて意識を統一することで、プロジェクト開始後に発生しがちなスケジュールおよび資源のアサインに関するトラブルを未然に防ぐことができます。このように、プロジェクト憲章承認の前に道筋をつけておくことはプロジェクトの成功要因として重要です。

>考察

>>具体的な効果（定量的／定性的）として管理可能か

プロジェクト憲章にもスケジュールを定義する必要があります。通常のプロジェクトでは、主要なマイルストーンの確認、さらにWBS定義やアクティビティの定義はプロジェクト開始後に行いますが、短納期プロジェクトの場合には、プロジェクト憲章を作成するときに、この作業も実施しておきます。

その後のスケジュール管理は、通常のプロジェクトと同様の管理を行います。

>> PMツールを活用することのメリット、デメリット

短納期プロジェクトの場合、マイルストーン・チャートやバー・チャートを活用するメリットは大きいものがあります。マイルストーン・チャートは、主要なイベントをメンバー全員で把握することに役立ち、バー・チャートは各要員が自身の作業を把握するのに易しく、各要員間の作業の関連も把握しやすいため、各要員がスケジュールを誤解して誤ったアクティビティを実行するミスを低減でき、スケジュール変更時にアクティビティの相互関係を誤解して誤った順番でスケジューリングするミスを防ぐことができます。

特に、時間に追われて作業する短納期プロジェクトでは、注意が散漫になりがちなので、マイルストーン・チャートやバー・チャートが理解しやすいという特性は役立ちます。

エピソード45．［DEF社・S&OP］短期プロジェクトの見積即答／類推見積り

▶ ストーリー

　最初にABC社の谷氏から連絡を受けてから3日目。ABC社との2度目の打合せである。
　DEFシステム開発社では、稲本PMの熱意もあって、本人の大久保にはメンバーに加わることの承諾を得ていた。案件としては、まだ受注できていないので、プロジェクトがスタートしたわけではない。まだ受注前の作業である。
「私、忙しかったのかしら？　ABC社の谷さんからお電話があってから、そちらに気を取られてしまっていたわ」
　稲本PMには、他にも担当しているプロジェクトがあった。3巡目の機能追加（イテレーション）が終了し、次のイテレーションの要件分析を行っていた。週次で行うお客様との定例会議では、進捗報告はいつも「順調／遅れなし」との内容で若干疑わしき点もあったが、あえて深くは追求していなかった。こちらは、短期間で小規模の機能追加（イテレーション）を繰り返す方式（アジャイル開発法と呼ばれている）で進めていたからである。
「こっちのプロジェクトは何とかなるわ」
　稲本PMはそう思っていた。実際に大きなクレームもなく進んでいた。

　ABC社の案件はそうはいかない。3カ月という納期は遵守である。しかし設計がまだ完全に確定したわけではない。まだ作業量が読めない（増える可能性もなくはない）のである。
「やっぱり今の段階で要件を明確化するといっても限界があるわね。仕方がないわ」
稲本PMはため息をついたが、そんなことは言っていられない。
「ここは標準のとおり、類推見積りで算出するしかなさそうだわ。リスクも考えておかないと…」
　稲本PMは、出来る限り現実に近いコストを算出しようと、ボトムアップ見積りや係数見積り手法なども考えてみたが、それを当てはめるだけの根拠となる情報が不十分だった。そこで、機能ごとにカテゴリを分けて分類し、機能A、機能Bという具合に、その機能ごとに類推して見積る方法をとることにした。
「見積り条件には、なるべく細かな前提条件を書き加えたほうがよさそうね。また要件が追加になるかもしれないから、コンティンジェンシー予備を取っとくわ」
　稲本PMはそんなことを考えながら、明日ABC社のS&OPプロジェクトの谷本PMに提示する価格の算出を行った。打合せの相手は、すでに谷統括PMから谷本PMに移っていた。時間は夜の9時を回っていた。

＞解説

＞＞何が起きているか

　短期プロジェクトの場合、引合から受注までの時間も短期であり、お客様予算ありきでプロジェクトが開始することが多いと思われます。そのため、作業開始後に、予算とコストのアンマッチが判明し、プロジェクトを頓挫させることがよく起こります。

＞＞何をしようとしているのか

　DEF社にとって、受注はプロジェクト立ち上げを意味します。その際、プロジェクトの概算コストが必要となります。あくまで概算ではあるのですが、組織によってコスト差異の許容される範囲は異なるでしょう。まして、DEF社にとって概算コストが見積金額のベースになっているのでなおさらです。見積金額がお客様予算より高額になるようなことにでもなれば、プロジェクトが成功することは至難です。そのため、DEF社には、失敗のリスクが高いプロジェクトを受注しないための予防処置である、受注時の見積りに関する規定があります。

＞＞実行できない／成果が出ない要因は何か

　短納期であるため、十分な見積り時間がとれません。また、お客様の予算がわかっている場合には、受注するためにお客様予算に合わせたいという心理が働き、本来要求されるスコープを実現するのに必要な見積りが軽視される傾向があります。

＜DEF社　類推見積もり＞

コスト計画	当初計画			
	単価 (100万円)	員数	期間 (月)	定価 (100万円)
要求定義段階	A	2	1	2 x A
	B	2	1	2 x B
設計段階	A	4	1	4 x A
	B	2	1	2 x B
開発段階	A	4	1	4 x A
	B	10	1	10 x B
テスト段階	A	4	1	4 x A
	B	6	1	6 x B
移行段階				
合計				14 x A
				20 x B

図41　類推見積り

▶ 活用したPMツール 類推見積り

＞＞PMツールをどのように活用すればよいか

　過去の類似の経験から見積りを行う、類推見積りは、短時間に見積もることができるので有効です。類推見積りを個人の経験で行うのではなく、組織として行うために類推見積りに用いる情報を組織として共有しておくことが望まれます。

＞＞実施することで、どのような成果が期待できるか

　類推見積りにより、短時間に見積りを作成することができます。

　また、このケースでは、DEF社が詳細見積りできなかったのはABC社による要件定義が明瞭でないという原因がありました。さらに、金額的な合意にいたるまでに、何回かの打合せが必要と考えられました。そのため、もしABC社が価格交渉を望むなら要件を明確にしてリスクを低減しなければならないという状況にする意図から、DEF社は見積り金額に充分な金額のリスク分を乗せることにしました。

＞考察

＞＞具体的な効果（定量的／定性的）として管理可能か

　受注時に確定した見積りは、そのままプロジェクトのコスト・ベースラインになります。プロジェクトにおいては、コスト・ベースラインを管理し、最終的なプロジェクト損益へと結びつけます。

＞＞PMツールを活用することのメリット、デメリット

　類推見積りは、見積りを担当する要員の個人的な判断能力に依存するため、見積り精度が係数見積りなどに対して悪いと言われています。

　見積り精度が担当によりバラツキがあるという点に、特にPMOは留意しなければなりません。できれば、他の方法による見積りを併用するなど、見積り金額に関するリスクを低減する処置があるとよいでしょう。また、他の方法による見積りができない場合は、不確定要素が多いため、多くのリスクを想定している項目を明確にし、お客様から質問を受けた場合は即座に説明できるようにしておきます。

エピソード46.［ABC社・SCM］トラブル原因の深堀／特性要因図

▶ストーリー

　10月になった。ABC社の楢崎PMは、玉田にリスク登録簿を更新させ、進捗報告とともに確認していた。その結果、SCMプロジェクトは遅れを克服したかに見えた。
「部長、楢崎です。おはようございます」
「やあ、楢崎くん。XYZ社のプロジェクトは遅れを取り戻したようだね。ご苦労さまです」
「ありがとうございます。しかし、これからテスト・フェーズに入りますので…」
「そうだったね。これから大変だ。よろしくお願いします」
「承知しました」
　楢崎PMは部長に深々と頭をさげた。部長はABC社の中で、特にこのSCMプロジェクトに気を配ってくれていた。楢崎PMは感謝していた。

「玉田くん、テストの経過報告をお願いします」
「はい、楢崎さん。先週に引き続き、バグが発見されました。標準バグ率で総バグ数を見積もっていますが、現在の発見件数は20％になりますので、順調です」
「標準バグ率で総バグ件数を見積もるのは、プロジェクト開始時には意味があるが、テスト実施中に使う指標じゃないぞ。テスト消化率に対するバグ発見数は確認したか？　この比率が減少傾向にあればバグは収束に向かっているので安心になるのだが、印象としてはテスト進捗に比例してバグが発見されているように思えるが違うか？」
「…」
「玉田くん。少しバグが多くないか？　スケジュールも決まっていることだし、このままテストを継続して消化していくことも重要だと思う。しかし、何か根本的な原因があるのではないのか？　それを探ることが品質の観点でも重要だと思う」
　玉田は言葉がなかった。
「玉田くん、すこしバグの根本原因について検討する必要がありそうだ。一緒に分析しよう、いまから掛かるぞ…」
「わかりました」
　玉田は、早速、テストケースやテスト環境などの情報やバグに関する報告書を用意した。

＞解説

＞＞何が起きているか

　ABC社が担当しているSCMプロジェクトは結合テスト・フェーズに入っていますが、バグが頻発して思うように進みません。バグの原因は結合テスト・フェーズ以前の作業品質が悪いことが考えられますが、後工程では前工程の品質がリスクになることはよくあることです。SCMプロジェクトではバグをひとつずつ潰してテストを進めるようにしてきていますが、次から次とバグが発生してすでにテストした機能に対する悪影響も加わり作業量が増える一方です。担当者の努力もむなしく遅れが徐々に広がっていき、収束する気配が見えません。

＞＞何をしようとしているのか

　楢崎PMは現在の状況から、このシステムは前工程の品質が予定以上に悪く、許容量以上のバグが潜んでいてこのまま放置すれば取り返しの付かないことになると考えています。原因を突き止め、開発手順を見直し仕切り直すことがこれ以上傷口を広げないためには必要ではないかと考えています。見直し作業をして、どうしてこのような状況になってしまったのか根本的な原因を突き止めて対策を打つことがどうしても必要です。

＞＞実行できない／成果が出ない要因は何か

　スケジュールに余裕が無くなり場当たり的な対処しかできなくなると、バグは直接原因となる箇所の修正のみ行う傾向が出てきます。進捗を急ぐあまり、他にも同様の間違いをしていないか、どうしてそのような間違いをしたのかの検証はおざなりになりがちです。

▶活用したPMツール　特性要因図、パレート図

＞＞PMツールをどのように活用すればよいか

　特性要因図を用いることにより、バグが多いという問題に対して、その原因にはどのようなものがあるのかを示すことができます。原因は単純ではなく、何層にも分解していくと根本原因が見えてくるものですが、特性要因図（図42）によりその原因を階層的に表現することができます。しかも、階層的に解明した原因を視覚的に表現できることが特性要因図の優れたところです。

　主要な原因を下位原因に掘り下げて行く作業は慣れないと難しく感じるかもしれませんが、「なぜ」を繰り返すことによって進めていけます。ひとりで作業をするのではなく、プロジェクト・メンバーを集めブレーンストーミングで行うのが効率的で、また、ひとりひとりに問題意識を持たせるという面においても有効です。

　バグが多いという問題に対して特性要因図で根本原因が特定されたら、その原因を発生頻度順に並べて、発生数をグラフ化したものがパレート図（図43）です。パレート図によって視覚的に発生頻度の多い原因を把握し、それらの要因に働き掛けをする優先順位を決めることができます。

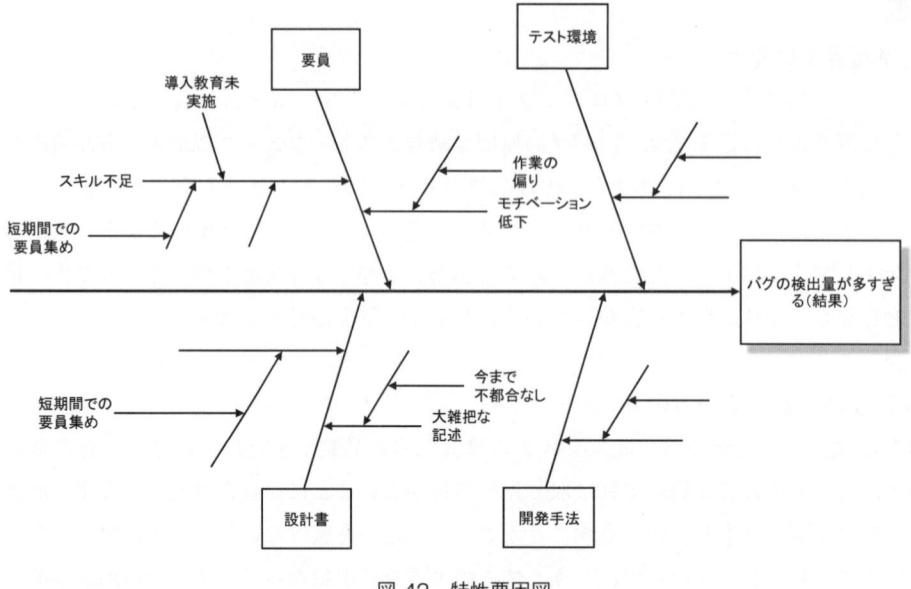

図42 特性要因図

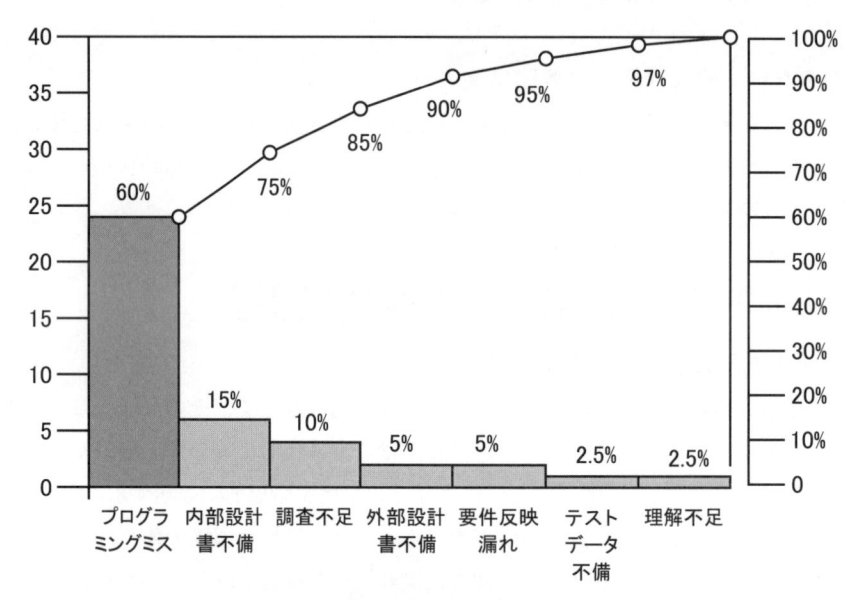

図43 パレート図

≫実施することで、どのような成果が期待できるか

　問題が発生したときに根本的な原因を究明することは非常に重要です。目先の事象に捕われて、発生事象に対して対応を取ることを繰り返していても、根本の原因を取り除いていないので、また似たような事象が出てきてしまいます。時間が掛かっても特性要因図を用いて根本原因を突き止め、この原因を取り除いていくことが重要です。このことにより似たような現象は再発しなくなります。

　前述のとおり、根本原因の究明には時間が掛かりますので、その間、本来の作業をまったく止めておくことはできません。問題の8割が2割の原因によるものだという話をよく聞きます。主

だった原因を取り除くことを優先して行うことが有効ですし、現実的です。この主だった原因が何であるのかを知るのに役立つのがパレート図です。

＞考察
＞＞具体的な効果（定量的／定性的）として管理可能か

　特性要因図そのものは具体的な数値で管理するものではなく、原因がどこにあったのかを階層的に示すツールです。敢えて数値化ということに拘るのであれば、特性要因図の作成をすべてのプロジェクトに適用することによって、統計的に分析するための元データを提供することに役立てることが可能になります。これはどのプロジェクトにも共通して発生する問題があるときには有効かもしれません。例えばバグの発生という問題であれば、いつも特定の原因にたどり着くのであれば、それはその組織の弱点であると判断ができます。この弱点克服のために会社を上げて対策を練るということも可能になってきます。

　パレート図は逆にどのような原因のものがいくつあり、全体のどの程度を占めるのかを数字で示すものです。数字で表現されるのでとても説得力があります。しかし、数値だけに目を奪われ、その分析が疎かになると足元をすくわれます。発生数が少なくても、致命的なものが含まれている場合もあるからです。

＞＞PMツールを活用することのメリット、デメリット

　特性要因図は、机上で原因追求するとき、大きな項目から細部へとブレークダウンするのを助けます。また、目的と手段の混同を避けることもできます。しかし特性要因図はあくまでも思考による原因分析にすぎず、真の原因を特定するにはデータに基づいた分析が必要です。一方パレート図は、データに基づいた分析を行えることが特徴です。

　このように、機能の異なる特性要因図とパレート図と組合せて活用することでPMはプロジェクトで発生しているバグなどの問題の要因と影響度を分析し、効果的な対策を効率よく実施できます。

　パレート図を活用することにより、どのようなことがどの程度発生しているのかを視覚的に見ることができます。誰にでもパレート図の意味するところを容易に理解できるということが最大のメリットです。改善プロセスの中で有効な手を打てているのかを改善プロセス実施前後でパレート図を作成することにより見極めることもできます。事象が出ているのに、発生頻度が少ないから手を打たないということは少ないとは思いますが、効率的に効果を出すことを考えることは一般的ですから、パレート図を作成することにより得られるメリットは大きなものがあります。ただし、前述のとおり、発生頻度が少なくても、プロジェクトに与える影響が非常に大きければ最優先で対応をしなければならないこともあります。数字がすべてではありませんので、きちんと分析をすることは忘れてはなりません。

エピソード47.［JKL社・ITC］品質の継続確認／品質改善ロードマップ

▶ ストーリー

　10月、本番環境の構築がひととおり終了した。MNOシステムサービス社からJKLシステムインフラ社に作業完了の報告があった。MNO社は、自社の標準プロセスである「品質保証フロー」に則り、本番環境の確認を終えていた。その報告書には、実施担当者や責任者、確認項目も細かく記述されていた。いよいよABC社によるシステム・テストが実施される。ABC社へ引き渡す前にJKL社も環境確認（受入れテスト）を行わなければならない。

　JKL社の松井PMは、XYZ社やABC社向けに設計した環境が正しく実装されているかどうかを確認したかった。ドキュメントは正しく記述されているか？　その詳細さや精度は妥当か？　そして本番環境がそのとおり正しく実装されているかである。
　松井PMは、MNO社のマルクスPMと品質に関するテストについて、事前に打合せをしていた。
「マルクスさん、いよいよテスト・フェーズです。人員計画をお聞かせいただけますか？」
「松井さん、テスト期間は構築に携わったメンバー全員がスタンバイしています。いつでも対応が可能です。どのようにテストを進めましょう」
　打合せを進めている過程で、マルクスPMは、ABC社が実施するシステム・テストをイメージしていることがわかった。
「マルクスさん、そうではありません。JKL社の受入れテストを行いたいのです。構築していただいた本番環境の品質を確認するためのものです。ドキュメントと環境が正しく不整合がないかの確認です」
「松井さん、我々は貴社の受入れテストの対応は考えていませんでした。我々はいったい何をすればよいのでしょうか？」
「テストの実施はJKL社が行います。日本から行いますので遠隔での作業になるわけですが、MNO社は、テストで不備が見つかった場合の対応をお願いしたいのです」
「そういうことなら、もし実装のミスがあった場合は、私どもMNO社に責任がありますね。もちろん修正するのは私どもで行います」
「マルクスさん、ありがとうございます。ではお互いの作業をスムーズに進めるために、品質改善ロードマップを作成してみませんか？」
「品質改善ロードマップですか？　また新しい試みですね。ぜひやりましょう」

▷解説
▷▷何が起きているか
　JKL社は、MNO社に対して本番環境の構築作業の作業手順を明確にすること、そしてMNO社の標準プロセスである「品質保証フロー」によって作業が実施されたことを確認するよう事前に要求しました。JKL社はその作業の結果報告を受けたわけです。

　これからJKL社は、MNO社が作成した本番環境が設計書どおり構築されているかを確認することになります。

▷▷何をしようとしているのか
　JKL社はMNO社からの報告をそのまま鵜呑みにするわけにはいきません。MNO社が作成した本番環境は、JKL社自身が確認する必要があります。その行為は、MNO社の作業品質を疑っているからではなく、JKL社にとっても必要なプロセスであることを、JKL社はMNO社に説明しています。

　JKL社の松井PMは、MNO社が海外の協力会社であるために異文化による認識の違いが構築作業や本番環境に影響していないか心配していました。受入れテストで欠陥が見つかった場合、単にその箇所を修正するのではなく、なぜその欠陥が発生したのか、その原因を明確にしたかったのです。そのために、品質改善ロードマップによって欠陥の発見から本番環境の修正に至る一連の流れを事前に合意しようと考えました。

▷▷実行できない／成果が出ない要因は何か
　確認の手順はあらかじめ、JKL社とMNO社で合意しておくことが必要です。抜き打ち検査のような手段を行ってはMNO社の理解は得られず混乱します。構築したインフラ環境に設定ミスがあった場合は、MNO社に依頼して修正してもらわなければなりません。

　またJKL社が確認している間は、MNO社が本番環境にアクセスできないようにしておくことが必要になります。

　もし、MNO社の「品質保証フロー」で確認した確認項目に漏れがあったとしても、JKL社は確認項目を安易に加えてはなりません。MNO社と合意なしに確認項目を追加すれば、MNO社は「そのような項目はもともとMNO社の構築作業に含まれていません。」と反論するかもしれません。

▶活用したPMツール　品質改善ロードマップ
▷▷PMツールをどのように活用すればよいか
　松井PMは、品質改善ロードマップ（図44）を作成します。JKL社の確認方法から欠陥を発見した場合の改善の実施までの過程をあらかじめ決め、MNO社に説明しておきます。

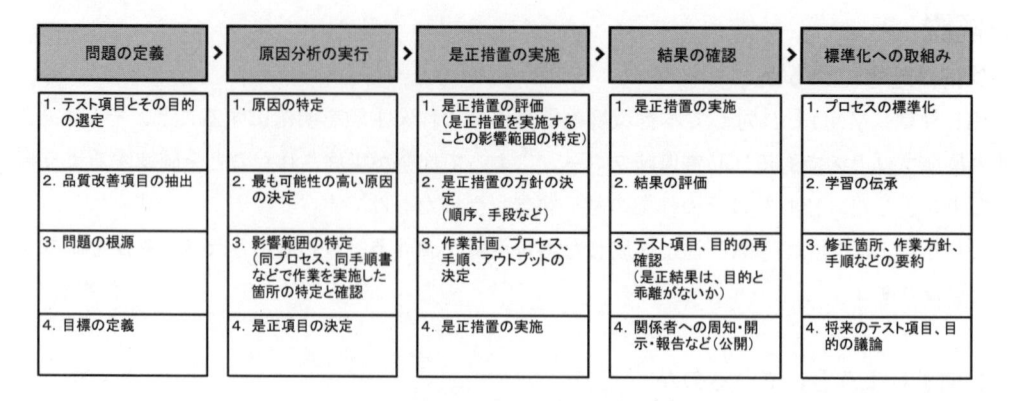

問題の定義	原因分析の実行	是正措置の実施	結果の確認	標準化への取組み
1. テスト項目とその目的の選定	1. 原因の特定	1. 是正措置の評価（是正措置を実施することの影響範囲の特定）	1. 是正措置の実施	1. プロセスの標準化
2. 品質改善項目の抽出	2. 最も可能性の高い原因の決定	2. 是正措置の方針の決定（順序、手段など）	2. 結果の評価	2. 学習の伝承
3. 問題の根源	3. 影響範囲の特定（同プロセス、同手順書などで作業を実施した箇所の特定と確認）	3. 作業計画、プロセス、手順、アウトプットの決定	3. テスト項目、目的の再確認（是正結果は、目的と乖離がないか）	3. 修正箇所、作業方針、手順などの要約
4. 目標の定義	4. 是正項目の決定	4. 是正措置の実施	4. 関係者への周知・開示・報告など（公開）	4. 将来のテスト項目、目的の議論

図44　品質改善ロードマップ（1）

　JKL社が自ら環境構築する場合は、自社の作業標準にそって作業を実施することで、本番環境の品質を確認することができます。しかし外部の協力会社に構築を依頼するとなると、JKL社は受入れテストが必要になります。

　品質改善ロードマップはもともとプロジェクト内に発生する問題の解決および品質改善を行うアプローチです。したがって受入れテストで利用されることはほとんどありません。品質改善ロードマップを利用しなくても、欠陥が見つかった場合の対応が習慣として行われているためです。たとえば、同様の欠陥が他にあるか、欠陥を修正することによって新たな問題が起きないか、欠陥があったために再確認しなければならない箇所があるかなど、欠陥の影響を確認することが一般的になっています。

　しかしながら、海外の協力会社の場合はそのような習慣が当てはまるとは限りません。したがって品質改善ロードマップを利用して、修正までのアプローチをあらかじめ合意しておくことが必要になります。

＞＞実施することで、どのような成果が期待できるか

　MNO社だけでなくJKL社も本番環境の品質を確認することができます。また品質改善ロードマップを作成することによって、品質に問題があった場合もどのように改善するかを事前に決めておくことで、迅速に対応することが可能になります。また異文化による認識の違いを補うこともことにも役立ちます。

＞考察
＞＞具体的な効果（定量的／定性的）として管理可能か

　品質改善ロードマップそのものは欠陥の発見から修正までのアプローチを決めたものであり、アプローチの方法は定量的にも定性的にも管理できるものではありません。しかし、このアプローチに沿って問題の改善を行った結果は、定性的な分析によって影響を確認でき、さらに定量的に分析することにより数値化することが可能です。

≫ PMツールを活用することのメリット、デメリット

　このような方法でツールを利用する場合、JKL 社と MNO 社の間で品質改善ロードマップのアプローチを合意すると、受入れテストが終了するまでは、そのアプローチを崩してはなりません。アプローチを崩すことで品質が保てなくなり、さらに MNO 社の信頼も失いかねないからです。品質改善ロードマップは問題解決のアプローチを合意しておくことには役立ちますが、そのアプローチどおりに実施するためには、JKL 社だけでなく MNO 社の協力が不可欠になります。協力を得られなければ、アプローチどおりに実施しても問題の根本原因を特定することはできなくなります。

構築フェーズⅠの再スタート

エピソード48.［GHI社・PLM］不安要素が残る見直し／予定・実績管理

▶ストーリー

　長友は、すぐに詳細設計に取り掛かるよう指示を出した。同時に自社（GHI製造設備社）の社内標準のWBSを見直していた。
　「CPMダイアグラムを作成した時点で作業内容を洗い出している。製造工程はそれほど変更する必要はない。おそらくWBSは標準のままで製造工程を管理しても問題はないだろう」
　長友は自社プロセスの標準WBSの内容をほとんど変更しないまま、XYZ社向けのWBSを作成した。そして要望納期に間に合うように一部の仕様を削減提案し、XYZ社の遠藤部長と合意した。このとき長友は、現場のWBSはものづくりの視点で作成されることを見落としていた。
　10月の半ば、GHI社では詳細設計を始めていた。
　今回の重要課題となった製造装置は、無事に詳細設計が進んでいるのだろうか。長友は担当の岡崎を呼んだ。
　「岡崎くん、例の製造装置の詳細設計は順調に進んでいるかな」
　「はい、順調です」
　「ちょっと、進捗を教えてくれないか」

　長友は、岡崎から話を聞いてWBSで管理していないように感じ取った。
　「岡崎くん、わが社の標準WBSを知っているよね。ワーク・パッケージのレベルまでブレークダウンした詳細項目ごとに、作業の進捗を説明してほしいのだけど…」
　「標準WBSですよね。…現場ではカイゼンを繰り返しているので、工程の見直しなどの場合は常に標準WBSへ反映し整合を図っており、いつもこの方法で進めていますよ…」
　GHI社では、岡崎が所属する製造現場では、ものづくり用のWBSで進捗管理しており、お客様との仕様や納期を交渉するために長友が作成したWBSとは異なる視点で作成されているのである。これは、最小単位の作業（ワーク・パッケージ）は同じでも、管理する目的が、部品や機能といったものづくり視点の場合（現場管理者の岡崎）と、工程別の時間軸（納期）視点の場合（対外交渉役の長友）とでは作業構成が異なり、対象となる装置が同じでも、管理目的が異なるために、WBSの作り方が自ずと異なっていたのである。
　（まずい）長友は焦った。
　「それじゃ、実作業レベルでもかまわないから、詳細に作業内容を教えてくれないか」
　「わかりました」
　長友は、その報告を受けながらWBSの修正と詳細化を行った。あわせて実績も確認した。
　「岡崎くん、製造装置のWBSは本当にこれで問題ないか？　これがスケジュール管理をする上で重要になる」

> 「いつも製造している装置なら、このプロセスで問題ありません。ですが今回は日ごろ使用していない部品が若干ありますから…」
> 「その部品の納期をすぐに確認してくれないか」
> 「わかりました」

＞解説

＞＞何が起きているか

GHI 社の長友が、XYZ 社に提案した内容は、「要求された製造装置の仕様を一部変更してもらうかわりに 4 カ月という納期を遵守すること」でした。制御ソフトウェアの開発を担当するABC 社を巻き込んで合意された内容であるため、納期を遅らせるわけにはいきません。長友は、これまで以上に進捗管理に重点をおくつもりです。

GHI 社では、標準 WBS は決められていました。長友はお客様との納期交渉のために、工程管理の視点で WBS を作成し、一部の仕様を削減することで要求納期達成の提案に繋げたのです。しかし、GHI 社が得意とする製造装置の組立作業（これが主力商品）の現場では、ものづくり視点の WBS が日常使われていたのです。装置全体の開発を工程別に管理する長友の視点とは異なり、ものづくりの管理では構成部品ごとの設計や発注手配など、時間軸の異なる作業が並行して進行して行くため、岡崎はそれらを個別に管理する必要があります。今回、GHI 社の製造責任者に任命された長友は、対外交渉の場合には要求事項の整合を図るため機能ごとに工程管理し、社内のものづくりの進捗の視点では現場の WBS との整合を見る必要があるのです。

＞＞何をしようとしているのか

早速、XYZ 社向けの製造装置について、事実の確認に取り掛かりました。
▶今回の装置の組立作業では、要求機能はすべてワーク・パッケージとして作業管理されているか
▶機能工程別 WBS と、ものづくり WBS の差異確認
▶必要部品の納期確認　（これが一番重要と考えました）

幸いにも必要部品の発注漏れや納期遅れの問題ありませんでしたが、現場のものづくり WBS を考慮していなかったことに、長友は反省しました。

＞＞実行できない／成果が出ない要因は何か

WBS は、作業を最小単位に分解することで、作業の進捗管理をし易くする効果が期待できます。しかしながら管理する視点が異なると、作業を分解する視点が異なります。このため、展開されたワーク・パッケージやアクティビティが異なり、個別の作業は進展、完了していても、工程として完了しない間は正しく把握できないなどの問題が起こります。長友は岡崎から現場の作業内容をつぶさに聞き出すことができなければ、どこに乖離があるか把握できず、結果的に正しい進

捗管理はできません。これは次工程への影響を予測できず、問題が発生するまで事態に気づかないという危うい状態になります。

▶ 活用したPMツール　WBS、予定・実績管理

>> PMツールをどのように活用すればよいか

　標準WBSとして制定されているものには、CPMダイアグラムと同じ構成が記述されています。一度確認しているわけですから、長友は迷わずこの標準WBS（図45）を活用しました。

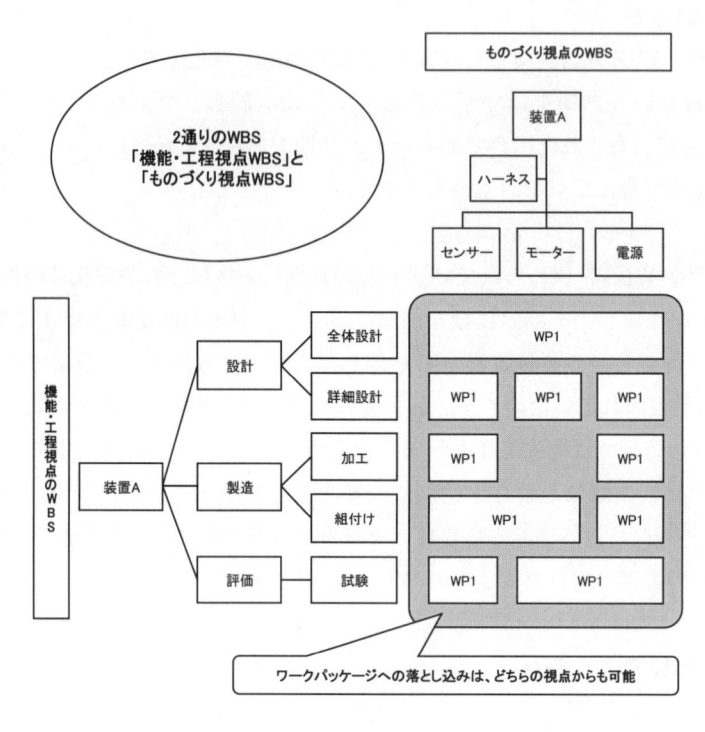

図45　WBS（3）

　しかし、現場のWBSと構成が異なるために詳細な進捗が確認できないという問題が発生しました。

　まず、実態に合ったWBSを作成する必要があります。WBSで作業項目を展開したら、そのワーク・パッケージ単位に詳細スケジュールを作成していきます。岡崎にヒアリングをした後、WBSの詳細化をより具体的に進め、詳細化されたWBSを更に現場の要員にレビューしてもらうなど、作業工程や条件を予定・実績管理表として明確に定義しました（図46）。現場要員も、机上でレビューすることによって自らの作業を再認識でき、事前の準備に余念がなくなり、さらに乖離があった場合に積極的に指摘をしてくれるようになりました。

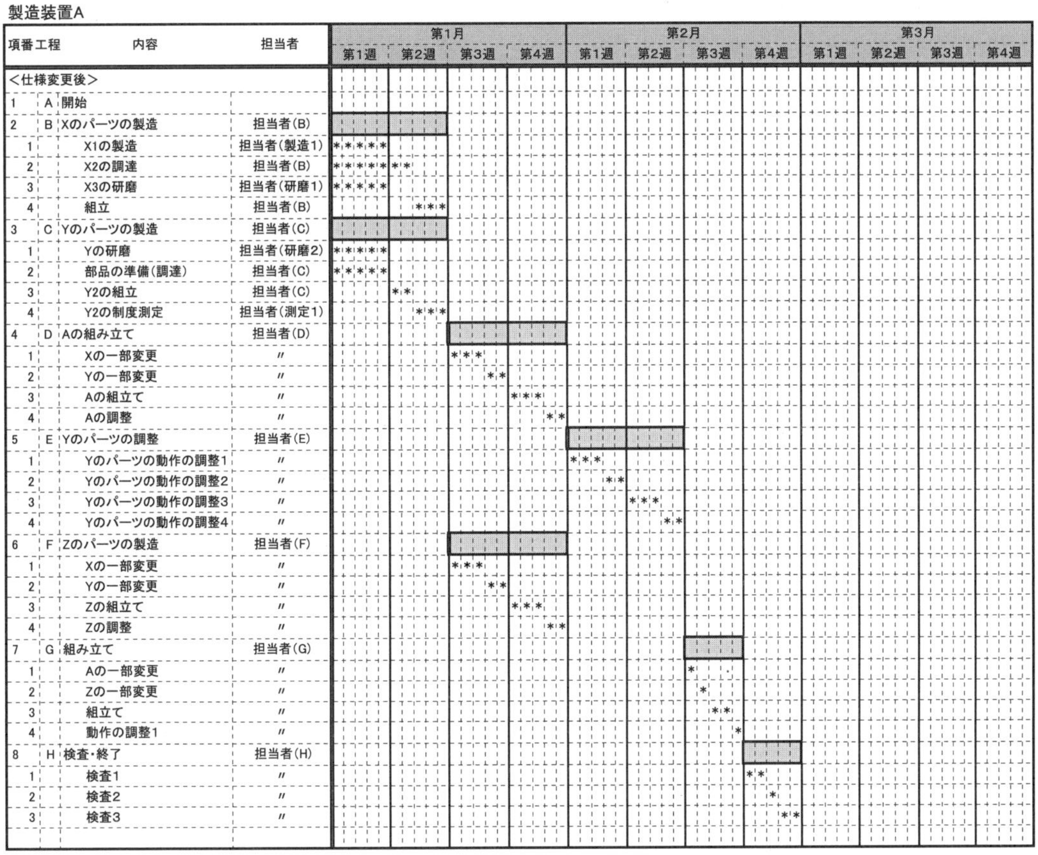

図46　予定・実績管理（詳細スケジュールによる管理）

>>実施することで、どのような成果が期待できるか

　WBSではワーク・パッケージまで落とし込むことにより、詳細な実作業単位での進捗管理が可能になります。実作業単位レベルで項目を上げ、作業計画日程を明記し実績を更新記入することで、バー・チャートとして管理者と各担当者の作業内容と予定／実績管理（進捗確認）が可能になります。事前に確認したCPMダイアグラムとあわせることで、各作業の関連性も確認できるので、必要部品の手配や事前の環境整備などの予定が立てやすくなります。

　現場レベルのすべての進捗情報を、XYZ社の遠藤部長に報告する必要はありませんが、要点を説明することは重要です。いずれにせよ、XYZ社と交わした納期は必達です。計画どおりに進行している場合でも、管理責任者は不測の事態に備え、納期必達のための予防策を検討しておく必要があります。そのための管理資料としてもすべての作業を洗い出し管理することが重要になります。

>考察

>>具体的な効果（定量的／定性的）として管理可能か

　WBSは作業項目をカテゴリごとにブレークダウンしたものですから、定性的な確認は可能に

なります。また、ワーク・パッケージごとに作業内容の管理すべき指標を定め、バー・チャートと組み合わせることで、作業ボリュームとスケジュールの整合を明確にできるため、各ワーク・パッケージについて定量的な進捗管理が可能になります。たとえば、WBSを1本のバーで表現したバーチャートに進捗を記載する時、WBSに割り当てられた計画時間に対して実作業時間をパーセンテージ（％）で表現することもできますが、総アクティビティ数に対して完了済アクティビティ数をパーセンテージ（％）で表現することで、より詳細な成果管理が可能になります。

≫ PMツールを活用することのメリット、デメリット

　WBSを作成してしまうとプロジェクト・マネジャーは、実作業を管理するのではなく、WBS項目の進捗だけを管理します。このため、WBSに上がっていない作業が発生した場合は、WBS項目が増えたり、さもなければメンバーの作業そのものを認識できなかったりして、本来のWBSの持つ機能が薄れ、管理の効果が出せなくなってしまいます。プロジェクトの状況は常に変化するため、そのことを前提に管理し対応していく必要があります。一度作成したWBSやスケジュールも、必要に応じて変更管理プロセスに沿って修正していきます。

エピソード49．[ABC社・PLM] 人員（リソース）の見直し／スキル・マトリックス

▶ストーリー

　10月中旬、時折暑い日もあるが、山々はちらほらと色づき始めた。PLMプロジェクトのPMに任命された長谷部は、PMに着任した4月に、おなじくS&OPプロジェクトのPMになった谷本と取決めをしていた。4月の当初計画では、S&OPプロジェクトの設計者は7月末までに作業を完了して10月よりPLMに参画し、開発担当者も12月からはPLMに参画することになっていた。つまりS&OPのメンバーをそのままPLMプロジェクトにアサインできると聞いていた。ところが、その思惑は見事に外れてしまった。

　9月末にXYZ社は工場を統廃合、つまり中国工場の閉鎖とベトナム工場の拡張を決定したのである。XYZ社の『業務改革プログラム』は方針転換を迫られ、特にS&OPプロジェクトには大きな影響があった。当然、谷本PMが担当しているABC社のS&OPプロジェクトにも影響がおよび、スコープとスケジュールのベースラインが見直され契約が変更された。

　長谷部PMは、マスター・スケジュールどおり先月（9月）からXYZ社の要求項目の確認を進めていた。XYZ社の要求そのものはシンプルであり、混乱を招くほどのものではなかった。問題はスケジュールが短いこと、そして予定していた開発メンバーがPLMプロジェクトに参加できなくなったことである。

　「短納期にもかかわらず、接続先のS&OP関連のシステム環境を熟知した開発メンバーがアサインされないのはインパクトが大きい」

　長谷部PMは要員が移行できないリスクを懸念はしていた。先行するプロジェクトが遅延し要員が回ってこないことは想定内である。そのため、PLMプロジェクトとして必要なスキル・マトリックスを用意していた。早急に新規要員を確保できるように…。しかし、いざ本当にリスクが発生してみると、あらためてインパクトの大きさを実感した。短納期でありS&OPプロジェクトやSCMプロジェクトとの連携箇所も多く、その経験を持つメンバーを得られないのは悪影響を及ぼしかねない。この状況を早期に打開するために開発メンバーの確保を優先した。

　「よし。もう一度、スキル・マトリックスを確認しよう」

　長谷部PMは、PMOの北島マネジャーを訪ねた。

　「北島さん、S&OPプロジェクトに参加しているメンバーのスキル・エリアを確認させていただきたいのですがよろしいでしょうか」

　「構わないが、その情報をどうするのですか？」

　「PLMプロジェクトの開発メンバーを、至急確保したいと考えています。S&OPプロジェクトのメンバーをシフトする事が出来なくなったので、社外リソースも含め必要要員を確保しなければなりません。S&OPプロジェクトとの連携や教訓の継承を考えると、半年前にPLMプロジェ

クトとして作成したスキル・マトリックスでよいのか見直しが必要と考えました。そのために、現在S&OPプロジェクトに参加している開発メンバーのスキル・マトリックスを参考にしたいのです」
　「そうですか。わかりました。こちらに資料がありますので用意しましょう。ですがこの情報は少々古いですよ。構いませんか？」
　「承知しています。谷本PMにお願いして、現在のスキル・レベルに合わせて見直してもらいます。それをもとにPLMプロジェクトの要求事項を考慮して、スキル・マトリックスを完成させたいと考えています」
　「そうですか。わかりました。他にご協力できることがあれば言ってください」
　「ありがとうございます」
　長谷部PMは、早速、用意されたスキル・マトリックスと、S&OPプロジェクトの最新ドキュメントを確認し始めた。

＞解説

＞＞何が起きているか

　ABC社が受注した3プロジェクトの内、PLMプロジェクトだけは、半年遅れて設計フェーズが開始となる当初計画でした。当初は、機能連携する先行プロジェクトのS&OPプロジェクトのメンバーを、PLMプロジェクトに移動することで、設計開発体制のスムーズな移行と意思疎通の向上に期待し、短納期プロジェクトでのリスクを軽減しようと考えていました。
　この計画は、お客様を含め社内外の関係者とも合意されていましたが、お客様であるXYZ社の事業見直しによる影響で、S&OPプロジェクトが仕様変更になり、PLMプロジェクトの立上げ直前になって、計画していた設計メンバーがPLMプロジェクトに参画できなくなりました。長谷部PMは、プロジェクトへの影響を最小限に抑えるべく、至急、リソースの再計画に取組む必要が出てきました。

＞＞何をしようとしているのか

　PLMプロジェクトの設計メンバーを確保するために、必要な条件を確認する必要があります。長谷部PMは、PLMプロジェクトは先行するS&OPなどのプロジェクトと深く連携する必要があり、円滑な連携を行うという観点からもスキル・マトリックスを見直したいと考えています。そのために、S&OPプロジェクトのPMにも協力を求めS&OPプロジェクトで必要とされたスキルの再確認を始めました。プロジェクト体制を構築する上で、当該プロジェクトとして必要なスキルを抽出した図47と、社内で登録しているスキル・インベントリー・リストをつき合わせることで、必要な人材が特定できます。その要員が現在担当しているプロジェクト完了時期や遅延リスク等の情報を加味して、PLMプロジェクトへのアサインを行うことが可能になります。

＞＞ 実行できない／成果が出ない要因は何か

スキル・インベントリーは、人事部門やPMOなどの組織が人材のスキル（経験や資格など）を取りまとめ、常に最新情報として管理、提供する必要があります。これらの情報が常に最新化され提供されることにより、リソース管理がより明確になります。

一方、会社としても有能な人材を遊ばせておくはずはありません。いざというときに、必要な人材が集まり難いこともよくあることです。したがって、どんな人材がどの期間に、どのプロジェクトにアサインされているかが確認できるように、常に最新の情報にしておく必要があります。

▶活用したPMツール　スキル・マトリックス、スキル・インベントリー

>> PMツールをどのように活用すればよいか

ここでは、PLMプロジェクトとして必要なスキル・マトリックスを作成しようとしています。項目には、必要なスキル（技術的分野、経験値のランクなど）だけでなく、コストやアサイン期間なども含めておくとよいでしょう。また今回のケースのように、期待していたS&OPプロジェクトの設計内容を理解する必要がある場合は、当該事項の調査、習熟作業をプロジェクト計画に追加し、アサインする設計者の作業として定義するとともに、必要な設計情報を、PLM設計項目として計画することも不可欠になります。

スキル・マトリックスでは、担当プロジェクトとして必要になる人材要件を、どの様に定義するのかが重要なカギになります（図47）。

プロジェクト名：XYZ社 PLMシステム（第60期10月時点）									
必要とする人材の能力と人	機能分析能力	システム設計能力	ソフト設計能力	品質管理能力	評価手法実践能力	数値統計能力	標準化適応力	文書作成能力	…
リーダ1名	4	4	3以上	3以上	3以上	3以上	4	4	
設計担当3名	3	4	4	3	3	2	1	3	
製造担当2名	2	2	2	2	2	2	2	2	
価担当1名	2	2	3	2	3	3	3	2	

図47　プロジェクトのスキル・マトリックス

上記は、プロジェクトで不足しているスキルと人数を示していますが、プロジェクト起案時には、WBSを元に必要な体制を設計する上で、まず人数とスキルを計上します。次に当該プロジェクトで確保できたメンバーを明記し、充足と不足の差異を見える化します。必要な人材と人数がマッチして過不足なくアサインできることはほどんどないため、プロジェクト・マネジャーは、体制のギャップを次に示すような方法で補います。

① 協力会社・社外メンバーで、補完する（ただし、コストや契約管理などは増える）。
② 可能な人数を確保し、不足スキルを教育し向上させる（ただし教育期間が必要）。
③ 品質や評価スペシャリストなど、社内のスタッフ系部門の協力を得る。
④ 上記、すべての手段を講じる（ただし組織が増えると、管理のオーバーヘッドも増え、コミュニケーション・ロス増大などのデメリットが増す）。

実際のアサインに際しては、プロジェクト間の人材移動や移動の時期など、PMOやライン組織を含めた情報共有と合意が前提になります。スキル・インベントリー・リストの他に社内の情報登録／公開方法を工夫することで、普段から活用可能なツールになります。

＞＞実施することで、どのような成果が期待できるか

　PMは担当プロジェクトのスキル・マトリックスを作成する上で、まず担当プロジェクトの要件そのものを明確にする事が必要になります。また要件と、アサインできた体制のスキルがどの程度合っているかを確認することにより、潜在リスクを洗い出すことにもつながります。

　アサインまでに時間的な余裕がある場合には、プロジェクト側からライン部門や人事、PMOなどに、必要な人材の確保や育成を要望しておくのもよいでしょう。このことが、事前に必要になる的確な人材を担保できることにもつながります。

＞考察

＞＞具体的な効果（定量的／定性的）として管理可能か

　人材のスキル項目は多種多様であり、簡単にものさしで図れるものではありません。この点でスキル・マトリックスの項目を定性的に表現することが難しいでしょう。そのため、定性的に表現できる項目（または、最低限、必要なスキル・エリア）を項目から外してしまわないように配慮することが大切であると考えます。

　また、システム開発に限らずどのような業務であっても、会社としてその作業に熟練し標準化（分業化）され、定常業務に迫るほど慣例となっていれば、必要なスキル（項目）を明確に表現することは、それほど困難なことではなくなると考えます。

＞＞PMツールを活用することのメリット、デメリット

　繰り返しますが、人材のスキル項目は多種多様です。それ故、ある側面のみに片寄ったスキル・マトリックスを前提として、その人材の人事評価を決定してしまっては、不満が高まりモラルが低下します。かといって、人事評価に評価指標に頼らず判断しては、メンバーは評価する側の横暴に疲弊してしまいます。

　スキル・マトリックスと人事評価をリンクさせる場合には、それに携わるライン・マネジャー、プロジェクト・マネジャー、メンバーの全員が納得できる方法にしておくことが必須になります。

エピソード50．［DEF社・S&OP］要求が収束しない追加開発／課題管理表

▶ ストーリー

　11月、DEFシステム開発社はようやく詳細設計を済ませ、開発作業に取りかかっていた。紅葉はまだ残っていたが、少し肌寒くなってきたころである。
　大久保がABC社の要求を理解しテキパキと設計書に落とし込んでくれたのである。さすがに慣れたものである。優秀だ。そのおかげでスケジュールは遅れなく進んでいた。
　昼時…。
「稲本さん、一緒にお昼ご飯を食べませんか」
「そうね。いつもは忙しくて1人だから。私が一緒にいてもいいかしら」
「もちろんですよ。だって稲本さんのプロジェクトは楽しいですから」
「そう言ってもらえると嬉しいけど…。ほかのプロジェクトは違うの？」
「プロジェクトというより、PMさんによって違いますね。厳しくても楽しいプロジェクトと、忙しくないのに混乱しているようなプロジェクトもありますよね」
　稲本PMも、自分が担当したプロジェクトのことはよく知っているが、他のPMが管理しているプロジェクトは、その内容をよく知らない。PMの間で情報交換はしているものの、細かな現場の意見とはかなり違うようだ。

「稲本さん、この前参加したプロジェクトのスポンサーなんか、あたりまえのように要求を変更されるのですよ。それってどう思います…」
　あるメンバーが口を開いた。不満なのか単なるお喋りなのかよくわからなかったが、笑いながら話すそのメンバーを見て、切羽詰った問題でもなかったのだろうと思った。
「どうして変更要求があるの？」
「お客様からの要求だそうです。作業が変更されるのに、スケジュールを守るように言われても無理ですよね」
「大久保さん、ABC社から要求変更について何か言われている？　一部、変更されたとか？」
「今のところないですよー。でもABC社の担当さんがいい加減だからドキュメント見てないかも。ほんとソフトウェア詳細設計が終わってから変更要求されても困りますよね」
　この会話はこれで終わった。女性同士の会話はやはり楽しい。稲本PMは久しぶりに楽しい昼食の時間を過ごして席に戻った。
「さっきの変更の話、気になるわ。何かよい方法を考えて、ABCの谷本PMと合意したほうがよさそうね」
　稲本PMは、これまでの経験から変更管理と課題管理を統合して一括管理することで、うまくやれそうだなと考え始めた。

▷解説

▷▷何が起きているか

担当者はお客様のためにできる限り尽力しようとしており、仕様について不明確な点があれば随時確認しながら作業を進めていくもので、それ自身が責められるものではありません。お客様の必要性が分かれば分かるほど担当者はなんとか受け入れようとします。

しかし、仕様の確認と仕様の変更の境界は曖昧であることが多く、ときに明らかに仕様変更にあたる物も含まれます。そして、仕様変更要求がプロジェクト・マネジャーの知らぬ間に山積みになり、ついにスケジュールとコストに重大な影響を及ぼすようになります。

▷▷何をしようとしているのか

変更管理計画を策定し要求変更のルールを決めておきます。ABC社から受託開発を行うDEF社にとっては、あらかじめ変更管理に関する手順やルールをABC社と合意しておくことは大切です。

変更管理は、課題管理表に統合して一括して管理します。

▷▷実行できない／成果が出ない要因は何か

仕様変更がお客様から直接担当者に行き、担当者は自身のスケジュールや対応力の許す範囲で受け入れてしまうことがよく起こります。特に短納期プロジェクトの場合、そもそも変更管理の起票に手間が掛る、同様の情報を変更要求／承認済み変更要求など二重三重に記載しなければならない、というように仕様変更作業に弊害があれば、確認は後回しにしてでも先に修正作業に着手しようと考えがちで、結果としてスコープ・ベースライン管理がおろそかにされる傾向があります。

▶ 活用したPMツール　課題管理表

▷▷ PMツールをどのように活用すればよいか

変更管理計画は、仕様に関するベースラインを管理する手順を計画するものです。仕様に関するベースラインにはスコープ定義、WBS定義や開発するソフトウェア機能に関する機能仕様、非機能仕様があります。変更管理計画には、変更要求の提示方法、対象となる要素成果物の識別、変更の却下または承認の方法、確実に承認された変更のみがベースラインに組み込まれることを保証する手順を記載します。

また、仕様変更に関する手順をステークホルダー間で合意しておきます。

是正や変更も一元管理できる様に配慮された課題管理表の例を表33に示します。このフォーマットは、変更管理計画の手順を左から並べたもので、課題管理表・変更管理表・リスク管理表など複数の表を活用する手順に比べ簡素化されているので便利です。特に、DEF社が受注したような小規模短期開発にはお勧めします。

表33 課題管理表

No	報告日	報告者	課題	説明	担当回答者	状況	処理予定/コメント	処理日	処理文書	処理結果
1	12月1日	中沢	操作性 定期的にマスタの更新がある。マスタ登録画面にて、一括登録機能が欲しい。	一括機能は新規画面作成が必要なため、要件確認から実施する必要があり、要件定義から実施完了まで最低限1ヵ月かかることがわかった。今回は開発スケジュール厳守のため、次回開発に検討をお願いしたい。	稲本	未着手	本件は2次開発に回すものとする。(谷本)	2次開発		
2	12月1日	中沢	操作性 特定の商品で、価格の変更が頻発するので、過去データをコピーして利用したい。	左記の件、想定するスケジュール内で開発が可能だが、追加コストが掛かる。コストが掛かっても追加開発する必要があるか、判断をお願いしたい。	稲本	実行中	本件は必須の機能であり、先送りはできない。開発するものとする。(谷本)	12月4日	納品手配機能設計書	12月18日左記ドキュメントを改訂承認済み
3										

>>実施することで、どのような成果が期待できるか

　課題管理表を活用することにより、仕様変更におけるスケジュールやコストに対する影響をコントロールでき、プロジェクトにおける制約条件（たとえば納期厳守）に照らし合わせて優先度と勘案した対応が可能になります。

　また、プロジェクト完了後において発生する瑕疵に対しても、リリース前に仕様変更するかどうかを議論した課題を指摘されることが多いため、課題管理を行うことにより、クレームの内容が瑕疵にあたるのか否かの調査判断の材料を提供できます。

>考察

>>具体的な効果（定量的／定性的）として管理可能か

　課題管理表により仕様のベースラインを常に合意され承認された状態にすることができます。仕様のベースラインをステークホルダー間で共有することは、プロジェクトのゴールが常に共有されていることに等しく、プロジェクトの重要な成功要因になります。

>>PMツールを活用することのメリット、デメリット

　仕様変更に関するルールが明確でないと、仕様変更要求が正当なものであるのか、単に言ってみた要望に過ぎないものか判断できなくなります。正当で承認された仕様変更要求であれば何らかの対応が必要ですが、単なる要望を仕様変更要求と認識し、しかもシステムに対して変更を加えた場合は悲劇です。その変更は、システムの欠陥に過ぎずいずれ修正されなければなりません。

　このように課題管理を徹底することにより、大きな無駄を省くことができます。

エピソード51．[GHI社・PLM] リスク対応計画で発生を予防／リスク分析

▶ ストーリー

　GHI製造設備社の長友は、現場がものづくり視点で作成、運用している詳細レベルのWBSを確認した。現場では製造工程表と呼んでいる。たしかに、標準WBSを元に長友が作成したWBSとそれほど違いはない。解釈によっては標準に準じていると言えなくもない…そう判断した。

　詳細レベルのWBSをXYZ社に提出していないことが気になったが、いまさらこのレベルの修正を報告することは、かえって関係者が混乱してしまう。
「XYZ社の遠藤部長に報告しているWBSを修正する必要はないだろう」
「それよりもスケジュールの遅れの方が問題だ」
　長友はそう考えた。XYZ社に無理を言って仕様変更までしてもらったのだ。その分、ABC社の開発作業が増えて負担になったはずだ。これで納期が間に合わなければ、大変なクレームになる。ABC社やXYZ社との関係が終わってしまう…。
「もしスケジュールが遅れてしまったら…」
　長友は、遠藤部長に合わせる顔がない。

　XYZ社の遠藤部長からは、合意されたWBSを通じて進捗報告を求められるだろう。そう考えた長友は、すぐさま詳細WBSからリスク分析を行う必要があると考えた。
「岡崎くん、少し時間をとってくれないか」
「いま作業中ですが、もう少ししたら手が空きます。それでいいですか」
「ああ、構わないよ」
　長友は、岡崎に期待した。なにより今回のXYZ社向けの製造装置を組み立てる上で、GHI社内の現場の状況を一番よく知っているのは岡崎だったからである。

「長友さん、お待たせしました」
　長友が会議室で待っていると、しばらくして岡崎が元気よく入ってきた。
「岡崎くん、すまないね。どれくらいの時間をもらえるかな」
「2時間ぐらいなら大丈夫です」
「承知した。これからいろいろと質問をするから、簡単でかまわないので手際よく答えてくれ」
「わかりました」
　長友は、WBSの項目ひとつひとつについてリスク分析を開始した。特に、リスク発生の影響が作業の遅れとなるリスクを徹底的に抽出するつもりであった。

＞解説

＞＞何が起きているか

　GHI社で実際にものづくりに使われる製造工程表は、現場要員によるレビューを済ませていました。あらためて内容を再確認したところ、長友が作成したWBSと大筋において差異はありませんが、細かい作業手順（プロセス）が異なっていました。手順としては組立部品の準備と組立作業を繰り返します。このような繰返し作業はWBSには書き込めないので、バー・チャートに落とし込まれたものを信じるのみでした。

＞＞何をしようとしているのか

　PMとして個々の工程がスケジュールどおりに進まなかった場合の影響を確認しておく必要があると長友は考えました。各リスク事象に許容された期間を把握し、その期間内にリスク対応を行うことで、全体スケジュールを守ろうとしています。

＞＞実行できない／成果が出ない要因は何か

　問題は、岡崎のコメントが単に「後工程が遅れます」とだけしか、コメントされないことです。後工程への真の影響を把握していないので、緊急に対処すべきリスクなのか、期間的な余裕があるリスクなのが分からず、その結果、全体スケジュールへどの様な影響を与えるか把握できていませんでした。

▶活用したPMツール　リスク分析、リスク登録簿

＞＞PMツールをどのように活用すればよいか

　特に今回のように多くの関係者が関わるケースでは、全体スケジュールが遅れることは許されません。つまりリスク分析においては、リスクが発生した場合の対処を重点に考えるのではなく、リスクが発生しない予防を重点に考える必要があります。このエピソードでは、特に組立部品の準備と組立作業が遅れないようにする工夫が必要になりました。図48はこのエピソード向けにカスタマイズされた発生確率・影響度マトリックスです。リスクの内、マイナスの影響を及ぼすリスク（脅威）に注目します。このエピソードでは、遅延となるリスクの発生を防止する必要がありました。つまり、マトリックス中の高リスク（濃いグレー）領域にあるリスクは、徹底的にリスク予防処置を講ずる必要があると認識します。一方、低リスク（薄いグレー）領域の脅威は、スケジュール遅延に対する影響が少ないことを示しています。低リスクに対しては、リスク登録簿への記載は必要ですが、積極的な対応を事前にとる必要はないでしょう。

構築フェーズIの再スタート―エピソード51

発生確率	脅威				
0.90	0.05	0.09	0.18	0.36	0.72
0.70	0.04	0.07	0.14	0.28	0.56
0.50	0.03	0.05	0.10	0.20	0.40
0.30	0.02	0.03	0.06	0.12	0.24
0.10	0.01	0.01	0.02	0.04	0.08
	0.05	0.10	0.20	0.40	0.80

図48 発生確率・影響度マトリックス

リスク分析の結果は、リスク登録簿に記載します。図49はこのエピソードで作成したリスク登録簿の例で、予防処置に重点をおいて策定されています。

製造装置A

リスク番号	対策	内容	担当者	遅延発生確率(%)	影響度(遅延日数)	関連リスク番号	対応策 予防措置	対応策 トリガーポイント	対応策 対策
		<仕様変更後>							
1	A	開始							
2	B	Xのパーツの製造	担当者（B）				担当者Bの他業務作業状況確認	―	―
	1	X1の製造	担当者（製造1）	2	1	―			
	2	X2の調達	担当者（B）						
	3	X3の研磨	担当者（研磨1）						
	4	組立	担当者（B）						
3	C	Yのパーツの製造	担当者（C）				担当者Cの他業務作業状況確認	―	―
	1	Yの研磨	担当者（研磨2）	2	1	―			
	2	部品の準備（調達）	担当者（C）						
	3	Y2の組立	担当者（C）						
	4	Y2の制度測定	担当者（測定1）						
4	D	Aの組み立て	担当者（D）				担当者Dの他業務作業状況確認	項番2,3何れかの作業が、2日以上遅れが発生した場合	―
	1	Xの一部変更	〃	6	3	2、3			
	2	Yの一部変更	〃						
	3	Aの組立て	〃						
	4	Aの調整	〃						
5	E	Yのパーツの調整	担当者（E）				パーツYの前工程遅れ作業への臨時増員	項番4の作業が、2日以上遅れが発生した場合	パーツYの動作調整作業要員の臨時増強
	1	Yのパーツの動作調整1	〃	8	4	4			
	2	Yのパーツの動作調整2	〃						
	3	Yのパーツの動作調整3	〃						
	4	Yのパーツの動作調整4	〃						
6	F	Zのパーツの製造	担当者（F）				担当者Fの他業務作業状況確認	項番2,3何れかの作業が、2日以上遅れが発生した場合	パーツZの動作調整作業要員の臨時増強
	1	Xの一部変更	〃	6	3	2、3			
	2	Yの一部変更	〃						
	3	Zの組立て	〃						
	4	Zの調整	〃						
7	G	組み立て	担当者（G）				担当者Gの他業務作業状況確認	項番5,6何れかの作業が、1日以上遅れが発生した場合	当該組付け作業要員の臨時増強
	1	Aの一部変更	〃	14	5	5、6			
	2	Zの一部変更	〃						
	3	組立て	〃						
	4	動作の調整1	〃						
8	H	検査・終了	担当者（H）				担当者Hの他業務作業状況確認	項番5,6何れかの作業が、1日以上遅れが発生した場合	当該検査要員の臨時増強
	1	検査1	〃	16	6	7			
	2	検査2	〃						
	3	検査3	〃						

（*1）すべての工程を、2%の確立で、1日作業が遅れると想定した場合の数値

図49 リスク登録簿（4）

＞＞実施することで、どのような成果が期待できるか

　スケジュール遅延が許されないプロジェクトの場合、リスク分析では、特に予防処置に重点をおいてリスク対応計画を策定します。また、リスク事象のモニタリングでは、リスク事象が発生したことによるWBSの遅延が全体スケジュールに与える影響を踏まえ、モニタリング間隔やトリガー・ポイントを設定します。これにより全体スケジュールを守ることが期待されます。

　また、リスク分析をすることによって、その影響や重要性を再認識することができます。事前に認識し、関係者と情報共有しておくことにより、リスクの発生を抑える効果、リスクの予防につながります。

＞考察

＞＞具体的な効果（定量的／定性的）として管理可能か

　リスク分析において、このエピソードのように特にスケジュール遅延を許さないマネジメントを行う目的で対応策を策定するときは、WBSまたはアクティビティの時間、アクティビティ間の関係、クリティカル・パスを考慮して策定します。その管理のために、スケジュール・ネットワーク図および所要期間見積りなどを使用します。

＞＞PMツールを活用することのメリット、デメリット

　リスクは発生しないに越したことはありません。予防することが重要ですが、中には発生しても影響が軽微な問題に対しては、「処置しない」ことを関係者と事前に合意しておく場合もあります。このような軽微な問題が発生した場合は、予想どおりの影響なのかを把握することになります。また、リスクへの準備を計画したことによって、予防への意識が下がらないようにすることも重要になります。

エピソード52．［DEF社・S&OP］作業追加でもスケジュールを死守／クラッシング

▶ストーリー

　12月、東京の街も師走の雰囲気が漂いはじめた。イルミネーション、クリスマス、忘年会、ショッピング商戦など。恋人達はいろんな計画を立て始めているころだろう。DEFシステム開発社の稲本PMは、ABC社の納期が12月であることを呪った。
「何でこの時期にテスト・フェーズなの？　しかも納期は12月28日よ」
今年はそんな年なのだろう。そう自分に言い聞かせて、ABC社への進捗報告の準備をしていた。そこに大久保から連絡が入った。
「稲本さん、12月なのに私たち、何でいつまでも会社にいるのでしょうね。寂しいです」
「大久保さん、そう言わずにがんばりましょうね」
稲本PMは大久保を励ましつつ「自分もそう思う」と心の中で叫んでいた。

　テストを実施していたメンバーが帰ってきた。
「稲本さん、大久保さん、1件ですが問題が発生しました」
　詳しく聞いてみると、この機能は各プログラムから共通的に利用される重要なもので明日以降のテストに影響があるらしい。開発時の単体テストでは問題を発見できず、また単体テストにも確認漏れはなかった。原因はプログラム設計のミスである。
「大久保さん、これからプログラムを修正したとして何日かかるの？」
「2日程度だと思います」
「この機能は重要だから、手を抜かずにしっかりと修正してくださいね。それと2日も厳守でお願いして大丈夫かしら？」
「2日で何とかします。でもテストが止まりますが…」
「それはいいわ。こちらで何とか考えてみるから」

「あらら、12月だって浮かれたから罰が当たったのかしら」
　稲本PMは、明日のABC社谷本PMへの報告に、本件を加えることにした。
「隠すわけにはいかないわ。しかしスケジュールが守れるか問われる。何と報告すれば…いいえ、報告の問題ではなくDEF社としての品質の問題だわ」
　幸いにして、このプロジェクトで活用しているテスト手順やテスト仕様書の書式はDEF社標準であり、他のプロジェクトのメンバーも特別な教育なしに投入することが可能だった。稲本PMは、考えた末、応援メンバーを入れてクラッシングする方法で乗り切ろうと考えた。
「それには、一時的にも（たぶん3日は…）メンバーの補充が必要になる。ライン・マネジャーの協力も取り付けないと…早速連絡しなければ…。忙しくなるわ」
　稲本PMは、関係者への調整と報告の準備に取りかかった。

＞解説

＞＞何が起きているか

　DEF 社は小規模、短納期のシステム開発を ABC 社より請け負っています。現在システム・テスト・フェーズでソフトフェアの引き渡しまであと 10 日を残すのみという状況です。開発は大きく分けて、ユーザー操作画面群とユーザー操作画面から呼び出される共通的に利用するプログラム（共通ライブラリ）に分かれており、テストにおいて共通的に利用するライブラリ部分でバグが発生しました。その修正に 2 日掛かり、しかもその間すべてのテストを停止しなければなりません。しかし納期は遵守しなければならず、テスト日数の 2 日間の短縮が必要です。

＞＞何をしようとしているのか

　遅延したスケジュールを取り戻したいと考えています。その施策として、テスト作業に要員を追加し、スケジュールをクラッシングします。

＞＞実行できない／成果が出ない要因は何か

　短納期プロジェクトの場合、特に担当者間のコミュニケーションが不足し、誰が何を担当しているのか把握しきれないままプロジェクトが進行します。その結果、本来なら関係するモジュール間のインターフェースについて調整すべきところが、作業抜けを起こしてしまいました。

▶ 活用した PM ツール　クラッシング

＞＞ PM ツールをどのように活用すればよいか

　今回の原因は、ソフトウェア詳細設計（プログラム設計）におけるミスでした。当該プログラムは共通的に他のプログラムから呼び出される共通ライブラリで、呼び出されるときのシステム状態の想定が不足し呼び出されるタイミングによって正しく処理できない場合があることが分かったのです。

　今回は 2 日間のテスト停止期間に、残った要員により、同様のミスがないか、ソフトウェア詳細設計の見直しを実施するとともに、テスト再開時に要員を追加し、テスト期間の短縮を図ることになりました。

　このように、コストとスケジュールをトレードオフし、最小の追加コストで最大の期間短縮を図る技法をクラッシングといいます（図 50）。

構築フェーズⅠの再スタート―エピソード52

テスト計画

工程				内容	前工程	所要期間日数	人数	人日(工数)	
<予定>									
4									
	1			テスト実施		10		40	
		1		結合テスト1		10		20	
			1	テストケース IT1	−	5	2	10	
			2	テストケース IT2	−	5	2	10	
		2		シナリオテスト		10		20	
			1	テストケース ST1	4-1-1-1	5	2	10	
			2	テストケース ST2	4-1-1-2	5	2	10	
<修正>									
4									
	1			テスト実施		10		50	
		1		結合テスト1		8		25	
			1	テストケース IT1	−	5	2	10	
			2	テストケース IT2	−	3	5	15	メンバーの投入
		2		シナリオテスト		8		25	
			1	テストケース ST1	4-1-1-1	5	2	10	
			2	テストケース ST2	4-1-1-2	3	5	15	メンバーの投入

図50 クラッシング

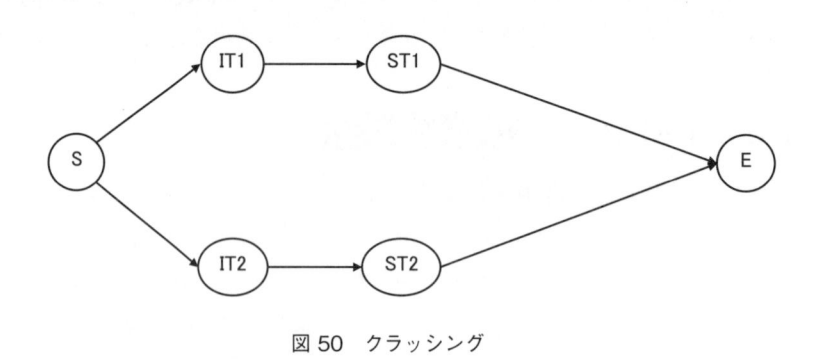

>>実施することで、どのような成果が期待できるか

クラッシングは、アクティビティの順序を変えずにスケジュールを短縮する方法です。遅延した時間を取り戻すことができます。しかし、そのためにテスト要員やテスト環境などの資源を追加投入する必要があります。

>考察
>>具体的な効果(定量的/定性的)として管理可能か

クラッシングはスケジュール・ベースラインに対して影響を与えます。アクティビティのパスが複数ルートある場合には、クリティカル・パスに対してクラッシングをかけますが、小規模短納期プロジェクトでは、各パスは短いことが多いため、クリティカル・パスを重点的に短縮するより全体を短縮する方に注力した方がよいかもしれません。

>> PMツールを活用することのメリット、デメリット

　クラッシングするためには、要員の追加投入など資源の投入が容易でなければなりません。テスト手順などがプロジェクトごとに異なっていたとしたら、今回のケースのように、わずか2日で要員教育を完了しプロジェクトに投入することはできません。プロジェクトの手順などを認知していない要員がアサインされた場合、この要員がどれほど経験豊かで能力があったとしても、投入直後はプロジェクトの先輩達に細かく指導されなければならず、前面で対応する要員が一時期減ることになります。

　このような事態に対処できるように、テスト方法などの作業について標準を制定し、プロジェクトに緊急に投入できるよう、要員を教育しておくことも重要です。

　クラッシングはこのエピソードで紹介したプロジェクト実行中の他に、プロジェクト計画段階においてスケジュールを検討する際に用いることもできます。またクラッシングを検討するとき、合わせてファスト・トラッキングを検討することも有効な場合があります（エピソード54）。

エピソード53．［GHI社・PLM］他案件の納品対応による影響／リソース管理

▶ ストーリー

　年が明けて1月になった。長友は、リスク分析を終了させた。遅延する要素は山ほどあった。覚悟はしていたが…。要するにリスクを発生させないように細心の注意を払う以外にない。GHI製造設備社の長友はWBSの進捗確認だけでなく、それ以上に次作業の準備の確認に心がけた。

　「本当に抽出したリスクだけで十分だろうか。リスクは顕在化していないだろうか。他に潜在リスクはないだろうか。次の作業を行う上で必要な準備は十分整っているだろうか」
　長友はこれまで経験したことのないプレッシャーを感じた…。

　「今回の受注は、いつもとは違う。XYZ社の『業務改革プログラム』の一部なのだ。しかもPLMプロジェクトにとって、非常に重要な役割を果たしている。スケジュールを遅らせるわけには絶対にいかないのだ…」
　長友は何度も自分に言い聞かせながら、進捗を確認していた。

　装置の組立作業が本格的に開始されたころである。
　「岡崎くん、例の装置は順調に組立作業が始まった？」
　「それが…。長友さん。早速1日の遅れが出ています」
　「（なんてことだ！）」
　長友は細心の注意を払ったつもりだった。…にもかかわらず、作業が遅れたのである。
　「岡崎くん、理由は何だい。作業が遅れるような事態ではないように思うが…」
　「その日の組立作業の担当者が、他の件の組立作業に手間取ってしまい、XYZ社向けの作業ができなかったのです」

　長友はあぜんとした…。他の案件の作業を優先したために、こちらの作業が遅れた…。
　「なんだって、岡崎くん。そんなことが時々あるのか」
　「いつもとは言いませんが、たまに発生します。作業者はみなさん熟練者ですから、いつもは作業が遅れても納期に間に合いますし、今回のように非常に厳しい納期のものもありませんので、問題になることはなかったのです」
　「岡崎くん。申し訳ないがWBSに記述しいている作業担当者で、作業日程が重複している人、その前日に作業が入っている人を至急確認してくれないか」
　「分かりました。確認します」

＞解説

＞＞何が起きているか

　長友はWBSを実作業のレベルにまで落とし込み、現場要員によるレビューを受けて突き合わせの確認をしました。そしてその項目ごとにリスク分析を行い、作業が遅れないように部品の手配状況を確認し、最新の注意を払ったつもりでいました。つまり長友は、プロジェクト・マネジャーとしてセオリーどおりの準備を進め、怠らなかったのです。それでも、他の案件の組立作業の影響で予定した作業ができない事態が起きたのです。

＞＞何をしようとしているのか

　長友は、各工程のすべての現場要員が、他の案件の作業をどの程度受け持っているのか、またそのスケジュールは妥当で変更はないのかを確認するよう岡崎に指示しました。また代わりに組立作業が行えるメンバーの準備にも気を配りました。

＞＞実行できない／成果が出ない要因は何か

　もともとGHI社は、作業効率を上げるために、これまでいろいろな工夫をしてきた会社です。ですから作業を代行できる人はいても、その人が空いている（つまりどの作業予定もない）ことはおそらくないでしょう。みな忙しく働いているのですから。そして、長友が他の案件の作業について調整する権限もありません。他の案件を含めて管理している上位マネジャーにお願いするしかないのです。

▶ 活用したPMツール　リソース管理

＞＞PMツールをどのように活用すればよいか

　長友は、部長のところへ行って、作業に遅れが発生したこと、その影響で予定していた他の現場要員のスケジュールに影響が出たことを報告します。そして全体のリソース管理（図51）と、長友のWBSをもう一度付き合わせることになりました。

構築フェーズⅠの再スタート―エピソード53

項番	注文状況(製造)	個数	第1月			
			第1週	第2週	第3週	第4週
1	製造装置A	5	◎◎◎◎◎	◎◎◎◎◎	●○○○○	○○○○○
2	製造装置B	10	●●●●●	●●●●●		
3	製造装置C	15	◎◎◎◎◎	●●●●●	●○	
4	製造装置D	10	◎◎◎◎◎	◎◎◎◎◎		
5	製造装置E	5	◎◎◎◎◎	◎◎◎◎◎		

○：作業工程が、組まれている日
◎：作業工程が予定通り進んでいる日
●：作業工程が遅れている日

↕ 作業日

予定／実績

項番	部門 担当者	第1月			
		第1週	第2週	第3週	第4週
2	製造				
	1 担当者(製造1)	A/A A/A A/A A/A A/A			
	2 担当者(A)	C/C C/C C/C C/C C/C			
	3 担当者(B)				
	4 担当者(C)				
	5 担当者(F)	D/D D/D D/D D/D D/D	A/A A/A A/A A/A		
3	研磨				
	1 担当者(研磨1)	A/A A/A A/A A/A A/A	D/D D/D D/D D/D D/D		
	2 担当者(研磨2)	A/A A/A A/A A/A A/A	D/D D/D D/D D/D D/D		
	3 担当者(研磨3)				
5	調整				
	1 担当者(E)		E/E E/E E/E		
	2 担当者(調整1)	/B /B			
	3 担当者(調整2)				
	4 担当者(調整3)				
7	組み立て				
	1 担当者(G)				
	2 担当者(D)	B/未 B/未 B/B B/B B/B	C/B C/B C/C C/C C/C	C/A A/A A/A A/A A/A	A/A A/A A/A A/A A/A
	3 担当者(組立1)				
	4 担当者(組立2)				
8	検査・終了				
	1 担当者(測定1)		A/A A/A A/A		
	2 担当者(H)		B/B B/B B/B	C/未 C/ C/	
	3 担当者(検査1)				

吹き出し:
- 2日遅延
- 遅れて開始
- 2日遅延 製造装置Cの作業ができない
- 予定していた「製造装置A」の作業ができなくなった

A：製造装置A の 作業

図51　リソース管理

>>実施することで、どのような成果が期待できるか

リソースというとさまざまなものがあります。IT資源、環境資源などもリソースと呼ばれますが、ここで管理するリソースは、もちろん人的リソースで現場要員を指しています。リソース管理とは、現場の要員に着目した予定表といえます。GHI社も古くから独自の管理慣習があり、工夫を重ねながら作業効率のアップに努めてきました。

部長を巻き込んで、改めて現場要員のアサインや作業予定を確認することが、現場の要員に直接確認するよりも効果的であったのです。

>考察
>>具体的な効果（定量的／定性的）として管理可能か

リソース管理では、対象リソースがどの様な性質であるかなどを定性的に管理するだけでなく、

いつ何に利用されるかを段取時間（準備時間）も含めて定量的に管理します。特に工場では人も設備と同様にリソースとして管理することがあります。ただし、ここで管理する目的は勤務管理ではなく、あくまで計画作業項目に対してアサインした作業担当者の稼働面での予定／実績です。作業進捗度と併せて見える化し管理することで、作業実態の把握と進捗遅れなどへの対応が迅速に出来ます。

＞＞ PM ツールを活用することのメリット、デメリット

作業の優先順位などの調整をするためには、常に正確な情報を正しく更新しておく必要があります。日報などの作業報告と組み合わせて、すぐに計画の変更を検討できるよう、最新の状態を保つことが重要です。

構築フェーズⅠの再スタート

エピソード54．［ABC社・PLM］作業工程の見直し／ファスト・トラッキング

▶ストーリー

　1月。XYZ社の遠藤部長は、詳細レベルのWBSをもとにGHI製造設備社の長友から作業の進捗報告を受けていた。ABC社もまた、開発作業を順調に進めていた。長谷部PMは、事前にスキル・マトリックスを使って必要な設計開発要員を確保し、計画どおりに開発作業をスタートさせていた。PLMプロジェクトとS&OPプロジェクトとの情報連携もメンバー間でスムーズに行われた。

　長谷部PMが気がかりだったのは、GHI社製製造装置に対するソフトウェア制御の部分だった。GHI社から、新しい製造装置の制御用シミュレータがABC社に届いていた。ABC社は、プログラム設計時に制御用シミュレータを使用し、装置仕様を確認しつつ設計を行うとともに開発テストに使う予定だった。

　長谷部PMは担当の駒野を呼んだ。
「駒野くん、製造装置の制御系ソフトウェアの開発について報告して」
「はい。とりあえず開発期間の1月末までには出来上がる予定です」
「駒野くん、開発作業の進捗について教えてほしい」
「はい。現在ソフトウェア方式設計が完了し、ソフトウェア詳細設計を実施しています」
「駒野くん。それは私も承知してるよ。それで制御系ソフトウェアのプログラミングやシミュレータを使ったテストにはいつ入れるかな」
「シミュレータは使っているのですが…」
「きちんと進捗を把握してくれよ、すぐに予定と実績を報告してほしい」
　数分後、駒野が長谷部PMのところに資料を携えて戻ってきた。そして申し訳なさそうに言った。
「長谷部さん、すみません。ソフトウェア詳細設計において、ターゲットとなる製造装置の仕様に不明確な点があり、シミュレータを使って確認する手順としたことで追加作業が発生し実は遅延しています。制御ソフトウェアのソフトウェアコード作成およびテストの着手時期についてはまだ決めていません…」
　長谷部PMは、駒野の報告を受けて、スケジュールとリスク要因を確認した。
「…1月20日からは上位ソフトウェアとの結合テストが始まる。それまでには終わらせておかなければならない。ソフトウェア詳細設計の出来たモジュールから逐次ソフトウェアコード作成・テストに着手しよう。ファスト・トラッキングをするんだ…」

＞解説

＞＞何が起きているか

　アプリケーション開発においては、ソフトウェア方式設計・ソフトウェア詳細設計・ソフトウェアコード作成・テスト順に工程が進みます。ABC 社では、工程ごとのレビューおよび承認を行った上で次工程に進む作業標準を採用していました。

　制御ソフトウェアには、一般に機械装置は仕様書には記載しきれない動作の癖があります。仕様書から解釈した内容と実際の動作にミスマッチがあれば大幅な手戻りとなり、大きなリスク要因として認識されていました。そのため、ソフトウェア詳細設計において、シミュレータを使ってターゲット装置に対するコマンドの動作を確認した上で設計を行うことにしました。その結果、ソフトウェア詳細設計が遅延するというリスク事象が発生しました。

＞＞何をしようとしているのか

　長谷部 PM は、納期を考えると制御系ソフトウェアのソフトウェアコード作成・テストを着手する時期に当たっていると考えました。そのため、ファスト・トラッキングを適用しようとしています。

＞＞実行できない／成果が出ない要因は何か

　ソフトウェア・システムの開発においては、開発は工程ごとに足並みを揃えて実施することが、システム内のインターフェース仕様のミスマッチを低減し、安全に開発を完了するノウハウとなっています。そのため、駒野もすべてのソフトウェア詳細設計が完了するまで、次工程であるソフトウェアコード作成・テストを着手しませんでした。

▶ 活用した PM ツール　ファスト・トラッキング

＞＞ PM ツールをどのように活用すればよいか

　当初計画では、ソフトウェア詳細設計完了時点の合流点があり、ソフトウェア詳細設計完了時にシステム内モジュール間インターフェース等のミスマッチなどをレビューした上でソフトウェアコード作成・テストを行う予定でした。これをファスト・トラッキング（図 52）と呼ばれるスケジュール短縮技法で短縮します。図中 'J' で表わされた合流点を廃止し、ソフトウェア詳細設計とソフトウェアコード作成・テストを並行して実行することにします。

構築フェーズⅠの再スタート―エピソード54

工程		内容	担当チーム	所要期間日数
<予定>				
D				30
D	1	モジュールAソフトウェア詳細設計	A	10
D	2	モジュールBソフトウェア詳細設計	A	5
C	1	モジュールAコード作成・テスト	A	10
C	2	モジュールBコード作成・テスト	A	5
<修正>				
D				20
D	1	モジュールAソフトウェア詳細設計	A	10
D	2	モジュールBソフトウェア詳細設計	A	5
C	1	モジュールAコード作成・テスト	B	10
C	2	モジュールBコード作成・テスト	A	5

チームBの投入
(工数は変わらない)

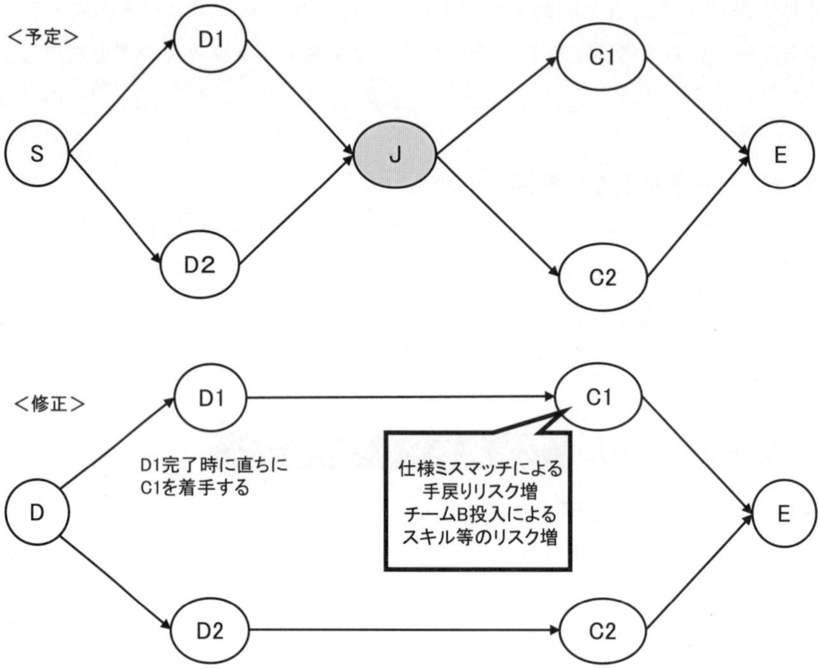

<予定>

D1完了時に直ちにC1を着手する

仕様ミスマッチによる手戻りリスク増
チームB投入によるスキル等のリスク増

図52 ファスト・トラッキング

＞＞実施することで、どのような成果が期待できるか

　ファスト・トラッキングは、通常は順を追って実行するフェーズやアクティビティを並行して実行するというスケジュール短縮技法です。このエピソードの様に、先行するフェーズやアクティビティの遅延が後続するフェーズやアクティビティに伝搬することを防止することもできます。

＞考察

＞＞具体的な効果（定量的／定性的）として管理可能か

　ファスト・トラッキングは、フェーズやアクティビティの並行化を図るもので、フェーズ間の定性的な関係が管理されており、これが直列の関係にある時、これを重複関係に変えるスケジュール短縮技法です。

＞＞PMツールを活用することのメリット、デメリット

　ファスト・トラッキングを実施すると、リスクが増えます。つまり、リスクを増やしてでもスケジュールを短縮する必要がある場合に利用される手法です。純粋にファスト・トラッキングを実施できるなら、予定していた作業を前倒しするだけですからコストの増加もありません。ただし、実際にはクリティカル・パス上の作業であると、別の要員を投入しなければなりません。その場合、投入された要員と必要とされるスキルにミスマッチが発生すると無駄が発生します。つまり、投入された要員のスキルが低ければ効率が落ち、高すぎれば単価が高くなります。

構築フェーズ I の再スタート

エピソード 55．[JKL 社・ITC] 必要な人材の見積り／コスト・ベースライン

▶ ストーリー

　1 月、JKL システムインフラ社は、IT センター本番環境の確認テストを終了させた。MNO システムサービス社の作業品質は思いのほか正確であり、改善するべき項目は数箇所にとどまった。これには松井 PM だけでなく XYZ 社の本田部長も驚いていた。
　「これなら、今後の本番環境の運用も安心して MNO 社に依頼できる」
　「はい。私も MNO 社の技術レベルの高さ、コミュニケーション・スキルの高さには感心しました」
　「ところで、松井さん。我々 XYZ 社は『業務改革プログラム』の計画変更をしました。そのために当初の予定よりもテストの期間が長くなった。それは JKL 社にとってもスケジュールに余裕ができたことで、よかったのではないですか？」
　「はい、そのとおりです。そのおかげで十分な環境の確認を行うことができました」
　「ええ。テスト報告書を確認させて頂きましたが、細部まで確認を頂いているし、ドキュメントの品質も高い。よい成果物が出来上がったと感謝しています」
　「ありがとうございます」
　「松井さん、これから ABC 社によるシステム・テストが開始されますが、その間の JKL 社の準備はどのように計画していますか？」
　「（そうだった…）」
　本田部長の申し出に、松井 PM は一瞬うろたえた。XYZ 社は『業務改革プログラム』のマスター・スケジュールを変更したのだ。
　「当初の予定よりも、ABC 社の開発期間が長くなりました。またサービスインの時期も 3 カ月延期して、今年の 7 月に予定しています。その間の環境の維持をよろしくお願いします」
　本田部長は、松井 PM に安心した様子で伝えた。
　「もちろんです、本田部長。サービスインまでのインフラの維持管理については、我々 JKL 社と MNO 社で協力して対応致します」
　松井 PM は挨拶を済ませた後、すぐに自社に戻って森本を呼んだ。スケジュールを延長によるコストの影響を確認していなかったのだ…。
　「森本くん、当初計画の維持管理フェーズでの人員計画について確認したい。資料を見せてくれないか」
　「わかりました。すぐに用意致します」

＞解説
＞＞何が起きているか
　JKL社は、開発機につづいてシンガポールの本番環境についてもそのインフラ環境、ドキュメント類（基本設計書、環境設計書、など）を無事にXYZ社に引渡すことができた。日本で構築する災害対策機の構築と引渡しはまだこれからであるが、計画どおりに作業が進められている。

　XYZ社は、これから開始されるABC社のシステム・テストへの協力をJKL社に依頼してきた。JKL社は引渡しが無事に終了したといっても、『業務改革プログラム』における役割と責任を果たしたわけではありません。プログラムは継続しているわけですから。

　松井PMもその点は認識しており、当初のコスト計画にも盛り込んでいました。ところが、期間がシンガポールに構築した本番機の環境確認に集中していたために、プログラム変更による影響を深く考察していませんでした。

＞＞何をしようとしているのか
　松井PMは、もう一度コスト計画の見直しをする必要があると考えます。プログラム変更があったとはいえ、JKL社にとってはXYZ社からの要求が増えたわけではありません。単純に期間が延長されたのです。しかし、3カ月期間が延長されたということはそれだけ維持管理のワークロード（人件費）が増えることになります。

　松井PMは、もう一度、コスト・ベースラインを見直す必要がありました。

＞＞実行できない／成果出ない要因は何か
　松井PMは、コスト計画の見直しをするタイミングを逸したといえます。10月にはすでにプログラム変更の通知がなされており、その際のXYZ社には「要求が増えたわけではありませんので、大きな影響はありません」と返答していました。すでに年が明け1月になっています。今更、XYZ社に「コストに影響がでます」とは言えません。当初計画した予算の範囲内で対応しなければなりません。

▶活用したPMツール　コスト・ベースライン

＞＞PMツールをどのように活用すればよいか
　まず、今どのような状況であるかを確認する必要があります。これまでアーンド・バリューで管理してきました。したがって10月のプログラム変更でスケジュールが変更された時点で、見直しをするべきでした。コスト・ベースラインは時間軸上に費用の累積値（実績と計画）をプロットしたものです。従ってスケジュールが変更されると、コスト・ベースラインも変わることになります。

　松井PMはコストベースライン（図54）を見直す事にしました。

　今後のコスト計画を見直し（図53）、図54にコスト予測としてプロットしました。

　松井PMは、JKL社が行った環境確認の期間をそのまま「作業遅れ」として捉えマイナス・コストとしました。つまり確認作業に必要以上のコストをかけてしまったと認識したのです。ス

構築フェーズIの再スタート―エピソード55

ケジュールが延期されたといっても、JKL社にとって喜ばしいことではありませんでした。余裕を持って作業ができたことは、品質の向上にとってはよかったのでしょうが、1人当たりの作業処理量は低下しました。作業要求が増えずスケジュールが伸びたのですから遅れが発生したようには見えませんが、実際にはコストをかけすぎていたのです。

コスト計画	当初計画			
	単価(100万円)	員数	期間(月)	定価(100万円)
テスト段階	A	5	2	10 x A
	B	5	2	10 x B
仮運用段階	A	1	2	2 x A
	B	3	3	9 x B
合計				12 x A
				19 x B

コスト計画(見直し)	計画の見直し			
	単価(100万円)	員数	期間(月)	定価(100万円)
テスト段階(消化コスト)	A	5	2	10 x A
	B	5	3	15 x B
仮運用段階	A	1	2	2 x A
	B	2	3	6 x B
合計				12 x A
				21 x B (2xB のコスト増)

図53　コスト計画の見直し（ボトムアップ見積り）

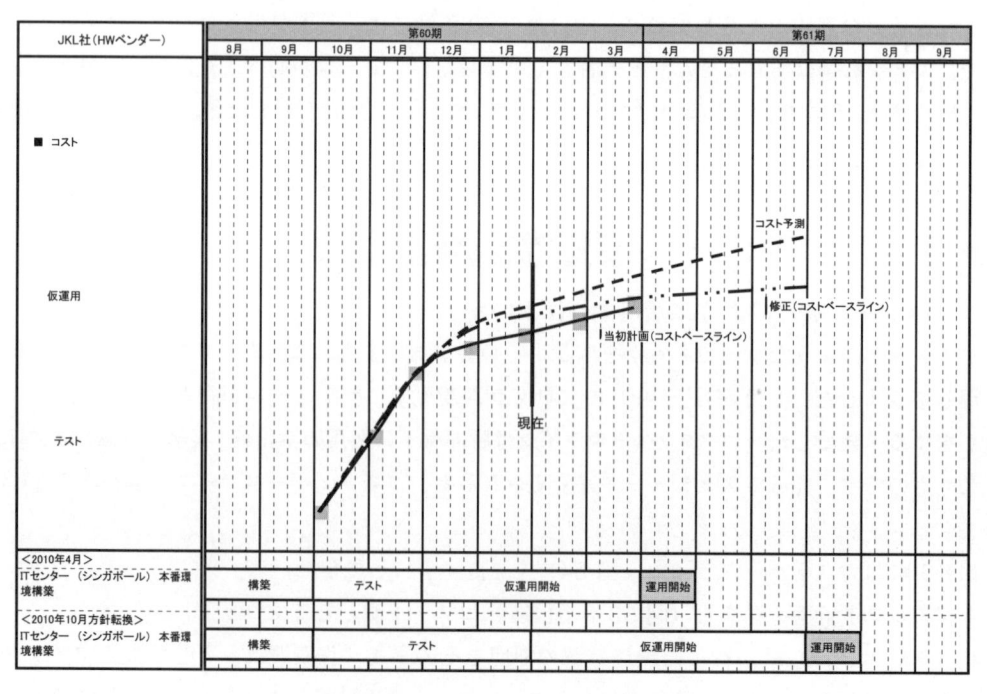

図54　コスト・ベースライン

松井 PM は、こうして作成したコスト予測はコストのかけすぎであり、コスト削減を図るべきだと考えました。

プロジェクトの局面は、開発機、本番機ではすでに維持管理の局面にあります。災害対策機は、幸いにも構築時期が延期されたために、まだ作業に取り掛かっていませんでした。予定していた社内の作業者を一旦、JKL 社の他のプロジェクトにまわしたのです。そうして策定したものが図 54 の修正（コスト・ベースライン）です。

>>実施することで、どのような成果が期待できるか
『業務改革プログラム』の変更内容が、JKL 社に与える影響を再確認し、今後のプロジェクト管理の基準を見直すことができます。

>考察
>>具体的な効果（定量的／定性的）として管理可能か
コスト・ベースラインはプロジェクトの進捗（時間軸）に沿ってコストをプロットしたもので、直接的にはコストの予実管理やキャッシュフローの定量的管理のベースになります。また、アーンド・バリューと併用することで、プロジェクトの進捗状況を定量的に把握することも可能となります。

>>PM ツールを活用することのメリット、デメリット
アーンド・バリュー分析を行う前提として、スケジュールが見直された時はコスト・ベースラインも見直さなければなりません。コスト差異があまりにも大きい時は、コストの再見積りも必要になります。コスト・ベースラインを使うことで、このエピソードのように適切に要員を配置することもできるようになります。

構築フェーズⅠ（変更の受入れ、再開発）を終えて

▶ストーリー

　XYZ社は、『生産革新プロジェクト』によって工場の統廃合を決定した。『業務改革プログラム』はその影響を受け入れたことによって、システム開発計画を見直すことになった。特にS&OPプロジェクトである。ABC社の谷統括PMは、長年、協力関係にあったDEFシステム開発社を半ば強引に巻き込んだ。若手PMの谷本をフォローする目的もあったが、S&OPプロジェクトの変更箇所を素早く抽出してプロジェクトを軌道修正するのは、ベテランのPMであっても労力がかかる。谷は、高品質でスキルの高いエンジニアが多いDEF社に協力を依頼した。

　SCMプロジェクトは、開発作業を終了させた。ABC社の楢崎PMは、新しいSCMシステムを、XYZ社の川島部長に納品した。現行のITセンターに導入し、仮運用を開始することになった。シンガポールの新しいITセンターが立ち上がるまでは、この状態で運用される。

　一方、ABC社の長谷部PMが率いるPLMプロジェクトは、新しい製造装置を開発するGHI製造設備社との連携し、開発作業を進めていた。

　ABC社としてはS&OPプロジェクトではDEF社の協力を得たものの、DEF社に作業遅れが発生し、PLMプロジェクトでも、社内とGHI社に遅れが発生した。DEF社とGHI社は、別々の方法でスケジュールを短縮した。一方はクラッシング、もう一方はファースト・トラッキングであった。

　MNOシステムサービス社は、JKLシステムインフラ社の管理のもとで、無事に本番環境の構築を済ませた。これには、XYZ社の本田部長も満足した。

　第60期2月からは、本格的なシステム・テストが開始される。シンガポールのITセンターに構築された本番環境で、ABC社によるシステム・テストが始まる。現地工場への製造装置の導入も順次開始される。

　XYZ社は、システム・テストの開始と同時にプロジェクト合同の定例会議を開催することになる。この会議の参加者は、中沢課長、川島部長、遠藤部長、本田部長、ABC社の谷本PM、長谷部PM、JKL社の松井PM、MNO社のマルクスPMだ。その他の関係者も必要に応じて参加する。岡田室長は、会議の取りまとめを中沢課長に命じる。

　『業務改革プログラム』は、いよいよ終盤を迎えることになる…。

Column 4

プロジェクト／プログラムでのリスク・マネジメントと ERM（エンタープライズ・リスク・マネジメント）

　ERM は、企業経営そのものを「リスク」という観点で分析し管理する考え方で、日本リスク・マネジメント協会が提唱している管理手法です。主に財務リスクが中心でしたが、情報セキュリティ・リスクや、自然災害、人的な影響もリスクとして扱われます。

　さて、XYZ 社は ERM の観点で『業務改革プログラム』を実施したのでしょうか？　もしも ERM の観点での判断をしているとするならば、施策の決定からプロジェクトを立ち上げる時点で、財務面、人的スキルなどのリスク分析をしていることでしょう。また、プロジェクトがコスト増となるリスクや中止に追い込まれるリスクも考慮されたと推察します。いずれにせよ、どのようなリスクが発生しようとも、企業を存続させなければなりません。その意味からもリスク抽出／リスク分析／リスク対応計画は十分検討する必要があります。

　プロジェクトやプログラムにおけるリスク・マネジメントと ERM はどのように違うのでしょうか。プロジェクトやプログラムには、ある目的を達成するための活動であり、それを阻害する要因を管理するのが前者になります。後者は、さらに上位の「企業活動そのものを存続する」という目的を阻害する要因を管理するものです。

実行段階(2) 構築フェーズⅡ（システム・テスト）

エピソード56.［JKL社・ITC］パフォーマンスの壁／討議ガイド

▶ ストーリー

　1月になった。今日はXYZ社での定例会議の日だ。いつものように、司会の中沢課長により会議がスタートした。
　谷本PMからS&OPプロジェクトの進捗報告が行われた。大きな問題はないとの報告でだったが、これに情報システム部の本田部長が発言した。
　「谷本さん、ご報告ありがとうございます。ところで、先週から実施している性能テストの実績ですが、テストの方法は本当にこれでいいのですか？　確かに開発したアプリケーションの機能を個別に測定し、シナリオどおりの運用ができることも確認しました。しかし、実際にサービスを開始するとなると、どうなのでしょうか？」
　「それは、XYZ社の運用がどの程度の頻度で使用されるかによりますので、現段階では何ともいえません」
　本田部長は、過去のプロジェクトで経験していた。性能テストで問題が抽出されず、運用開始後に、思うような性能（応答）が得られないとクレームが出たのだ。本田部長にとって苦い経験となっていた。
　「谷本さん、現在の設計では、一度に何人のユーザーがアプリケーションを操作することを想定していますか？」
　「本田部長、同時接続ユーザーについては、当初の要件にありませんでしたので、特に意識はしていませんでした。XYZ社の方で運用方法をご検討されるものと考えておりました」
　会話が行き詰った。
　「谷本さん、ご報告ありがとう。本田部長も潜在していた課題を見つけてくれたようです。課題は臨時会議で別途検討しましょう。本日の会議は次週予定しているテスト計画を確認して終了します」
　議長の中沢課長が両者を取りまとめて、定例会議を終了した。

　「中沢課長、インフラ担当のJKL社の松井です」
　「ご苦労さまです」

「臨時会議の件ですが、討議ガイドを事前に作成してはいかがでしょうか」
「何ですか、それは？」
「討議したいテーマについて、重要な質問を順に記述しその質問に沿って会議をすすめるのです。もともと討議ガイドは要件の…」
「わかりました。松井さんにお任せしますよ。臨時会議では司会をお願いできますか？」
「承知しました」

> 解説

>> 何が起きているか

　ABC社の谷本PMは、システム・テストの進捗報告を行っています。それによると経過は順調で問題がなさそうな報告でした。その中にパフォーマンス・テストも含まれていたのですが、そのテストの実施方法がABC社の視点、つまり設計者の視点で行われていたのです。
　ABC社にしてみれば、要求事項から設計書を作成し、その設計書に基づいて正しく開発が進められたかを確認するのですから問題はなさそうです。そこに、XYZ社の情報システム部本田部長が、運用の視点から今回のパフォーマンス・テストについて指摘したのです。
　ABC社は想定される人数のユーザーが同時にアクセスしても開発したアプリケーションが不具合なく動作すること、そのために必要なサーバーの性能について予測値を設けていました。そしてその値は正しいものであったことを、システム・テストの結果は証明していました。それでも本田部長には、テストが十分ではないと考える何かの理由があったのです。本田部長の懸念は、専用回線や通信間のルータを含むインフラ全体での負荷についてのことです。

>> 何をしようとしているのか

　情報システム部の本田部長が伝えたかったことは、1つの機能を一度に複数のユーザーが使用する性能テストでもなければ、業務の開始から終了までが正しく行われることを確認するシナリオ・テストでもありませんでした。本田部長は、多数のユーザーがランダムに業務を行う実運用に即した、いわばストレス・テストのようなイメージをもっていたのです。臨時会議の結果、討議ガイドを利用したことによって確認できました。

>> 実行できない／成果が出ない要因は何か

　谷本PMと本田部長の両氏が、ともに業務経験が異なりお互いの立場が理解できなかったために生じました。ABC社は、SIベンダーとしては十分な経験を持っていましたが、XYZ社の社員ではありませんから、XYZ社のシステムの利用状況については知る由もありません。また、本田部長は社内の利用状況は経験的に予想できていましたが、ABC社の行っているシステム・テストの根拠が、要件定義書に記述された要求事項によるものであり、その内容を確認すること

構築フェーズⅡ―エピソード56

に集中していると気付けなかったのです。

会議が行き詰った原因は、テスト経過を報告している場で、テスト項目の網羅性についての疑問を提示されたことです。

テスト項目の網羅性については、テスト計画の段階で議論されるはずでした。JKL社の松井PMには、ABC社とXYZ社の両社の間で、テスト計画が十分議論されたかどうかの判断ができませんでした。

▶活用したPMツール 討議ガイド

＞＞PMツールをどのように活用すればよいか

まず、ABC社の谷本PM、XYZ社の本田部長の両方が考えているシステム・テストのイメージを明確にすること、そしてそれぞれの視点について参加者全員が共有することが大切であると松井PMは考えました。結論がどのようなものになるかは、討議の結果がおのずと示してくれるものだと考え、結論を誘導することなく中立な立場で討議ガイド（図55）を作成しました。

No.	レベル1：議題	No.	レベル2：重要な質問	No.	以下に続く質問
1	本田部長より：各種項目が複数同時に（ランダムに）実行された時に、十分なパフォーマンスが得られるか？	1	実運用の観点：具体的にどのような機能が複数同時に実行されるか（予測）	1	現在の運用状況が把握できているか？
				2	現在の運用状況を新機能に当てはめた場合の利用方法やその予測は済んでいるか。
				3	実運用に即したテストデータは準備できるか？
				4	実運用に即した運用プロセスは明確になっているか？
		2	現状のテスト実施結果、テスト記録の観点：1つの機能単体で動作させたときの実測（テスト）は十分か？（単体機能としてのテスト方法に問題はないか？）	1	実運用に即したテストデータを利用したか。（その種類、網羅性は妥当か？）
				2	単体機能での耐久テストは実施したか？（連続テスト、アクセス方式など）
		3	テスト実施の観点：具体的にテストを実施するために必要な準備、課題、制約事項は何か？	1	予測される実運用に即したテスト項目が明確か？
				2	実運用に即したテストデータは準備できるか？
				3	テストに必要な人材は確保できているか？
				4	テスト実施に向けての手順、プロセスの作成は必要か？
				5	スケジュール、コストへの影響は？

図55　討議ガイド

討議ガイドは、もともとは会議を時間内にスムーズに進め、必要な項目を漏れなく決定するためのツールです。討議ガイドは、会議の開催経験が豊富な司会者であれば、あまり必要ではないでしょう。しかし今回のように、討議の論点が不明確でお互いの視点や立場が共有できなくなってしまった場合には有効なツールになります。

＞＞実施することで、どのような成果が期待できるか

谷本PM、本田部長の両方の視点で討議ガイドを作成するとお互いの視点が明確になります。どのような視点で何を議論し結論を導けばよいのかが明確になります。

今回の場合は、テスト項目の網羅性です。しかしシステム・テストは始まっており、安易にテスト項目を増やすというわけにはいきません。テストを行うためにはその準備も必要になり簡単

に項目を増やすわけにはいきません。何を減らし、何を増やすのか、どこまでテストをするのか、その準備は可能かなど、議論の対象と課題が明確になります。

＞考察

＞＞具体的な効果（定量的／定性的）として管理可能か

討議ガイドは、討議を進めるための台本となるものです。あらかじめ討議したい項目をまとめ、想定される複数の結論を用意し、さらにその結論の影響や次の課題を提示します。このようにして準備した討議ガイドを利用すると、会議参加者が誤った判断をしていまう状況を未然に防ぐことができ、会議そのものをスムーズに進めることができます。

検討したい項目は、重要課題記述書をインプットとする場合が多く、またアウトプットとなる決定事項も討議する内容によって異なります。今回のようにテスト計画が課題となる場合、「テスト計画を決めるための討議のシナリオ」を準備することになります。したがって、討議ガイドそのものは、定性的あるいは定量的に作成するものではありませんが、討議ガイドを使った会議では、課題に対して定性的な観点や定量的な観点が盛り込まれることになるでしょう。結果として見直されるテスト計画は、見直す前のテスト計画よりも、より定性的および定量的な分析が成されたものになっていると期待できます。

＞＞PM ツールを活用することのメリット、デメリット

討議ガイドは会議の前に事前に作成します。松井 PM は、谷本 PM と本田部長の両方に討議ガイドの作成を依頼することになります。松井 PM の意図が両者に十分伝わればよいのですが、討議に必要な項目が不十分な場合は、せっかくの臨時会議も単に互いにヒアリングするだけになり、本来の目的を果たさなくなります。

構築フェーズⅡ

エピソード57．[ABC社・S&OP] 運用テストの役割見直し／ワークパッケージ

▶ストーリー

　第61期2月になった。XYZ社の取締役会によって『業務改革企画書』が承認され、正式に『業務改革プログラム』が開始したのが第59期10月末だ。すでに1年以上が経過していた。S&OPプロジェクトも、いよいよ終盤を迎えた。

　ABC社の谷統括PMは、この1年の出来事を思い返していた。昨年秋にあった「工場の統廃合」ではDEFシステム開発社を迎え入れたことで、再開発を乗り切ることができた。SCMプロジェクトも、XYZ社の川島部長から大きなクレームは来ておらず、当初の計画どおりに開発が終了しXYZ社で運用を始めていた。

　ABC社の谷統括PMは、一息ついていた。気になっていたのは、若手PMの谷本である。S&OPシステムはすでにすべての開発プロセスを実施しシステム結合テストも完了している。DEF社はABC社に納品を済ませ、プロジェクトから離れていた。一方、運用プロセスに関する準備は芳しくなかった。S&OPプロジェクトは運用テストの準備が遅れていたのだ。

「谷本、運用テストの計画だが、進捗が遅れているね」

「谷さん、気が付かれていましたか。今週末まで待って、だめなら相談に上がろうと思っていたところです」

「待つって何をだ？」

「お客様に運用テストのケース抽出とデータの提供をお願いしたのですが、いまだに提示されないのです」

「それを待っていたのか？」

「はい、今週末まで待って、それでも来なければ、谷さんからお客様に早く提示するよう求めて頂こうかと考えていました」

「ちょっと待て。お客様はこのS&OPの業務は初めての導入だよな。XYZ社の中沢課長は自分たちだけで準備すると豪語なさっていたが…運用業務フローは出来ているのか？」

「遅れているようです。なにぶんXYZ社が担当していることですから…」

>解説

>>何が起きているか

　ABC社S&OPプロジェクトの進行がお客様であるXYZ社から情報が提示されないため遅れています。XYZ社は当初、運用業務の設計はXYZ社のみで実施可能と判断しており、スコープ・ベースラインとして運用設計はXYZ社の分担となっています。当然、ABC社の契約条件では、XYZ社が運用業務フローを作成し、運用テストのためのテストデータを準備することになっており、ABC社のPMである谷本には危機感がありません。しかし、このままスケジュール遅延を許せばABC社として工期が延長になるだけでなく、XYZ社のS&OP業務開始に悪影響がでることは必至です。

>>何をしようとしているのか

　真の阻害要因を把握して解決しなければなりません。XYZ社に情報の提示を求めてただ待っているだけで責務を果たしたと言えるでしょうか？　ABC社はXYZ社のプロジェクトの一部WBSを請負ました。ABC社の作業はXYZ社のプロジェクトの一部なのです。真の阻害要因を特定し、解決に努力しなければ責務を果たしたとは言えません。

　本エピソードでは、新業務プロセスは策定されていましたが、ITシステムを介した部門間の業務データの承認や受け渡し手順など担当レベルの細かな運用業務フローの作成が遅れていました。XYZ社の担当者としては、開発中のIT機能を知らないと運用業務フローを作成できないという点に阻害要因がありました。XYZ社にIT機能に通じたメンバーが不足しており現実問題としてXYZ社単独では自社の運用業務フローを定義できないということになります。

　真の阻害要因を解決することが必要です。

>>実行できない／成果が出ない要因は何か

　谷本PMはシステム開発を目的とするABC社のプロジェクト・マネジャーの作業スコープを無意識に狭めています。問題を自社や自部門の都合というバイアスを掛けて分析しており、スコープの範囲外と思ったとたん、表面的で本当の阻害要因を見つけられません。

　表面的な阻害要因を解決する施策では、本当の解決にはならず、プロジェクトのゴールへの道のりは遠いものになります。

▶活用したPMツール　ワークパッケージ

>>PMツールをどのように活用すればよいか

　阻害要因は阻害要因として追求し、真の対策を打たなければなりません。とくにプロジェクト・マネジャーは、自社や自部門に閉じこもることなく、ステークホルダーの事情も考慮して、プロジェクト全体の目的達成のために努力しなければなりません。

　対策として、構成要素や役割分担まで見直し、ワークパッケージ（図56）を改定することもときとして必要です。

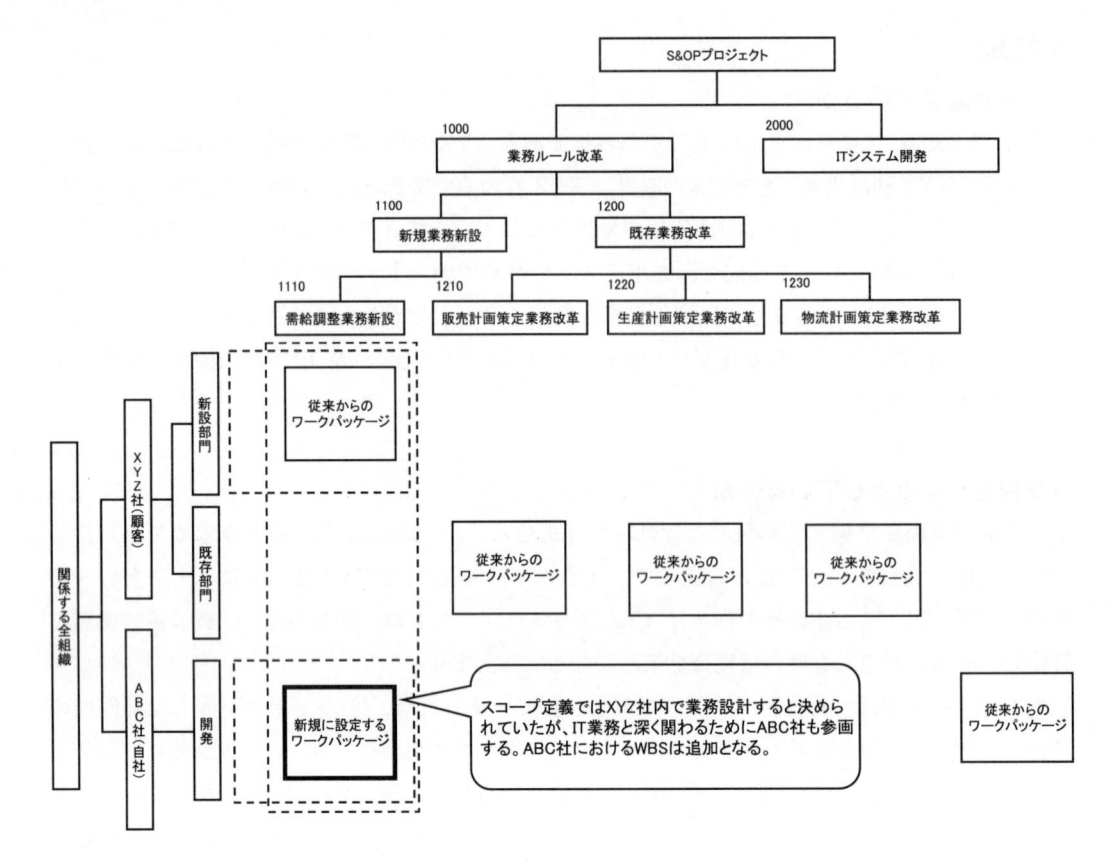

図 56　XYZ 社におけるワーク・パッケージ

　図 56 は本エピソードのストーリーに登場した谷統括 PM や谷本 PM の所属する ABC 社のワークパッケージではなくお客様である XYZ 社から見たワーク・パッケージです。従来のスコープでは需給調整業務設計は XYZ 社だけで実施することになっていました。ABC 社としては、この部分の運用設計に ABC 社も加わることを XYZ 社に提案します。IT 導入におけるお客様価値は運用できて初めて生じます。そのためには、あえてスコープの変更を申し出る局面もありえます。
　この変更は、ABC 社としては、スコープ・ベースラインの変更になり、変更を了承するまでにはリスク等も含めた検討が必要になります。コスト・ベースラインにも影響があるため、価格交渉が必要になるかもしれません。

≫実施することで、どのような成果が期待できるか

　既存業務に対する IT 化の場合には、利用部門において新業務を把握し運用テストデータの要求を提示できます。既存業務の業務データがそのまま運用テストのテストデータをなることもあります。
　しかし、まったくの新規業務の場合にはお客様（利用部門）にも業務ノウハウがなく、運用データもありません。新規業務では運用に対してきわめてリスクがあると言えます。ワーク・パッケー

ジ達成の必要条件などを適時見直し、リスク発生時には契約条件のスコープに縛られない自由な発想で対策を検討することで、プロジェクト目的を達成することができます。

＞考察

＞＞具体的な効果（定量的／定性的）として管理可能か

ワークパッケージを活用することで、WBSの属性である要素成果物やコスト、及び期間と担当者を管理することができます。ITベンダー側がシステム開発の受託を請負契約で行うとき、運用設計などは成果物が契約時に明確化しにくく、準委任契約による別契約とされることが多いと思われます。発注者からみれば、これもワークパッケージを活用した管理とすることができます。運用設計などのWBSをいつ、だれに任せるのかも考慮してプロジェクトを推進します。

＞＞PMツールを活用することのメリット、デメリット

プロジェクトのスコープは、そのまま契約条件となっていることが多いでしょう。スコープを超えた自由な発想で対応を考えるとき、契約条件の変更が大きな障壁となるとこが予想されます。

契約条件はまったく変えられないのか、変更が可能なのか見さだめながら対策を講じなければ、契約リスクを背負ってしまいます。

構築フェーズⅡ

エピソード58．［ABC社・PLM］予想を超えた障害発生／原因分析

▶ ストーリー

　２月、珍しく雪が積もった。今はもう降り止んでいるが、路面は真っ白だ。長谷部PMは、朝８時にはABC社に出勤している。自宅を出るのは６時30分頃だ。まだ雪が残っていた。

　昨日、GHI製造設備社から製造装置についての連絡を受けた。XYZ社のフィリピン工場へ、スケジュールどおりに装置が納品されたとのことだった。耐震工事、電源系の接続と初期動作の確認なども予定どおり進んでいる。

　長谷部PMは、ABC社からも数名を現地工場に出張させた。開発したソフトウェアの結合テストを行うためだ。リーダーは引き続き、駒野に命じた。

「長谷部さん、ただいま現地工場に到着しました」

元気のよい甲高い声が電話口から聞こえてきた。駒野からの連絡だった。

「駒野くん、ごくろうさま。くれぐれも事故のないように頼んだよ」

「わかりました。また連絡します。吉報を待っていてください…」

　翌日、駒野から連絡があった。

「駒野くん、作業進捗はどうかな？」

「それがうまく進んでいません。日本のシミュレータで確認したときには正しく動作していたのですが…」

「もう少し詳しく教えてくれないか」

「ソフトウェアの基本部分のうち、装置の動作を命令するコマンドを確認しています。装置は動いたり動かなかったりします。何度確認してもうまくいきません…ですが、GHI社が用意した確認用のシミュレータ・ソフトウェアだと正常に動作しています」

　長谷部PMはもう一度たずねた。

「駒野くん、どういうことだ？　原因が分からないということか？」

「はい、原因が掴めていません」

「わかった。現地には、GHI社の担当エンジニアも立ち会っているのか？」

「はい。こちらのフィリピン工場に設置した装置が第１号なので…何かあるといけないと言って、立ち会ってくれています」

「駒野くん、わかった。それじゃそちらの関係者全員で、考えられる原因についてブレーンストーミングをしてほしい。その結果を特性要因図にまとめてもらいたい。１時間程度で済ませるレベルだ。簡単なものでいい。できるかな？」

「わかりました。やってみます」

＞解説

＞＞何が起きているか

　ABC社は、XYZ社向けのPLMプロジェクトの一環として、GHI社に発注した製造装置を、XYZ社のフィリピン工場で立上げに取組んでいます。

　今回GHI社に発注した装置は、XYZ社の要求を満たす装置として初めて開発されたもので、そのため事前にシミュレータによるテストを実施していましたが、現地の立上げテストでは、うまく動作しない状況に陥っていました。

　シミュレータでのテストが上手く行っていただけに、不具合の原因を冷静に判断、解決できないでいました。

＞＞何をしようとしているのか

　今回導入する装置は、お客様のPLMプロジェクトの目的を達成する上で必要になる新機能を備えている機種です。ABC社としても初めて開発するインターフェースがあり、計画時には本番機あるいは同等の実機を用いたテストを要望していましたが、GHI社における製造スケジュールの都合上それは実現せず、GHI社と協議し開発リスク軽減と構築フェーズの確認という観点から次善の策としてGHI社からシミュレータの提供を受けてABC社においてインターフェース等のテストを行いました。現地での実機テストでは仕様書では判断しにくい不整合などのある程度のリスクは想定していましたが、動作しないことがあるという想定外の状況となってしまいました。

　現地はお客様の海外工場で、なんらかの問題が発生するリスクを考慮し、ABC社としてもサブリーダを送り込んでおり、装置メーカーであるGHI社のスタッフも現地入りしていて、スタッフはそれなりに揃っています。

　PLMプロジェクトの長谷部PMは、日本から遠隔指示し早期問題解決を図らなければならない状況になりました。

＞＞実行できない／成果が出ない要因は何か

　PMは直接作業をするより、全体を見ながらプロジェクトを推進することが期待されます。通常、プロジェクトでは、複数の作業が並行的に進行していることが多いものです。したがって自らが直接作業を指示するというより、個別作業の担当リーダーがうまく作業をこなせるように間接的に指示を送ることが主要な役割になります。

　現場目線で物を見ることもときには必要ですが、全体を俯瞰する視点で物事をとらえ、それに基づく判断により担当リーダーに職務をいかに全うさせるかがプロジェクト成功のポイントになります。

　経験のあるPMの下で、次代のPM候補やサブPMがアドバイスを受けながら実務を体験して、業務の遂行や課題に対応していくことが生きたOJTの実践になります。

　課題は都度さまざま発生し、また解決方法もそのときの状況や環境などにより千差万別です。したがって業務遂行や課題の解決方法について、個別・具体的方法を指示するのではなく、基本的な考え方や物事の判断基準、思考のプロセスなどを教えることが重要になります。

今回のように問題が発生して、解決の糸口すら掴めていない場合、現場リーダーは往々にして、焦る気持ちから空回りすることも起きてしまいます。

▶活用したPMツール 　特性要因図、品質チェックリスト

≫ PMツールをどのように活用すればよいか

課題解決には、現象を正確にとらえ分析することが肝要になります。問題の原因を識別し、関連付けて、解り易く図で整理するツールとして特性要因図（図57）があります。

まず、発生している事象を個別に書きあげて、関係者で事象同士を関連付けていきます。今回の場合、現場にはABC社の他に、GHI製造設備社のエンジニア、お客様のXYZ社の工場設備担当者が揃っており、それぞれの立場から抽出した事象を整理して行くことができます。このように、問題の事象や真因を捉え、早期解決を図るには、関係者が集まり衆知を集めることが有効です。

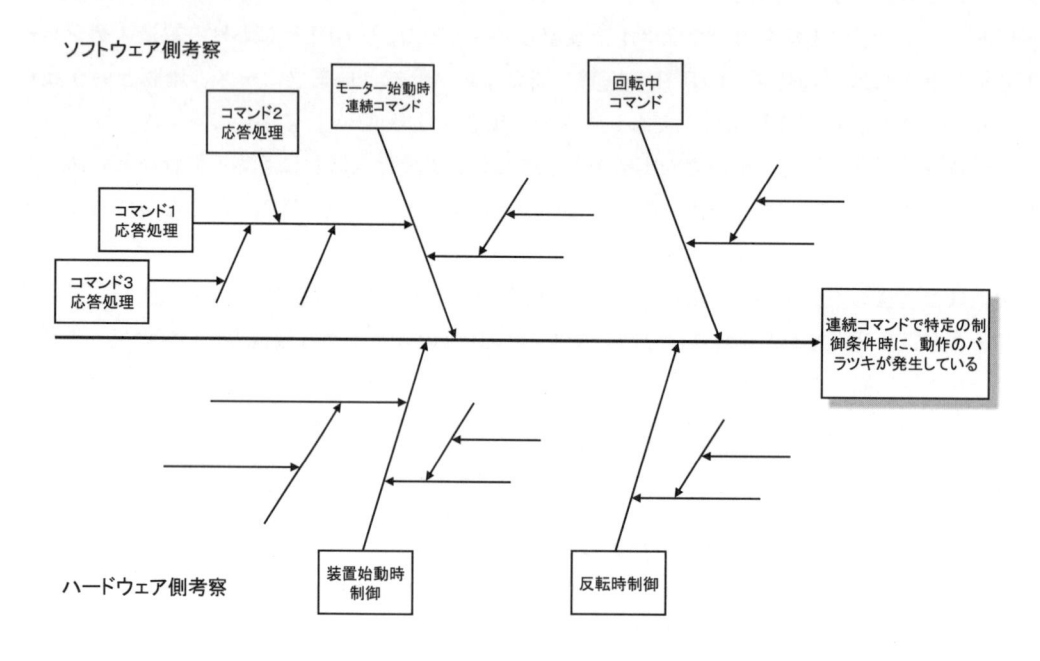

図57　特性要因図

図57に、個別に書き出した事象をグルーピングする状況を示します。図で明示できていない（漏れている）ことがないかの確認もこの図の上でできます。

このように、原因となりうる事象が分かると、次に現実の装置で起こっている不具合原因を特定するために品質チェックリストを活用します。図58はこの様にして作成されたチェックリストの例です。

ソフトウェア側考察	具体的な方法・手順・内容	具体的な結果	判定	考えられる考察
<準備>				
1　手順に問題はないか				
2　操作に問題はないか				
3　確認方法に問題はないか				
4				
5				
6				
<テストの実施>				
1　手順に問題はないか				
2　操作に問題はないか				
3　確認方法に問題はないか				
4　確認する機能　1～10				
5　確認する機能　11～20				
6　確認する機能　21～30				
<外的環境>				
1　手順に問題はないか				
2　操作に問題はないか				
3　確認方法に問題はないか				
4　確認する環境　1～10				
5　確認する環境　11～20				
6　確認する環境　21～30				

ハードウェア側考察	具体的な方法・手順・内容	具体的な結果	判定	考えられる考察
<準備>				
1　手順に問題はないか				
2　操作に問題はないか				
3　確認方法に問題はないか				
4				
5				
6				
<テストの実施>				
1　手順に問題はないか				
2　操作に問題はないか				
3　確認方法に問題はないか				
4　確認する機能　1～10				
5　確認する機能　11～20				
6　確認する機能　21～30				
<外的環境>				
1　手順に問題はないか				
2　操作に問題はないか				
3　確認方法に問題はないか				
4　確認する環境　1～10				
5　確認する環境　11～20				
6　確認する環境　21～30				

図58　品質チェックリスト

品質チェックリストは、標準化作業の一環として、各現場やプロセスの気付きにより、普段から備えておくことが望まれます。また、新たに気付いたことがあれば、都度改訂し、その現場で自分達が使える資料として用意することがポイントになります。

　今回、品質チェックリストを用いて体系的にテストケースを流していったところ、いくつかの連続コマンドを発行した時に装置の作動量にバラツキが出ることが解りました。これは、当初装置側で実装すべき処理を、GHI社装置の納期短縮のために、交渉の末、ABC社の制御ソフト側で機能追加したものでした。

　業務アプリケーションの開発と違い、機械装置の開発においては、モーターの回転／停止などの機械的動作があるので、デジタルには動作しません。また、装置ごとに多少の特性のバラツキが生じるため、装置ごとの癖を把握してチューニングすることが必要になります。

　装置制御の経験が十分でないABC社は、GHI社提供のシミュレータで動作確認することでよしとしたのですが、シミュレータには装置ごとの癖を折り込むことができないため、実機での動作確認まで問題が発見できなかったのです。しかし関係者が協力して特性要因図を作成し、考えられる原因を洗い出して、それを特定するチェックリストを作成し、実機でチェックすることによって、どのコマンドでどのような現象が起きるのかを把握し、問題の究明に繋げることが出来たのです。

＞＞実施することで、どのような成果が期待できるか

　品質チェックリストは問題の整理や漏れを防ぎ、真因を分析することに役立ちます。また体系的に整理することにより、まだ発生していない問題にも気付くきっかけになり、未然防止にも役立つことが期待されます。

＞考察

＞＞具体的な効果（定量的／定性的）として管理可能か

　品質チェックリストは、標準化を進め、適用したプロジェクトからの教訓を反映させることによって、より充実したチェックリストになります。プロジェクト作業に応じた独自のチェックリストを作成し改善していくことをお勧めいたします。

　ただし、チェックリストを用いれば、万全ということではありません。仕様が異なる場合などはチェック項目の見直しも必要であり、先輩が苦労したチェックポイントを後輩が正しく活用するためには、どのような観点でそれぞれのチェック項目を抽出しているのかなど、当該チェックリストの目的や改善の要点なども伝承できる仕組みを付記しておくような工夫も必要です。

＞＞PMツールを活用することのメリット、デメリット

　チェックリストによる確認作業の結果、問題がなかったからといっても品質が完全であることを保証するものではありません。あくまでも品質確認作業が確実に行われたことをチェックするためのツールであり、品質そのものの評価はテスト結果の専門的な分析によらなくてはなりません。

構築フェーズⅡ（システム・テスト）を終えて

▶ストーリー

　XYZ社は、S&OPプロジェクトによる業務改革に伴う新たな業務プロセスについて再検討しなければならなかった。新たな業務を行うためには関連する部門と調整する権限が必要であったが、中沢課長率いるS&OPプロジェクトのメンバーにはその権限がなく、業務設計が十分にできなかった。『業務改革プログラム』を統括する岡田室長も、この状況を認識していなかった。

　コンサルタント会社のPQRコンサルティング社は、すでに『業務改革プログラム』から離れていた。関連部門を調整するには新組織が必要であり、その部門メンバーは、職務分掌、業務設計などを行うスキルが必要なことに、XYZ社の関係者は誰も気づかなかったのである。

　ABC社の谷本PMが新たにXYZ社の業務設計に参画し、職務分掌表の作成および人の業務を定義することろから作業を開始した。システムを利用するレベルの業務フローの検討は職務分掌表等の設計が完了してからでなければ開始することはできず、結果として運用テストに必要とされるレベルの業務フローの設計は遅れた。それでも、主要な業務フローについてだけは作成し、ABC社は、運用テストを終了しようとしていた。

　この結果に満足しなかったのが、情報システム部の本田部長であった。本番運用を迎えた後で、ユーザーのクレームに真っ先に対応しなければならない立場だからだ。

　本田部長は考えていた。

- ▶ユーザーの運用シナリオも十分に洗い出せていない。業務プロセスの例外処理はどうするのか。
- ▶ユーザーが同時に作業したらどうなるのか。システム・ダウンを招いたら別の業務プロセスを用意しているのか。
- ▶そもそもこのシステムを利用する具体的な利用部門のユーザーが誰なのか把握しているのか。

　本田部長は、課題は山積みだと感じていたが、中沢課長の担当である以上、あまり口出しもできない。そんな配慮もあった。そんな折、XYZ社の現場レベルの全体定例会議で、その一端が爆発した。JKLシステムインフラ社の松井PMのアイデアで、課題を的確に検討することができ、それぞれアクション・プランを立てて対応することになった。その後、課題は管理され、順に完了し無事にシステム・テストを終了することができた。

　いよいよXYZ社の本社管理部門、営業部門、工場・販社のシステム利用者など、すべてのユーザーへの教育活動が始まる。そして、シンガポールの新しいITセンターへのシステム移行が始まる。

実行段階(2) **移行フェーズ**

エピソード59．［ABC社・S&OP］移行の盲点、実は多様な利用現場／移行計画書

▶ ストーリー

> 5月、XYZ社の新システムの稼働が見えてきた。
> ABC社の谷統括PMは、S&OPプロジェクトの移行計画を谷本PMに確認していた。
> 「システム移行については問題ないか」
> 「はい、谷さん。シンガポールの本番環境における稼働は、まったく問題ありません。データの移行についても確認しました」
> 「日本にも災対（災害対策）環境があるのだろう。そちらの移行は大丈夫なのか？」
> 「はい、本番環境と同じですから。本番環境でシステム・テストを充分に行っています。稼働には問題ありません」
> 「おいおい。ちゃんと導入できたか確認したのか？ 確認項目を作成して作業を進めたか？」
> 「もちろんです。我々も日本から立ち会いましたが、主にシンガポールのXYZ社の情報システム部門が導入してくれました。我々は、XYZ社から詳細な報告を頂き、稼働を確認しました」
> 谷は困り果てた。
> 「（XYZ社の本田部長のところに挨拶に行かなくては…）」
> 谷には、一番気になっていたことがあった。
> 「XYZ社のユーザーへの教育は、どうするつもりだ？」
> 「エンド・ユーザー教育は来る7月に1回集合教育を計画していますので、こちらも大丈夫です。私自身がシンガポールで対応します」
> 「…ユーザーは何人くらいだ？」
> 「聞いていません。お客様であるXYZ社が計画を立案されているので…」
> 「おい…、ちょっと無責任すぎないか？ 想定でもいいから言って見ろ」
> 「…各国の販社と工場、日本のエンド・ユーザーもいると思います」
> 「…具体的にリストアップしてみてくれ。そこからXYZ社の業務を把握して、我々として何をしなければならないか確認しよう」

▷解説
▷▷何が起きているか
　移行フェーズは、開発側から見るとシステム・テストという重大イベントの後にくるフェーズであるため、あまり注意が払われず、計画が甘くなる傾向があります。移行フェーズにおける開発担当者の気持ちとしては、システムを開発し、テストも完了している、バグもない、自身の責任を果たしたと思って安心しています。
　このような油断がもっとも危ない状況と言えます。

▷▷何をしようとしているのか
　移行の計画立案では、リスクを軽減しつつ、安全にシステムを稼働する計画を立案します。運用とは具体的にどのように行うのか、人単位に業務を追いかけて初めて具体的な業務が見えてきます。移行フェーズでは、具体的な個々の人が行う業務へ開発したシステムを引き継ごうとしています。

▷▷実行できない／成果が出ない要因は何か
　ITシステムは運用されて初めて効果を発揮します。しかし業務を具体的にイメージするのが、業務に携わったことのない開発者にとって一般に苦手であり、抽象的に考えてしまいがちです。
　谷本はこの時点で「ユーザー教育は終わった。あとはお客様の仕事だ」と安易に考えてしまいました。
　本来、移行計画を正しく立案する必要がありましたが、具体的に検討できず配慮の不足した移行計画しか作成できませんでした。しかも、お客様であるXYZ社も情報システム部門は業務特性に明るくなく、ABC社の移行計画の不備に気づかずをに合意してしまいました。
　しかし実際には、エンド・ユーザーが東南アジア各国に分散し、使われる言語も異なります。言語、文化が異なれば、職務分掌や手順、暗黙知が異なり、詳細な運用手順も変えなければならない可能性があります。全受講者が同じ日に集合できる可能性も確実とは言えません。ここに大きなリスクがありました。
　各販社、各工場の企業文化は、意図して統一しない限りバラバラです。たとえば、商品名や商品コード、販売方法や納品に関する業務ルールなどはグループで統一できていないでしょう。
　企業文化が異なるため、システムを含めた業務の仕方は、各販社、各工場で異なる事情があると想定されます。システム設計時に標準化を進めたとしても完全ではありません。ここにリスクが内在する可能性があります。

▶活用したPMツール　移行計画書

▷▷PMツールをどのように活用すればよいか
　業務はITシステムが行うものではありません。人が行います。ITシステムを活用して人が行う業務を具体的に把握し、その上で移行計画を作成することが必要です。移行計画書には、以下のような内容を記載します。

① データの移行
② システムの移行
③ ノウハウの移行
④ ユーザー教育

　ここでエンド・ユーザーに関しては、単なるシステムの操作方法の修得にとどまらず、新しい業務定義、業務フローが現場とマッチするのか確認する意図が含まれます（図59）。

エンド・ユーザー教育の取扱い

(1) 旧業務／職務分掌から新業務／職務分掌への移行に考え落ちがないか確認する。
(2) 各国の言語対応を配慮する。
(3) そのため、拠点ごとに教育を実施し、実務を模して試用させ、習熟を図ると供に課題、問題点を抽出し、早急に対処する。

図 59　移行計画書（抜粋）

>>実施することで、どのような成果が期待できるか

　IT開発プロジェクトにおいて、移行フェーズの計画では特に業務に関わる検討や計画が薄くなる傾向があります。移行計画で業務を具体的に把握し、検討することでこの傾向を補完し、リスクも軽減して、より安全に移行作業を進めることができます。

>考察

>>具体的な効果（定量的／定性的）として管理可能か

　プロジェクトの特性により、移行計画に記載すべき項目は変わりますが、記載内容や記載レベルの標準化をすることができます。特に業務について具体的に把握する点を標準化し、ノウハウを共有すれば、作業の効率化とリスクの軽減を図ることができるでしょう。

>> PMツールを活用することのメリット、デメリット

　移行のためにプロジェクト・メンバーが業務を具体的に把握することを目指したとき、どこまで入ればよいのか判断が難しいものです。移行計画において、運用を引き継ぐチーム、エンド・ユーザーとの間で役割の分担を明確にすることが重要です。

移行フェーズを終えて

▶ストーリー

　XYZ社は、無事にシステムの移行を終えた。これには情報システム部の本田部長が、大いに采配を振るった。

　各プロジェクトによって開発されたITシステムを稼働させ、旧システムから運用を引き継ぐなど多忙な日々を過ごした。特に本田部長が気にかけたのは、旧ITセンターから、シンガポールの新ITセンターへの移行であった。それには現行システムについても検討する必要があった。

　▶業務改革によって、現行のシステムを廃止するもの
　▶新開発システムの導入によって、旧システムから変換するもの
　▶そのまま旧ITセンターから新ITセンターに移行するもの

　これらを区分し、それぞれの移行計画を立て、移行スケジュールに基づいて作業を進める必要があった。

　また業務の観点からも移行が必要だった。

　▶情報システム部門の定常業務プロセスの見直し
　▶MNOシステムサービス社にアウトソーシングするプロセス

　本田部長は、これらを情報システム部門のメンバーだけで済ませたのである。日々の維持管理業務のPDCAプロセスの中で、ユーザーの教育を含めた移行を済ませてしまった。

　旧システムをそのまま新ITセンターに移行するものは、すでに移行を済ませサービスを再開していた。JKLシステムインフラ社の松井PMは、新ITセンター移行の詳細スケジュールを本田部長から聞かされて、毎回のサービスイン時に待機を命じられた。MNO社へのアウトソーシング開始もスムーズに立ち上がったように見えた。

　7月、いよいよ新システムのサービスインに向けて準備を整えていた。経験豊富な本田部長は、システムの本稼働に伴う初期トラブルなど、いくつかは問題が上がるだろうが対応はできると考えていた。

　だが、本田部長はそれでも納得していなかった。MNO社へアウトソーシングを開始するにあたって導入したITIL®運用についてである。これには、XYZ社のユーザー全員の協力が必要で、情報システム部やMNO社だけですませる問題ではなかったからである…。

第5章 運用段階

▶ストーリー

　第61期7月。XYZ社の『業務改革プログラム』は、第59期10月の構想着手以来1年9カ月の後に終結を迎えようとしていた。昨年の第60期10月に決定した工場の統廃合という影響を受けて、当初予定していた第61期4月のサービスインを3カ月遅らせてのスタートである。

　SCMプロジェクトはすでに第60期1月にサービスを開始した。その施策の効果が、経営指標に現れ始めていた。SCMプロジェクトに関連した新業務は、新ITセンターに移行した後も支障は出ていない。XYZ社のSCMプロジェクトの川島部長と、情報システム部門の本田部長が率いるメンバーの地道な努力が実を結んだ結果である。

　しかし、新ITセンターにおける新しいITIL®運用についてはどうか。またS&OPプロジェクトやPLMプロジェクトが提供するシステムは稼働したばかりだ。現場業務における効果はまだない。『業務改革プログラム』は成功したといえるのか…PG推進室の岡田室長をはじめ各プロジェクトを率いたPMたちは、自らが指揮したプロジェクトの効果が経営指標に現れるよう祈るしかなかった…。

XYZ社　運用段階　（第61期7月）

XYZ社	第59期					第60期				第61期		
	10月	11月	12月	1〜3月	4〜6月	7〜9月	10〜12月	1〜3月	4〜6月	7〜9月	10〜12月
中期経営計画	…実施中…						終結◆	◆スタート…			
業務改革プログラム（当初計画）	準備段階			計画段階		実行段階				運用段階…		
	企画フェーズ	構想フェーズ		計画フェーズⅠ	計画フェーズⅡ	構築フェーズⅠ		構築フェーズⅡ	移行フェーズ	◆運用開始…		
業務改革プログラム（修正後）	準備段階			計画段階		実行段階				運用段階…		
	企画フェーズ	構想フェーズ		計画フェーズⅠ	計画フェーズⅡ	構築フェーズⅠ		構築フェーズⅡ	移行フェーズ	◆運用フェーズ ◆ 継続的改善フェーズ		

現時点

運用段階 運用フェーズ

エピソード60.［XYZ社・ITC］ITIL® 運用の開始／品質改善ロードマップ

▶ ストーリー

> 7月、JKLシステムインフラ社の松井PMがこのプログラムに参加して、2度目の梅雨である。この日も情報システム部の本田部長との定例会議だ。この会議には、いつも森本も同席させていた。
> 「本田部長、これまでいろいろとありがとうございました。ようやく新開発システムのサービスインを迎えることができます」
> 「松井さん、これまでのJKL社のご協力に感謝します。しかし、これからが本格的な運用です。私たちの業務が、無事に、スムーズに進められるか心配です」
> 「大丈夫です。新しく導入するITILの運用も、XYZ社の各部署のリーダーに推進担当者を配置して頂きました。本田部長のもと、オペレーション教育も十分実施されましたので、よいスタートができたと喜んでおります」
> 「そうじゃないのです。確かに操作手順書も出来上がりました。運用プロセスも完成し関係者に周知されています。ですが、インシデントを登録しなかったり、問題を放置したり、レビューが滞ったりと、ITIL® の運用そのものに我々は慣れていません」
> 「そうですね。経過観察をしながら、ある種の啓蒙活動が必要かもしれません」
>
> 松井PMは、少し考えてから本田部長にこう切り出した。
> 「本田部長、実はMNOシステムサービス社とは、インフラの環境構築の段階で、品質改善ロードマップを使っていたのです。この方法ならMNO社の担当者もすでに慣れています。これからの新しいITIL運用に対応した品質改善ロードマップを作成してはどうでしょうか」
> 「松井さん、ありがとう。ぜひその方法を試してみたい。アドバイスをいただけますか」
>
> 会議が終わってXYZ社からの帰り、松井PMは森本に課題を与えた。
> 「今回のテーマに合った品質改善ロードマップを、森本くんの考えで作成してみないか？」
> 「以前、MNO社と作成した品質改善ロードマップの応用ですね。案を考えてみます」
> 「よろしく頼むよ」
> 松井PMは、今回のプロジェクトの参加で目覚しい成長を遂げた森本に、ひそかに喜んでいた。

＞解説

＞＞何が起きているか

　新システムが無事にサービスインを迎えました。新しい業務プロセスに則って、これから新システムが利用されはじめます。XYZ 社をはじめ、ABC 社、JKL システムインフラ社、MNO システムサービス社など、すべての関係各社は、新システムのトラブルに備えて待機し、運用を監視することは言うまでもありません。

　情報システム部の本田部長は過去にもシステムの入れ替えを経験しており、新しい業務プロセスの説明や XYZ 社の社内ユーザーに対する準備もしていました。しかし本田部長は、ITIL® による運用プロセスが、XYZ 社の情報システム部メンバーや、MNO 社のメンバー、それにシステムを利用する XYZ 社内のユーザーに十分熟知されたかどうかが不安でした。

　ITIL® の運用プロセスは、JKL 社が作成し手順書やマニュアル類を準備していました。それが、関係者間で期待どおりに運用されないことを心配して松井 PM に相談したのです。

＞＞何をしようとしているのか

　ITIL® の運用プロセスが正しく機能するよう監視が必要です。運用プロセスが守られなければ、課題が抽出できずユーザーに負担をかけ、何度も繰り返される同じトラブルにも気付くことができなくなります。

　初めて導入する運用プロセスをどのようにして機能させるか、また機能していないことをどのようにして確認するのか、本田部長はその方法を模索しています。

＞＞実行できない／成果が出ない要因は何か

　ITIL® による運用プロセスを今回初めて導入するためユーザーは慣れていません。サービスイン前の移行段階で、ITIL® に関する教育は済ませました。

　しかし、ユーザーは一度もインシデントを上げたことがないのです。何をインシデントとしてあげるのか皆目検討がつかないでしょう。各部署に設置しているプリンターのトナー交換までインシデントで管理するのでしょうか？ XYZ 社のシステムのユーザーは、情報システム部が管理している範囲と各部門が管理している範囲について区別できているでしょうか？ また、これまでは電話連絡だけで済んでいた情報システム部への依頼を、インシデントとして起票するでしょうか？

　また、サービス・カタログを作成しても、その管理を行うためには正しいインプットが必要になります。作業量や管理コストは増加しますが、本当に XYZ 社が求める期待に応えられるのでしょうか。

　継続的サービス改善プロセスは、ITIL® の運用プロセスそのものを検討することもできます。手順書や運用プロセスを見直すことも必要になるでしょう。そのような改善を XYZ 社の情報システム部のメンバー自らが PDCA サイクルによって実施することになります。その認識があるでしょうか。

運用フェーズ―エピソード60

▶ 活用したPMツール　品質改善ロードマップ（QIM）

≫ PMツールをどのように活用すればよいか

ITIL®の運用プロセスそのものの品質を上げる方法を、あらかじめ計画しておきます。前回は、インフラ環境の品質そのものを上げることが目的でした。今回は「ITIL®の運用プロセスが正しく機能する」品質を改善していきます。新しい運用プロセスの導入当初は正しく機能しにくいものです。その状態をスタートラインとして、ITIL®の継続的サービス改善プロセスが機能するまでの一助として品質改善ロードマップ（図60）を利用します。

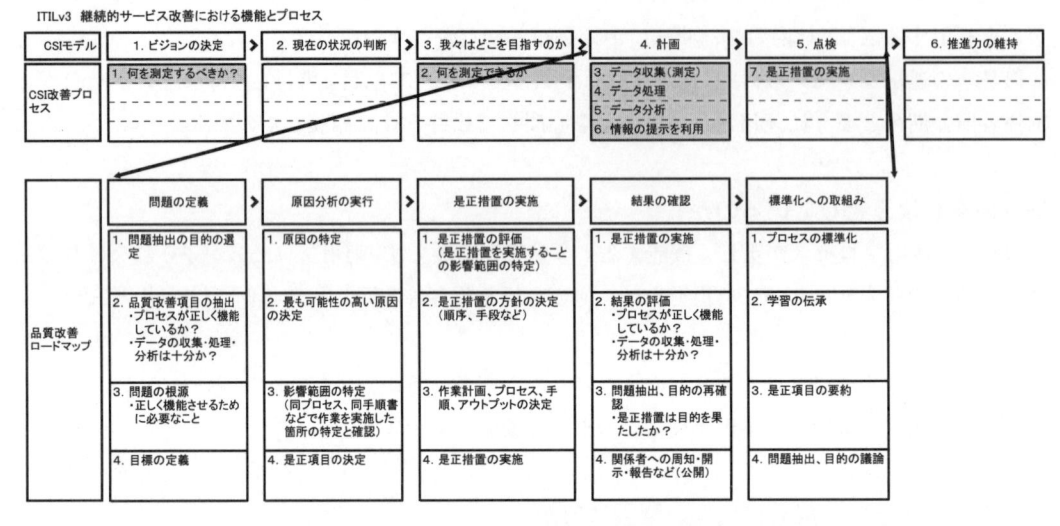

ITILv3 継続的サービス改善における機能とプロセス						
CSIモデル	1. ビジョンの決定	2. 現在の状況の判断	3. 我々はどこを目指すのか	4. 計画	5. 点検	6. 推進力の維持
CSI改善プロセス	1. 何を測定するべきか？		2. 何を測定できるか	3. データ収集（測定） 4. データ処理 5. データ分析 6. 情報の提示を利用	7. 是正措置の実施	

	問題の定義	原因分析の実行	是正措置の実施	結果の確認	標準化への取組み
品質改善ロードマップ	1. 問題抽出の目的の選定	1. 原因の特定	1. 是正措置の評価 （是正措置を実施することの影響範囲の特定）	1. 是正措置の実施	1. プロセスの標準化
	2. 品質改善項目の抽出 ・プロセスが正しく機能しているか？ ・データの収集・処理・分析は十分か？	2. 最も可能性の高い原因の決定	2. 是正措置の方針の決定（順序、手段など）	2. 結果の評価 ・プロセスが正しく機能しているか？ ・データ・収集・処理・分析は十分か？	2. 学習の伝承
	3. 問題の根源 ・正しく機能させるために必要なこと	3. 影響範囲の特定（同プロセス、同手順書などで作業を実施した箇所の特定と確認）	3. 作業計画、プロセス、手順、アウトプットの決定	3. 問題抽出、目的の再確認 ・是正措置は目的を果たしたか？	3. 是正項目の要約
	4. 目標の定義	4. 是正項目の決定	4. 是正措置の実施	4. 関係者への周知・開示・報告など（公開）	4. 問題抽出、目的の議論

図60　品質改善ロードマップ（2）（継続的サービス改善プロセスとのリンク）

継続的サービス改善プロセスと品質改善ロードマップを混同してはいけません。前者はプロセスであり、後者はツール（技法）です。継続的サービス改善プロセスを見直す場合には、関係者の承認が必要になりますが、ツールはそのプロセスの過程を補うためのものです。

品質改善ロードマップの横軸（プロセス）を継続的サービス改善のプロセスとそのインプット、アウトプットに合わせておけば、縦軸（各プロセスで実施するアクション）は、ある程度自由に変更することが可能です。

≫ 実施することで、どのような成果が期待できるか

継続的サービス改善は、ITIL®の運用プロセスによってユーザーに提供するサービスそのものを改善します。そのためには、ある程度、運用プロセスが正しく機能しなければなりません。運用プロセスが正しく機能しなければ、運用業務のアウトプットとなるサービスそのものが提供できなくなります。

継続的サービス改善プロセスによって、XYZ社自らが運用プロセスそのものを改善できるようになれば、ITIL®運用が開始されたといってよいでしょう。そのための最初のツールとして、品質改善ロードマップを用意しておくことは有効だと松井PMは考えました。継続的サービス改善プロセスそのものが本格的に機能するようになれば、品質改善ロードマップ自身も見直され

るか必要なくなるでしょう。

> 考察

>> 具体的な効果（定量的／定性的）として管理可能か

　品質改善ロードマップそのものは数値で管理するものではありませんが、その効果を定量的、定性的に分析する手段を検討することが出来ます。

>> PMツールを活用することのメリット、デメリット

　一度品質改善ロードマップを作成すると、縦軸のアクションそのものも継続的サービス改善プロセスの一部になります。継続的サービス改善プロセスは、もう少し広い視点で検討するプロセスですから、今回のようなケースで品質改善ロードマップを利用する場合には注意が必要です。品質改善ロードマップの縦軸（アクション）を順守することが継続的サービス改善プロセスの妨げとならないよう、品質改善ロードマップそのものを見直すことも大切です。

運用フェーズについて

▶ ストーリー

　情報システム部の本田部長、情報システム部のメンバーの維持管理業務に向ける変わらぬ熱意によって、『業務改革プログラム』のメインとなったS&OPプロジェクトの新開発システムは無事にサービスインを迎えた。また、日本にあった旧ITセンターから新ITセンターへの移行も無事に終了させることができた。

　本田部長は、PG推進室の岡田室長に逐次報告していた。岡田室長は、『業務改革プログラム』を側面から支えてくれた立役者として本田部長に感謝していた。

　本田部長は、JKLシステムインフラ社の松井PMのアイデアによって、ITIL® 運用を無事にスタートさせた。情報システム部のメンバーは、PDCAによる業務改善に精通していたので、「品質改善ロードマップ」はスムーズに受け入れられた。これをもとに、ITIL® 運用に不備、不足があった場合には、PDCAにる改善プロセスを実施すればよく、本田部長も安心できた。情報システム部のメンバーは、MNOシステムサービス社の管理や新しい維持管理プロセスが導入されたものの、それらに慣れるのに、それほどの時間はかからないだろう。

　また、新ITセンターが立ち上がり、MNO社のアウトソーシングが本格的に始まろうとしていた矢先、情報システム部の縮小が通知された。本田部長は覚悟しており、仕方がないと諦めた。これもITセンター・プロジェクトのタスクの1つだったからである。新システムのサービスインに多大な労力をかけて推進してくれた情報システム部のメンバーたちの約半数が、他の部門に異動した。また新ITセンターの立上げを見とどけたJKL社とも契約を終結した。

Column 5

ITIL® による運用について

　ITIL® とは、IT サービスマネジメントのベストプラクティスを集めたフレームワークです。IT システムの運用に特化して実際の知識・ノウハウが集約されており、現在は V3 が発表されています。ITIL® では、IT サービス戦略を立て（サービスストラテジ）、計画（サービスデザイン）、移行（サービストランジション）、運用（サービスオペレーション）を繰り返すことによって、「継続的サービス改善」を行う 5 つのプロセスから構成されています。（詳しくは専門書をご参照ください）。

　さて、XYZ 社は新しく「ITIL® 運用」を導入しました。しかし 5 つのプロセスが実施されているわけではなさそうです。まずは「サービス・オペレーション」によって、IT システムを運用し、その管理方法を定着させることに注力したようです。そして実運用の結果から次に繋がる「IT サービス戦略」を検討し、計画、移行、運用を繰り返しながら、効果のある IT 活用を目指すことでしょう。

運用段階 継続的改善フェーズ

エピソード61．[ABC社・S&OP] 活かせこの経験、教訓の継承／教訓の知識ベース

▶ ストーリー

　8月、XYZ社『業務改革プログラム』の新開発システムが稼働した。ABC社の中でもっとも喜んでいたのが、谷本PMだった。
「谷さん、いろいろとご指導ありがとうございました」
　統括PMの谷も、これでやっと一息つけると思った。PMOの北島マネジャーに谷本を推薦したのは、他ならぬ谷自身であったからだ。はじめてのプロジェクトマネジメントながら谷本はPM職をよくやってくれた。とはいえ肝が冷える思いもさせられた…。
　ABC社では、XYZ社の『業務改革プログラム』に参加したメンバー全員による完了報告会が開かれた。この会議には、PMOの北島マネジャーも参加していた。
　メンバー全員の報告が一通り終わり、最後に統括PMとして、谷が全員に向かって報告した。
「みなさん、お疲れさまでした」
　その後、北島マネジャーが、谷のところに歩み寄ってきた。
「おう、谷。無事終わったな」
「北島マネジャー、ご心配をおかけしましたが、なんとか無事に済ませることができました」
「谷。君がよくみなをまとめたからだ。PMOの標準ツールもうまく使ってくれた。ところで、今回のプロジェクトの統括として最後の作業をお願いしたい」
「なんでしょうか」
「教訓だよ。我が社で初めてのS&OPプロジェクトだ、継承すべき教訓の宝庫だと思うが」
　報告会の後は立食形式のいわゆる「打上げ」である。
　歓談たけなわのとき、ABC社の別事業部の事業部長が入ってきた。
「谷本はいるか？」
「どうも…お疲れさまです」
「谷統括PMから聞いたぞ。S&OP関連のシステムを開発したらしいな。実はこちらも同じような開発をすることになった。ノウハウを提供してくれよ」

＞解説

＞＞何が起きているか

　S&OP プロジェクト終結にあたり、プロジェクトの成功や失敗を監査し、教訓を集め、組織が将来活用できるようにプロジェクト情報を保管することが求められています。S&OP は ABC 社として新分野であり、同じ分野のプロジェクトが増えることが期待されています。それだけに教訓を活用できる形で残す意義が高いといえます。

＞＞何をしようとしているのか

　今回のプロジェクトの成功体験や失敗体験で後継のプロジェクトに有効と思われる体験をできる限り、後継のプロジェクトに伝承するノウハウとすることを考えます。このノウハウのことをPMBOK® ガイドでは教訓と呼びます。プロジェクトの責任において暗黙知であった体験を形式知である教訓に昇華させることは言うまでもありません。さらに、後継のプロジェクトで教訓が活用できるように教訓の知識ベースにまとめておくことが必要です。

＞＞実行できない／成果が出ない要因は何か

　教訓を残すのに報告書などの方法を用いる事があります。しかしこの方法は、後継のプロジェクトが教訓を活用するには煩雑です。後継のプロジェクトでは先行プロジェクトの手順書やドキュメントを活用します。このとき、教訓が完了報告書に記載されているだけだと、教訓が継承されないリスクがあります。たとえば、完了したプロジェクトで実際に使用した手順書ではあるが、見直しが必要な箇所があり、完了報告書にのみ記載があったとします。後継のプロジェクトの担当者が完了報告書の該当個所を見落とすかもしれません。

　つまり先達のドキュメントは見つけやすいのですが、報告書などに記載された教訓の記録は見つけにくいもので、結局、先達の教訓が活かされないことになります。

▶活用した PM ツール　教訓の知識ベース

＞＞ PM ツールをどのように活用すればよいか

　教訓が収集され教訓の知識ベースとして活用される仕組みがあると便利です。

　図 61 は教訓の整理方法を示しています。プロジェクト又はプログラムを振り返り、良かった点や問題点を収集し、教訓への切り口の観点で整理します。このような方法で整理されたリストがプロジェクト・レベルの教訓（表 34）及びプログラム・レベルの教訓（表 35）です。

　蓄積されたプロジェクト文書については、プロジェクト文書と教訓が別管理になっているために、両者を突き合わせないと教訓を継承できないという問題があります。プロジェクト文書と教訓を連携し、教訓の知識ベースとすることで教訓の伝達が容易になります。

　また、プロジェクトやプログラムの初期段階で教訓を確認し共有を徹底することや、工程作業完了時に教訓が生かせているかをチェックすることも大切です。前者は、特に行ってはいけないことや、みなが守ることなどが挙げられ、初期段階で共有の場を設けて徹底することがよいでしょう。後者は、抜け漏れなどで、普段気を付けていても落とし穴があるような内容のものが挙げら

れ、チェックリスト化し、それを工程完了基準に組み込みルール化することで、教訓の反映が容易になります。

　プロジェクト内解決が難しい内容の教訓事例は、プログラムへエスカレーションし、教訓を運用するのがよいでしょう。プログラムとプロジェクトでは目標の視点が異なるため、層別分類を行うことが必要ですが、手法については基本的には変わりません。

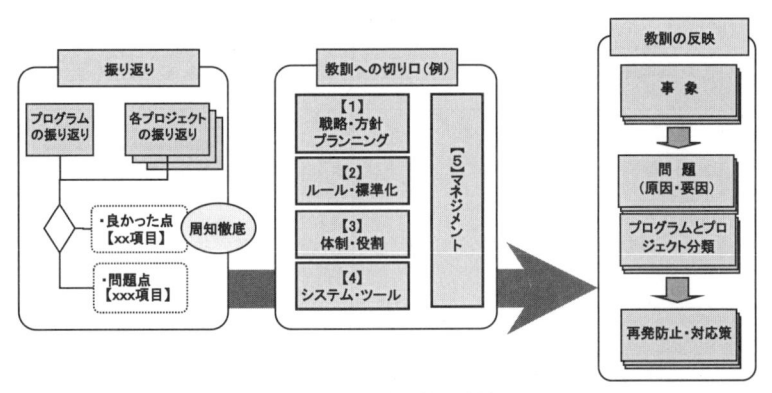

図 61　教訓の整理方法

表 34　プロジェクト・レベルの教訓

	名称	WBS	現象	対処
1	プログラムの可読性	コーディング規約	do ループの終了条件の設定ミスが頻発した。do while ループと while ループの終了条件を間違えたものと思われる。	プロジェクトとしてコーディング規約でループの書き方を while ループか do while ループのどちらかに限定した方がよい。
2	仕様を事例で提供されたときにテスト項目抜け	要件定義票、テスト計画書	カスタマイズ仕様を、「たとえばアイテムが LED のときに代入する」など具体例で提示されたときに、具体例しかテストされていない。	仕様に具体例がある場合、要件定義票を見分けるフラグを追加し、具体例がある場合にはテスト計画書のテストデータをレビューし具体例以外のデータもテストする。
3	不具合連絡票と教訓報告票の重複	不具合連絡票、教訓報告票	同じエラーについて、不具合連絡票と教訓報告票の2帳票を起票した。	ほぼ同様の情報であるため、不具合連絡票起票時には教訓報告票の起票は免除するようにする。

　パッケージ・ソフトウェアを活用した IT プロジェクトの場合はカスタマイズに関する教訓を残すことが重要です。多くのパッケージ・ソフトウェアでは、カスタマイズ可能箇所を想定しています。想定されたカスタマイズ可能箇所ごとに、プロジェクトで行った変更や教訓を記載し整理しておくことができます。次回同様の分野で同じ事態が発生することが予想されるので、複数のプロジェクト横断的に教訓を残す教訓の知識ベース（表 36）が役立ちます。

　PMO が提供するプロジェクト・マネジメント計画書等のテンプレートやプロジェクトが作成した要素成果物（設計手引書やコーディング規約、テスト規約など）に、その規約の内容「How」と伴に、なぜその規約が制定されたかを示す「Why」を記載しておきます。プロジェクト終結時には、必要な改定を加えたうえでこの記述に今回の教訓を追加し記録しておきます。

表35 プログラム・レベルの教訓

No.	名称	事象及び問題点	分類（切り口）	対応の方向性	具体的な対応策
1	システム環境の統制ルール	教育やテストに必要な環境で、各プロジェクトから要求のあったシステム環境を構築した為、統制が取れてなかったことと予算の追加が発生した。また、少ない環境をたらいまわしすることで、負荷検証作業、システム連携作業に問題が発生した。	ルール 標準化	教育、テスト計画の記述レベルを設定し、標準化すると共にプログラムで統制を取った確認を行う。	企画及び設計計画ドキュメントにテスト及び稼動準備に必要な内容が漏れなく狙うレベルで記述されるよう、ルール化することと、計画マイルストーンにプログラムレベルの確認を設ける。
2	会議体のマネジメントルール	会議で、報告レベルが各プロジェクトでバラバラで、QCDやベネフィットの管理が難航。プロジェクト間の情報共有が不十分で、プログラムに影響する問題の明確化が遅れた。	マネジメント	進捗や課題へのアセスメント体制や、会議全体のあり方、進め方の見直しを行う。進捗などの報告書の共通化。	進捗や課題の状況は、週単位にプロジェクト内でチェックし、ステータスや内容の更新を共通タイミングで実施する。会議については、報告内容とレベルが均一になるように報告フォームを見直し、差異、対策、計画変更、課題、プロジェクト間の影響を中心とした会議体にする。

表36 ABC社 パッケージ・カスタマイズに関する教訓知識ベース

カスタマイズ箇所	プロジェクト	カスタマイズ内容	教訓
需要入力画面	XYZ－S&OP	向こう3年間に渡って月次で需要を入力する。	過去の月に入力した未来月の需要を上書きしてはならないか確認。
	隣の部のプロジェクト	向こう3カ月は週次で入力。	XYZ S&OPの記録は役立つものであった。

表37では、S&OPプロジェクトの教訓が教訓1の項に記載され、それを活用した後続プロジェクトの教訓が2に記載されています。何代にもわたる先達の教訓を容易に活用することができます。

>>実施することで、どのような成果が期待できるか

プロジェクトで利用した規約やOUTPUTにメモ書きする方法の利点は、先達の教訓を何世代にも渡って後進に簡単に伝えられることです。報告書の文書だけでは、その経験を残した動機や修正方法などのコンテキストが伝えにくいものです。この方法で、先達の意図を正しく伝えることができます。

>考察

>>具体的な効果（定量的／定性的）として管理可能か

教訓を収集し記録することは重要です。その上で、活用を考慮しなければなりません。以下の点に留意しなければなりません。

① 教訓を単に記録したものは教訓の知識ベースではありません。活用できる形でまとめられたものが教訓の知識ベースです。
② 報告書と教訓の知識ベースの二重管理にしないため、フェーズやプロジェクトの完了に際

表37　ABC社 スコープ・マネジメント計画書（部分）

2	要求事項収集		
	教訓	1	2011年7月30日　（記載：谷） S＆OPプロジェクトにおいてお客様要件について齟齬が発生した。その際「要求事項文書」を策定し、要求事項トレーサビリティ・マトリックスを用いて管理することが有効であった。その経験を記す。→2章を新設した。
		2	2012年10月30日　（記載：後続プロジェクトのPM） 要求事項収集で有効であった「ファシリテーション型ワークショップ」も検討に加えると良い。→（1）（イ）を追記した。
2.1 要求事項文書作成要項			

（1）　要求事項の収集方法
　　（ア）原則として「アンケートと調査」技法により収集する
　　（イ）但し、プロジェクトの特性に応じて、「インタビュー」「フォーカス・グループ」「ファシリテーション型ワークショップ」など他の技法の適用を検討する。
（2）　記載方法について
　　（ア）個々の要求事項がお客様のどのようなビジネス・ニーズを満足するかについて記載する
　　（イ）要求事項はハイレベルから始まり、段階的に詳細化されるように整理する。原則として要求事項には優先順位をつけること。
　　（ウ）要求事項が測定とテストが可能と考えられるまで明瞭化した後に記載する。この記載に基づいて要求事項の実現について要求事項トレーサビリティ・マトリックスによる追跡管理を行う。

して直接教訓の知識ベースに記載してもかまいません。

　同じ過ちを繰り返さないように記録を残すのですが、やはり同じ過ちが発生する場合があります。定量的に観察することで同じ過ちがどの程度発生しているかが確認できます。頻繁に発生する場合には記録内容を見直し、情報展開の方法を改めることも大切です。

≫ PMツールを活用することのメリット、デメリット

　テンプレートなどの該当個所に教訓を蓄積する方法だけが教訓の知識ベース構築方法のすべてではありません。教訓を活用することを想定して教訓の知識ベースを構築することが重要です。

　教訓の収集、教訓の知識ベースの構築については、PMOや所属する組織やコミュニティで共通する方法で記録する必要があります。プロジェクトごとに毎回異なる方法で教訓を収集し記録に留めても、あまり効果は期待できません。活用できないからです。地道に記録を残し、また記録する方法も毎回工夫を重ねて改善を続けることで、他社の追従を許さない独自の教訓として定着することになります。

継続的改善フェーズ

エピソード62．［XYZ社・業革］プログラムの終結／プログラム終結報告書

▶ ストーリー

　9月末。『業務改革プログラム』が開始したのが、第59期10月だった。約2年が経過していた。紆余曲折はあったが、XYZ社は業務改革企画書で定義した目的に到達し、実務が回り始めたように思われた。
　PG推進室の岡田室長は、『業務改革プログラム』のスポンサーに呼び出されていた。
「岡田室長、今月の取締役会で『業務改革プログラム』について報告しなければならない。事前に資料を見せて説明してほしい」
「承知しました」
「岡田室長、『業務改革プログラム』として、やり残していることはあるか、予定と実績と効果を教えてほしい。今回が最終報告となることを期待しているよ」
「そのつもりです。準備して報告致します」

　PG推進室が主体となって進めた『業務改革プログラム』は、終結を迎えようとしていた。S&OP関連のシステムを戦略的に活用するために、SOPセンターが発足した。この部門はXYZ社の新たな牽引役を担う部門となるだろう。S&OPプロジェクトのメンバーの大半は、このSOPセンターにそのまま異動した。S&OPプロジェクトのPMの任を果たした中沢課長は、SOPセンターのセンター長となった。その他のメンバーは、プロジェクト終結に伴い元の部署に戻っていた。本田部長は、引き続き情報システム部門を牽引し、新ITセンターの維持管理とシステムの継続的な開発に従事する。

　PG推進室の岡田室長は、これでやっと大役を果たした、そう思った。
「（はたしてそうだろうか？）」
　『業務改革プログラム』のスタートから、ほぼ2年が経過したのである。その間に、XYZ社をとりまくビジネス環境は大きく変化した。スポンサーに対しては『業務改革プログラム』に関する報告を四半期毎に行ってきたが、ポートフォリオなどの大幅な見直しは運の良いことに一度だけ、工場の統廃合の時だけだった。それでも『業務改革プログラム』に及ぼした影響は大きかったが…
「…いま、本当に新開発システムと新業務プロセスによって、XYZ社の経営基盤は強固なものになったのか…」
　岡田室長は、もう一度、無の状態から確認してみたかった…。

＞解説

＞＞何が起きているか

　プログラムにも開始があり、終結があります。XYZ社では、『業務改革プログラム』を2年にわたり実施してきました。SOPセンターが創立され、新たなプロセスによる業務が開始されました。『業務改革プログラム』は終結が期待されています。

＞＞何をしようとしているのか

　『業務改革プログラム』のプロジェクトがすべて終結しました。PG推進室の岡田室長は、プログラム・スポンサーより報告を求められました。今回は最終報告となることが期待されています。そのため、業務改革企画書で定義したプログラム・ベネフィットが実現されたかを確認する必要があります。4つのプロジェクトがすべて完遂したとしても、ベネフィットが実現できていなければ、『業務改革プログラム』の目的を達成したとはいえず、『業務改革プログラム』として新たな対策を講じてベネフィットの実現を目指さなければなりません。

＞＞実行できない／成果が出ない要因は何か

　そもそもプログラムの終結はどのように判断するのでしょうか。プロジェクトが所定の期間に成果物をアウトプットすることにより終結するのに対して、プログラムはプログラム・ベネフィットが実現された時点で終了します。プログラムがスタートして約2年の間には、経済情勢を初め多くの経営環境が変化しており、プログラム・ベネフィットを得るための方法も都度見直されながら進んできました。仮にプログラム配下のプロジェクトが当初計画どおりに完了したとしてもプログラム・ベネフィットが実現しているとは限りません。いまでもさらに経営環境は変化を続けています。

　では、『業務改革プログラム』は何を持って完了なのでしょうか。XYZ社の岡田室長もそのことを悩んでいました。

▶活用したPMツール　プログラム終結報告書

＞＞PMツールをどのように活用すればよいか

　プロジェクトマネジメントは、当初の計画をなるべく変更しないように進めていくことが重要であると言われています。これに対してプログラムマネジメントでは、積極的に変更を受け入れることが必要であると言われています。これはプログラムを取り巻く外的環境の変化に柔軟に対応することが重要であることを意味しています。

　プログラムを推進するためのPMツールには、プログラム状況報告書（図62）があります。
　今回の『業務改革プログラム』は、中期経営計画の一環として外部ステークホルダーである株主への報告が四半期毎に行われます。そのため、PG推進室としても四半期毎にプログラム状況報告書としてスポンサーに報告してきました。報告の中心は、プログラム・ベネフィット実現に向けたモニター項目であるバランス・スコアカードに記載された管理ベネフィットで、プログラ

継続的改善フェーズ―エピソード62

```
┌─────────────────────────────────────────────┐
│           プログラム状況報告書                │
├─────────────────────────────────────────────┤
│ プログラム名：      日付：      プログラム番号： │
├─────────────────────────────────────────────┤
│         プログラム推移（ベースライン対実績）    │
│ ■ 完成した作業                                │
│                                             │
│ ■ アーンド・バリュー状況                      │
│                                             │
│ ■ 残作業                                     │
├─────────────────────────────────────────────┤
│              課題管理記録                    │
│ ■ 主要な課題発生時期、内容、完了時期          │
│                                             │
├─────────────────────────────────────────────┤
│              リスク発生記録                   │
│ ■ 主要な発生リスクと対処（内容、完了時期）     │
│                                             │
├─────────────────────────────────────────────┤
│             その他、特記事項                  │
│ ■ 検討中の変更                                │
│                                             │
│ ■ その他                                     │
└─────────────────────────────────────────────┘
```

図62　プログラム状況報告書

ム・ロードマップに示された予定と実績を分析し対処を講じてきました。

　『業務改革プログラム』を終結させるタイミングは何時が適切なのでしょうか。『業務改革プログラム』が終結するとき、その成果は定常業務に移管されます。定常業務を行うことで、収益性改善などのプログラム・ベネフィットが得られる状態となることを目的としています。つまり、一時的に組織されるプログラムが無くても恒久的な定常業務においてプログラム・ベネフィットが維持されると判断されれば、『業務改革プログラム』を終結させることができます。

　『業務改革プログラム』では、以下の様な視点で評価し、定常業務において最終的にキャッシュフローなどの目標達成が見込まれました。そのため『業務改革プログラム』の終結が決断されました。

▶バランス・スコアカード（BSC）に定義した管理ベネフィットが実現され、定常業務に定着したか？（図63）
▶プログラム・ロードマップ（計画）に対して管理ベネフィットの達成度は適切か？（図64）
▶戦略目標とベネフィットの実績が計画どおり推移し始めたか？（図65）

製品ライフサイクルの最適化。
製品ライフサイクルを最適化することで、リードタイム削減、コスト削減を実施し、市場での競争力を回復する。

戦略マップ	目標項目	目標	プログラム終結時点 目標値	実績	評価
財務	企業付加価値の向上 売上拡大	・新製品からの収益の割合 ・売上成長率	20% 5%	22% 5%	○ ○
顧客	顧客維持の促進 低コスト	・顧客離れ ・新規獲得顧客数	10%削減 3社／期	8%削減 3社／期	△ ○
プロセス	リードタイム削減 ライフサイクル生産性向上 物流の効率化 在庫削減	・納入リードタイム ・設計生産リードタイム ・売上高物流費率 ・在庫削減	9日 27日 2.3% 1カ月	9日 27日 2.2% 0.8カ月	○ ○ ◎ ◎
学習と成長	社員のスキルアップ	・教訓蓄積数 ・1人あたり年間研修時間	100件 100時間	150件 90時間	◎ △

図63　BSCと管理ベネフィットの確認

管理ベネフィット項目	第59期(現状) 現状	第61期	第62期	第63期	第64期
1. 納入リードタイム	10日	8日	6日	4日	3日
2. 設計生産リードタイム	30日	25日	20日	15日	10日
3. 売上高物流費率	2.6%	2.2%	2.0%	1.9%	1.8%
4. 在庫削減	1.2ヶ月	0.9カ月	0.7カ月	0.6カ月	0.5カ月

プログラム終結時点の報告

	プログラム 終結時点目標	プログラム 終結時点実績	評価	中間報告コメント及びアクション
1. 納入リードタイム	9日	9日	○	・主要なベネフィット計画Ⅰを全て、クリアしている ・売上高物流費率と在庫削減、61期を既にクリアしている ・当初の年次目標を1年短縮出来る可能性が高くベネフィット目標の見直しが見込める。
2. 設計生産リードタイム	27日	27日	○	
3. 売上高物流費率	2.3%	2.2%	◎	
4. 在庫削減	1カ月	0.8カ月	◎	

定常業務移管時のベネフィット見直し計画案

	第61期	第62期	第63期
1. 納入リードタイム	7日	5日	3日
2. シングル段取り時間	22日	16日	10日
3. 売上高物流比率	2.0%	1.9%	1.8%
4. 在庫削減率	0.8カ月	0.6カ月	0.5カ月

図64　プログラム・ロードマップと管理ベネフィット

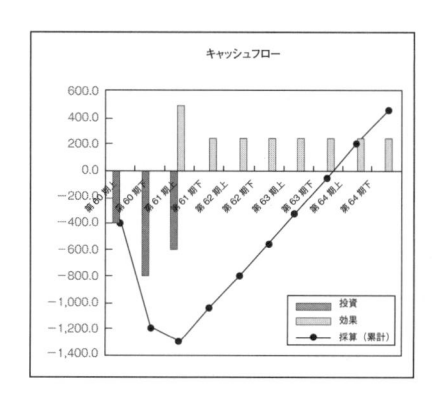

図65　見直し後のキャッシュフロー

プログラム終結報告書（図66）は、終結を決断するに至った分析を報告書にしたものです。図63、図64、図65はこの報告書の中心的な図表となります。

継続的改善フェーズ―エピソード62

プログラム終結報告書
プログラム名:　　　　日 付:　　　　　　プログラム番号:
計画 と 実績 の比較
■ 成功と失敗 　・BSCと管理ベネフィットの確認 　・プログラムロードマップと管理ベネフィット ■ 財務とアーンド・バリュー評価 　・見直し後のキャッシュフロー   ■ 技術上とプログラム上のベースライン履歴   ■ プログラム文書の保管計画
提言教訓
■ プログラムの教訓 ■ 改善領域
その他、特記事項

図 66　プログラム終結報告書

＞＞実施することで、どのような成果が期待できるか

　プログラム状況報告書により、適切なタイミングで管理ベネフィットをモニタリングし見直しを掛けることができます。その結果、プログラム・ベネフィットが得られたことを評価することができます。プログラム終結報告書は、プログラム・ベネフィットを得られたと判断するに至る考察過程を報告書に残すことで、客観性を担保することができます。

＞考察

＞＞具体的な効果（定量的／定性的）として管理可能か

　プログラム状況報告書およびプログラム終結報告書に記載される管理ベネフィットは、定量的に計測され、管理可能です。管理ベネフィットを選定する際には、定量化しにくい定性的な項目についても、戦略マップなどを用いて、定量化できる数字に関連づけているので、定性的な管理もされていると言えます。

＞＞PMツールを活用することのメリット、デメリット

　プログラムとプロジェクトが混同されがちであり、プロジェクト終結と同じイメージで当初計画の期間が終了し成果物（配下のプロジェクトの成果物）をもってプログラムの終結と判断されてしまうと、実際には想定外の状況などでプログラム・ベネフィットが得られていないにもかかわらずプログラムが終結してしまうという事態が発生します。これでは、効果がありません。

　プログラムの終結の必要十分条件がプロジェクトと異なり、成果物による判断ではなく、プログラム・ベネフィットによる判断である点に注意する必要があります。ここで紹介したプログラム状況報告書およびプログラム終結報告書は、プログラム・ベネフィットを意識した管理を行うことを容易にします。

継続的改善フェーズ

継続的改善フェーズについて

▶ストーリー

　システム構築関連の4つのプロジェクトが6月に完了し、現場で活用が始まった。PG推進室のメンバーは、業務改革構想書に記述したプログラム・ベネフィットを達成できるかどうかをモニタリングし、業績評価指標がターゲットに向け改善されているか確認した。
　S&OP関連システムのサービスが開始されてから2カ月、早くも経営指標に改善が見られた。岡田室長は、関連部門の部長にも確認して、今後の予測では当初計画の第64期目標が、約1年早く達成する見込みであることがわかった。

　財務情報を分析した。S&OPプロジェクトの効果により在庫量の減少が確認され、SCMプロジェクトによって改善された物流拠点の効果により、物流費は3億円／年の削減、在庫維持費は2億円／年の削減が予測できた。PLMプロジェクトでは戦略的な購買業務が実現し、その効果によって部材調達コストが3%／年の削減可能と予測できた。
　『業務改革プログラム』は、プログラム・ベネフィットを達成できる。

　岡田室長は『業務改革プログラム』の終結を、スポンサーに報告することにした。

エピローグ

▶ストーリー

　XYZ社が社運を賭けた『業務改革プログラム』は、第59期10月から開始され、約2年間の活動の末、無事に終了した。途中、第60期6月の減益にともなう予算削減や第60期10月の工場統廃合など大きな事件を乗り越えての完了だった。
　経営指標にもその効果が次第に現れはじめた。

　生まれ変わった新生XYZ社は、今後も数々の改革を進め、価値ある製品を市場に提供して社会に貢献しつづけるだろう。

　大改革をやり遂げた新生XYZ社の社員たちは、自らの会社に身を置いて働くことに誇りを持つことができた。
　「この会社で働けてよかった。この会社が好きだ…。これからも、自分の持ち場で会社に貢献するぞ」
　ある社員からこんな声を聞いたPG推進室の岡田室長は、この『業務改革プログラム』は成功したのだと考えるようになった。

　岡田室長が率いるPG推進室は、いまだ解散の辞令が出なかった。
　社長以下の経営陣は、次の経営施策のことを考えていた…。

終 章

『業務改革プログラム』を終えて

≫『業務改革プログラム』は成功したのか？

　XYZ社は、第59期9月に自社の中期経営計画に加えて新たな施策を打ち立てました。それが『業務改革プログラム』でした。XYZ社は、当面需要増の見込めない販売市場を生き抜くために、自社の企業体質を高収益構造に改造するべく4つのプロジェクトを掲げてスタートしました。

　第60期9月、中期経営計画のプロジェクトの1つであった海外にある工場の統廃合が終了し、その影響を受けて『業務改革プログラム』を見直すことになりました。そして第61期年7月、『業務改革プログラム』は終結し、生まれかわったXYZ社は新しくスタートをしはじめました。

　XYZ社は『業務改革プログラム』を成功させたのでしょうか。そもそもプログラムの成功とはなんでしょう。XYZ社は、強靭な財務体質に自社を改造するべく『業務改革プログラム』をスタートさせたのです。XYZ社は、高収益構造に生まれ変わっていなければ成功とはいえません。その結果が現れるのは、これからなのです。

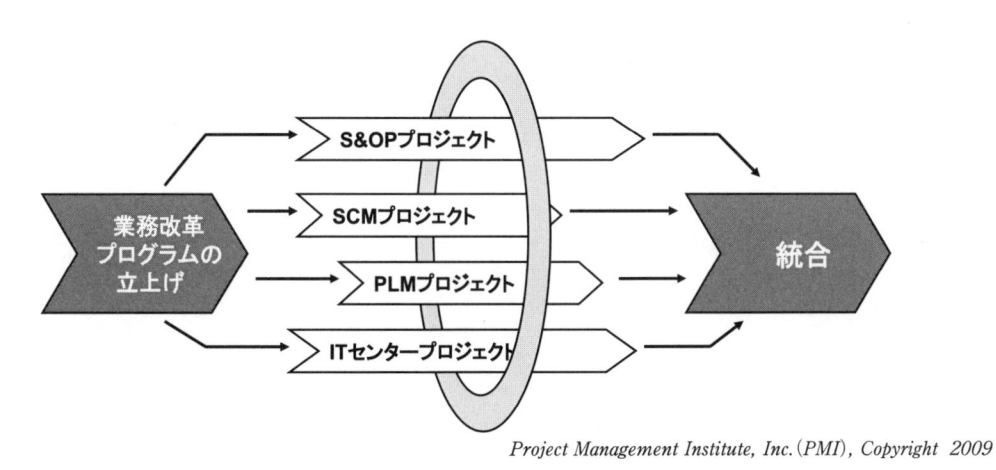

Project Management Institute, Inc.(PMI), Copyright 2009

『業務改革プログラム』のコンポーネント

　XYZ社は、第59期12月末、取締役会によって業務改革構想書（プログラム憲章）が承認され、正式に『業務改革プログラム』がスタートしました。その業務改革構想書には、納入リードタイムの短縮、設計生産リードタイムの短縮、売上高物流費率の向上、在庫削減という、ベネフィット戦略が記述されました（エピードー9）。『業務改革プログラム』は、このベネフィットが創出され、作業のスコープが満たされたことを明らかにし、そして『業務改革プログラム』の終結プ

ロセスに入ります。

≫『業務改革プログラム』の期間は妥当か？

　XYZ社は、社運を賭けて取り組んだ『業務改革プログラム』に莫大な費用と期間を投資しました。その間も、XYZ社は経営し続けなければなりません。『業務改革プログラム』の実施中であっても、高収益が見込めない施策、投資が回収できない施策、単なる赤字施策はすぐにでも中止しなければなりません。しかし、市場動向の観察や、施策の進捗状況を観察するは、ある程度の期間も必要です。短期的な経過観察により、すばやく軌道修正することがプログラムには求められます。『業務改革プログラム』でもそれが行われました。このときに使用されたツールは、さまざまな経営分析手法そのものであり、ポートフォリオもまた経過観察の一助となったに違いありません。

おわりに

　プログラムマネジメントやプロジェクトマネジメントなどに限らず、現場の作業においても、実に世の中の多くの場面で、ツールが活用されています。本書ではそれらのツールを、PMツールとしてまとめました。
　PMI（プロジェクトマネジメント協会）では、ポートフォリオマネジメント標準や、プログラムマネジメント標準、PMBOK® ガイドなど、さまざまな視点で標準化を奨めています。これらの標準の中で記述されている各プロセスには、インプット／アウトプットの他に、プロセスを実行するためのツールと技法がまとめられています。
　また、「プロジェクトマネジメント・ツールボックス」（ドラガン・ミロセビッチ著、鹿島出版社）には、56種類のツールが紹介されています。
　本書では、これらのツールに加えて、『業務改革プログラム』の企画段階で活用された、さまざまなガイドや企画書、構想書なども拡大解釈してPMツールに含めました。

　そもそもPMツールを使う目的は何なのでしょうか。本書の冒頭にも記述したとおり、企業活動の中にあるプログラムやプロジェクトでは、「ツール（PMツール）の有効活用は、円滑な情報共有（コミュニケーション）をもたらす」と考えています。
　「PMツールを上手く使う」とは、必要な情報を漏れなく厳選して詰め込むと同時に、そのツールに必要以上の情報を詰め込まず、時間をかけず極力簡略にすることです。「ツールを知っている」「ツールを活用できる」という思いが強くなると、必要以上の情報を詰め込みすぎて、かえって複雑になります。このことが情報共有の妨げになる場合や、ツールを使った資料の更新作業を複雑にしてしまいます。
　またそのツールの本来の利用目的や理論を熟知していれば、必要に応じて別の発想で異なった目的のために活用することができます。

　最後に、「プロジェクトマネジメント・ツールボックス」（ドラガン・ミロセビッチ著、鹿島出版）では、自社の標準のPMツールを事前に用意し、「PM道具箱（プロジェクトマネジメント・ツールボックス）」を標準として装備することを提案していることをご紹介いたします。みなさまのプログラムやプロジェクトが、みなさま自身の「PM道具箱」によって品質と効率を上げ、これに関わるすべての人々が有意義な生産活動に臨めるよう切望致します。

付録

A. XYZ電子株式会社の会社概要

(1) 会社概要

XYZ社は60年の歴史を持つ電子部品メーカーです。主な製品は、抵抗器、コンデンサ、バリスタ、LEDなどのコンポーネント（構成部品）が中心です。

事業の形態は、国内／台湾／中国沿海部／マレーシア／タイ／ベトナム／フィリピンの子会社工場で生産し、商品は本社がいったん購入、その後、販社子会社や電子部品を扱う商社を通じて、日本／中国／台湾／韓国／米国／メキシコ／ヨーロッパの電気機器セットメーカー／自動車部品メーカーに販売しています。

付表1　XYZ社 会社概要

商号		XYZ電子株式会社
創業		1950年
資本金		100億円
従業員数	連結	5800人
	日本	1500人
	アジア	4000人
	ヨーロッパ	200人
	アメリカ	100人
連結売上高		500億円

付表2　沿革

年月	
1950年	株式会社XYZ製作所を設立
1970年～80年代	XYZ電子株式会社に社名変更
	海外進出の年
	台湾企業と合弁で製造子会社を台湾に設立
	米国、欧州、台湾に販売子会社を設立
1990年代	アセアン諸国に製造子会社を設立 （マレーシア、タイ、ベトナム、フィリピン）
2000年	中国に製造子会社を設立

付表3　事業所

場所	名称	補足
日本	本社	
	国内製造子会社	
	国内販社	部品専門商社のチャネルもあり
台湾	台湾製造子会社	
	台湾販社	
中国	中国製造子会社	※中国工場閉鎖：ラインはベトナムへ
	中国販社	
マレーシア	マレーシア製造子会社	
タイ	タイ製造子会社	
ベトナム	ベトナム製造子会社	
フィリピン	フィリピン製造子会社	
韓国	韓国販社	
米国	米国販社	
ヨーロッパ	欧州販社	

(2) 組織

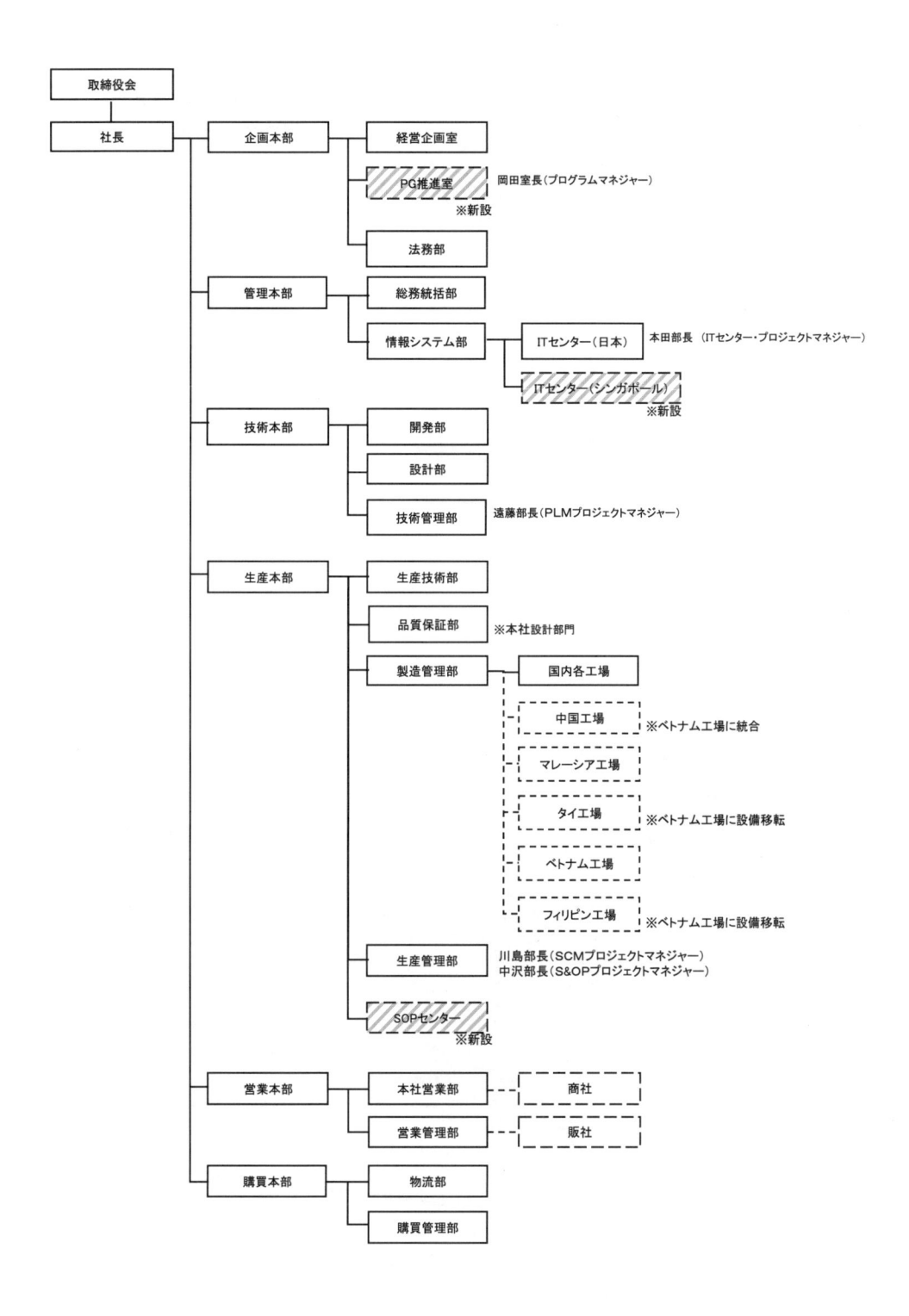

```
取締役会
社長 ─┬─ 企画本部 ─┬─ 経営企画室
      │            ├─ PG推進室　岡田室長（プログラムマネジャー）※新設
      │            └─ 法務部
      ├─ 管理本部 ─┬─ 総務統括部
      │            └─ 情報システム部 ─┬─ ITセンター（日本）　本田部長（ITセンター・プロジェクトマネジャー）
      │                                └─ ITセンター（シンガポール）※新設
      ├─ 技術本部 ─┬─ 開発部
      │            ├─ 設計部
      │            └─ 技術管理部　遠藤部長（PLMプロジェクトマネジャー）
      ├─ 生産本部 ─┬─ 生産技術部
      │            ├─ 品質保証部　※本社設計部門
      │            ├─ 製造管理部 ─┬─ 国内各工場
      │            │              ├─ 中国工場　※ベトナム工場に統合
      │            │              ├─ マレーシア工場
      │            │              ├─ タイ工場　※ベトナム工場に設備移転
      │            │              ├─ ベトナム工場
      │            │              └─ フィリピン工場　※ベトナム工場に設備移転
      │            ├─ 生産管理部　川島部長（SCMプロジェクトマネジャー）
      │            │              中沢部長（S&OPプロジェクトマネジャー）
      │            └─ SOPセンター　※新設
      ├─ 営業本部 ─┬─ 本社営業部 --- 商社
      │            └─ 営業管理部 --- 販社
      └─ 購買本部 ─┬─ 物流部
                   └─ 購買管理部
```

付図 1　組織図

287

(3) 事業形態

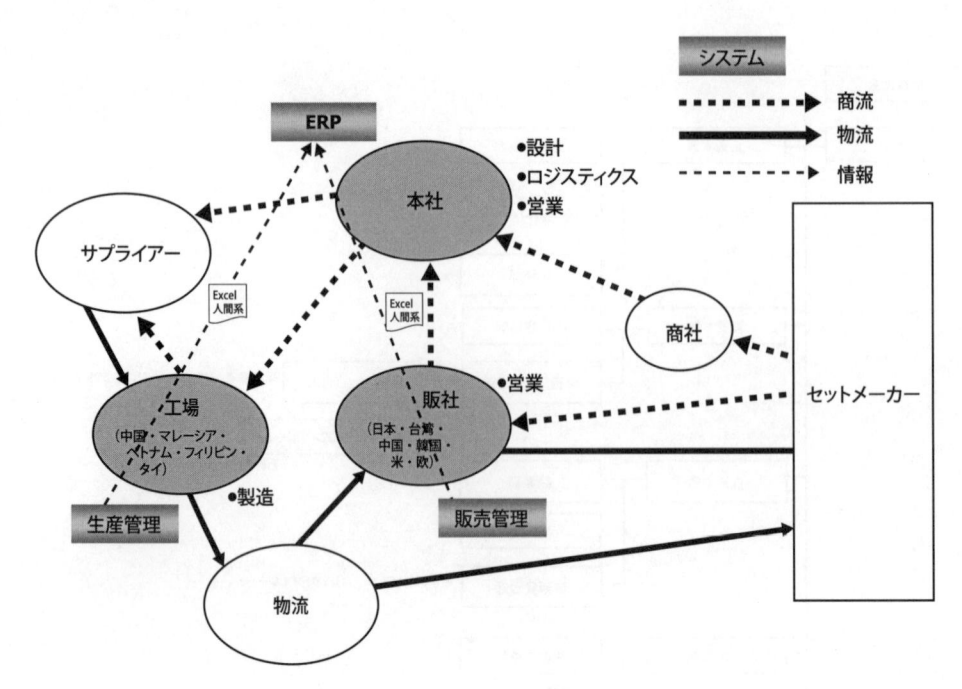

付図 2　事業形態（第 59 期 10 月『業務改革プログラム』開始時）

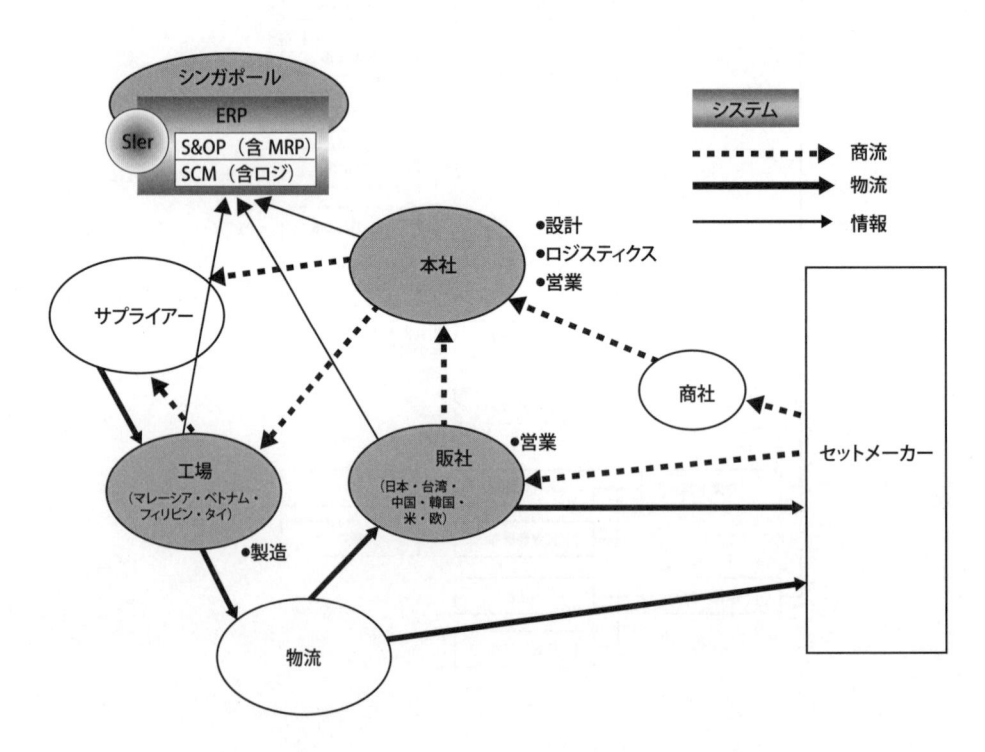

付図 3　事業形態（第 61 期 7 月『業務改革プログラム』終結時予定）

(4) 事業所の配置

第59期10月　プログラム企画時

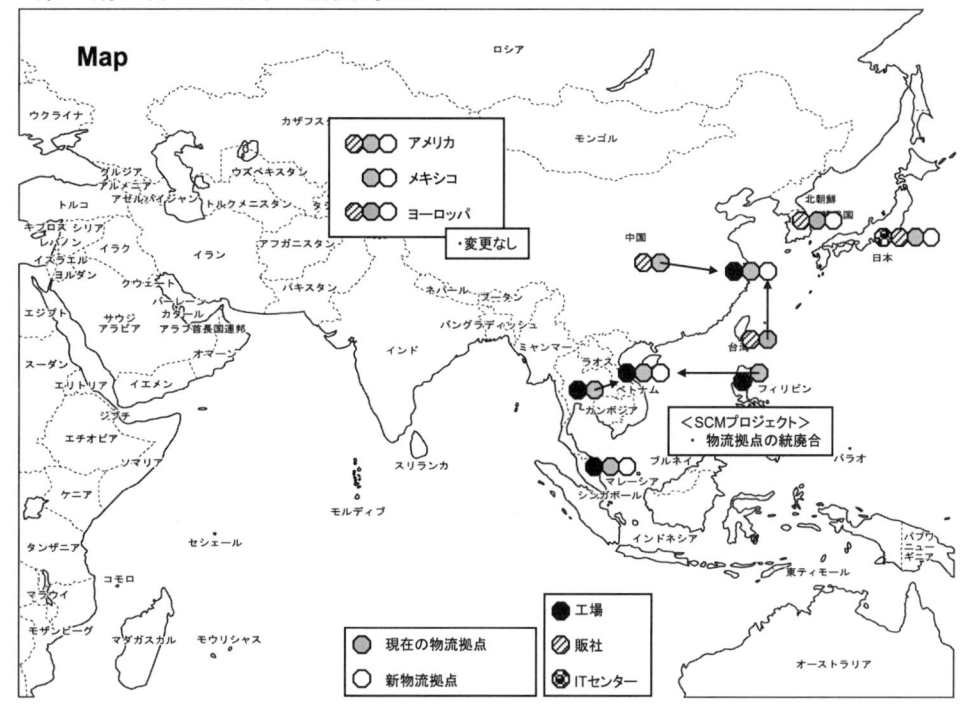

第59期10月　プログラム企画時

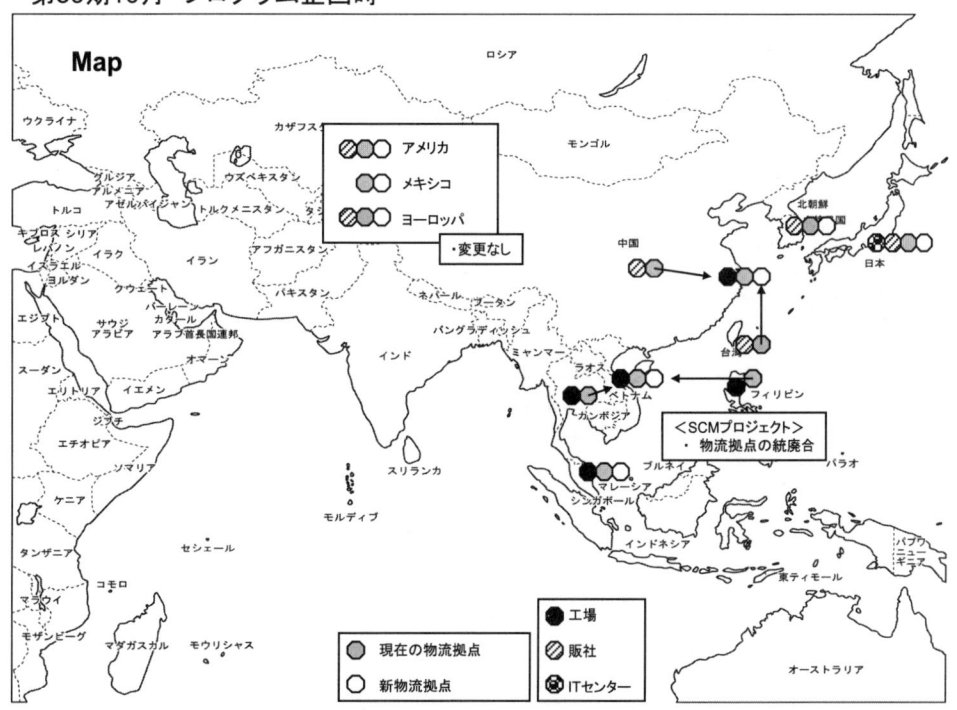

付図4　事業所の配置（本社、工場、販社、ITセンター）

(5) 新ITセンターの概要

ITセンター（XYZ社：日本）

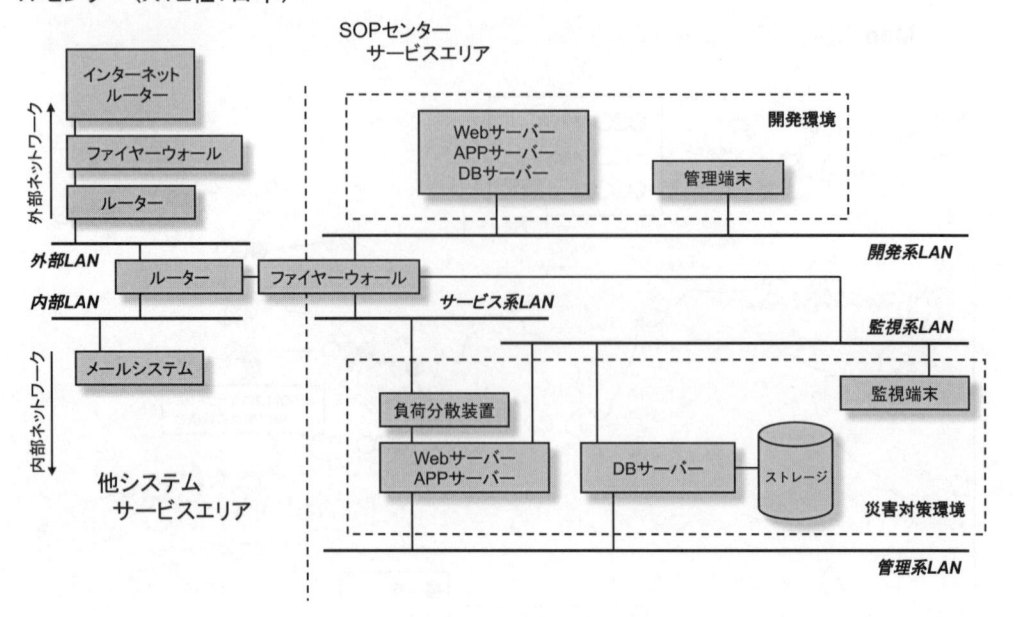

- 外部ネットワーク
  - インターネットルーター
  - ファイヤーウォール
  - ルーター
- 外部LAN
- 内部LAN
  - ルーター — ファイヤーウォール
- 内部ネットワーク
  - メールシステム
- 他システムサービスエリア

SOPセンターサービスエリア
- 開発環境
  - Webサーバー／APPサーバー／DBサーバー
  - 管理端末
- 開発系LAN
- サービス系LAN
- 監視系LAN
  - 負荷分散装置
  - Webサーバー／APPサーバー
  - DBサーバー
  - ストレージ
  - 監視端末
- 災害対策環境
- 管理系LAN

ITセンター（MNOシステムサービス：シンガポール）

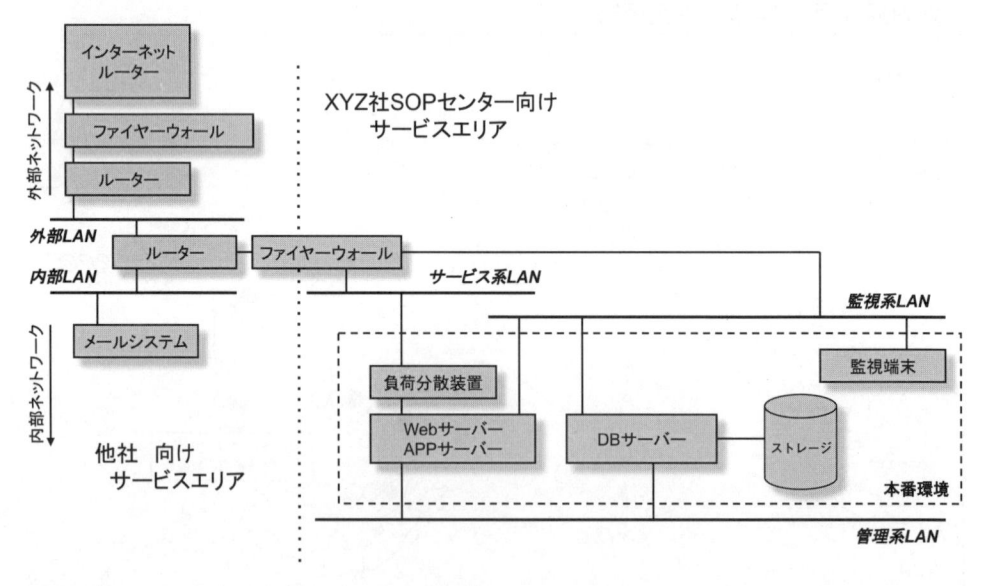

- 外部ネットワーク
  - インターネットルーター
  - ファイヤーウォール
  - ルーター
- 外部LAN
- 内部LAN
  - ルーター — ファイヤーウォール
- 内部ネットワーク
  - メールシステム
- 他社向けサービスエリア

XYZ社SOPセンター向けサービスエリア
- サービス系LAN
- 監視系LAN
  - 負荷分散装置
  - Webサーバー／APPサーバー
  - DBサーバー
  - ストレージ
  - 監視端末
- 本番環境
- 管理系LAN

付図5　新ITセンターの概要

B. 『業務改革プログラム』の構成要素

(1) 『業務改革プログラム』の全体像

　XYZ社の『業務改革プログラム』は、第58期の中期経営計画を補う施策として、第59期10月に検討が開始され、翌年の第60期1月に正式にスタートしました。その全体像は付図6のとおりです。

ポートフォリオマネジメント：経営戦略との整合性に重点をおいて、プログラム、プロジェクトを選定し、投資価値を最適化する。
プログラムマネジメント：　　ポートフォリオに合わせて傘下のプロジェクトを成功させて戦略目標を達成する。
プロジェクトマネジメント：　ポートフォリオ、プログラムから与えられた成果を挙げる。

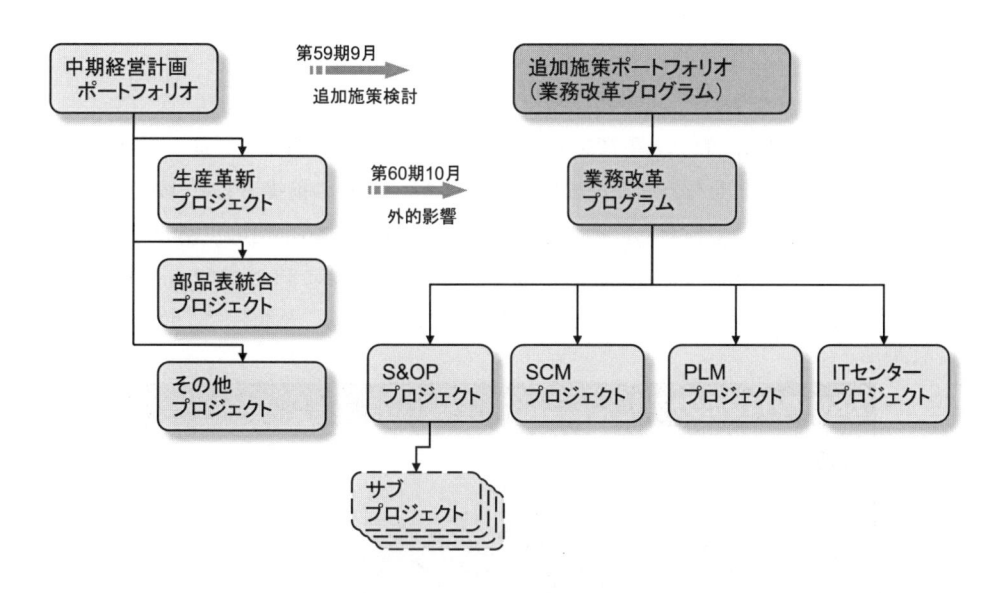

付図6　『業務改革プログラム』の全体像

(2) 4つのプロジェクトのライフサイクル

≫プロジェクト・ライフサイクルの概要

　単一フェーズのプロジェクト・ライフサイクルでは、付図7に示すアプローチをとります。

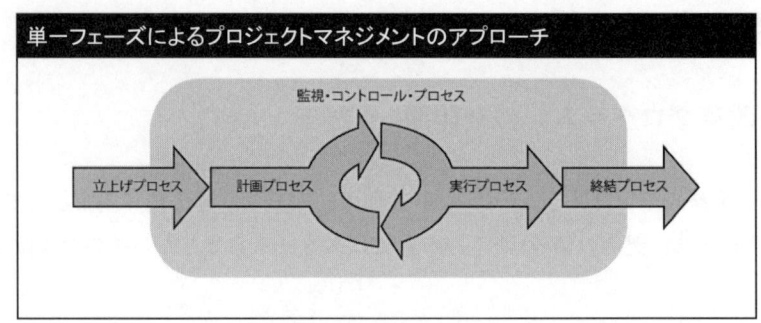

付図7　単一フェーズのプロジェクト・ライフサイクル

しかし、多くのプロジェクトは、複数のフェーズによって構成されます。本書では、DEF社、GHI社が請け負ったプロジェクトが、単一フェーズによるプロジェクトに当てはまります。以下は本書に登場した4つのプロジェクト（S&OPプロジェクト、SCMプロジェクト、PLMプロジェクト、ITセンター・プロジェクト）がどのような特徴を持ったプロジェクトであったかを説明します。

>> S&OP プロジェクト

S&OPプロジェクトでは、販売と生産を同期させ、XYZ社の戦略的なアプローチを行うために、販売部門や生産部門の連携を行う新たな部門を立上げました。その前提として、戦略的なコンポーネントをプロジェクトの中で検討し、その結果を踏まえて新設する部門の役割分担や関連する部門との業務ルール、業務プロセスの見直しを行うと同時に、新たにITシステムを開発しました。これらがプロジェクト・フェーズとして実行されました。

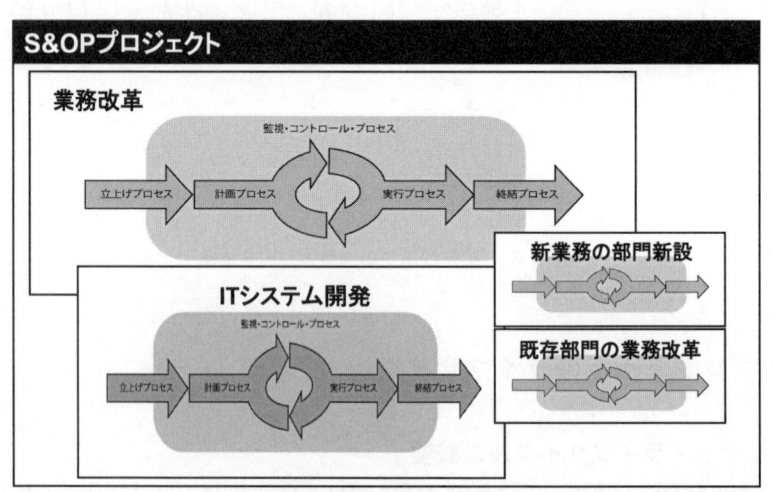

付図8　S&OP プロジェクトのライフサイクル

>> SCM プロジェクト

SCMプロジェクトでは、物流拠点や配送方法に関する業務プロセスを見直すことにより、配

送スピードを上げ、低コストを実現することが目的でした。この目的を実現するためのアプローチは、連続したフェーズによってプロジェクトがコントロールされました。個々のフェーズごとにプロジェクト・ライフサイクルが存在する一般的はプロジェクトといえます。

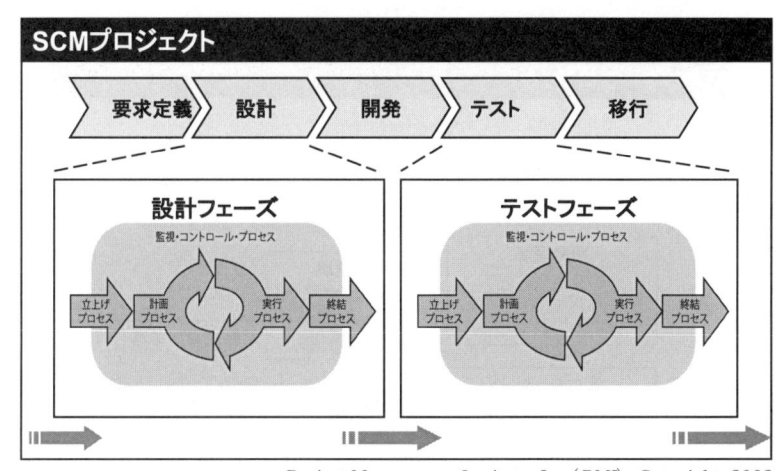

Project Management Institute, Inc.(PMI), Copyright 2008

付図9　SCM プロジェクトのライフサイクル

>> PLM プロジェクト

　PLM プロジェクトでは、設計と生産の同期化を図ることにより、生産スピードと低コストを実現することを目的としました。このプロジェクトでは、新たな製造装置の開発、さらにその装置を連携する IT システムを個別に開発したため、重複するフェーズによってプロジェクトが進行し、それぞれが終了した時点で、製造装置を現地工場に搬入し開発した IT システムと連携するフェーズに入りました。

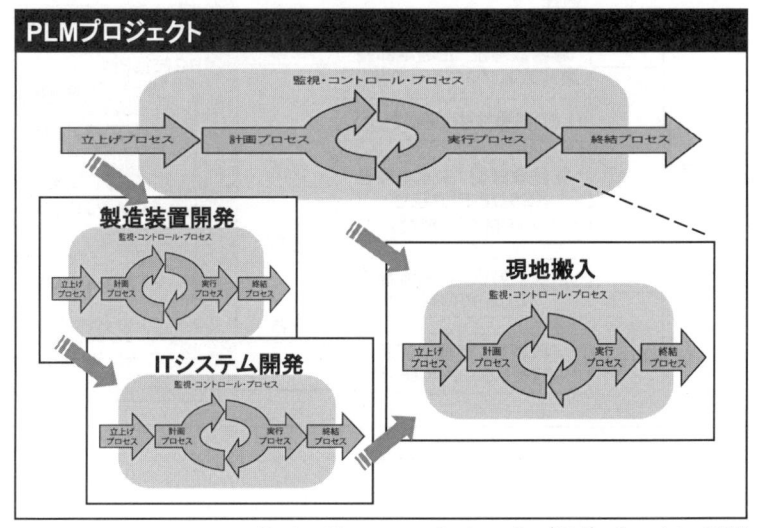

Project Management Institute, Inc.(PMI), Copyright 2008

付図10　PLM プロジェクトのライフサイクル

>> IT センター・プロジェクト

　IT センター・プロジェクトでは、アウトソーシング先の受入れ、本番環境を含むさまざまな IT 環境の構築、さらに ITIL 運用の導入を行いました。そのどれもがフェーズとしてコントロールされました。

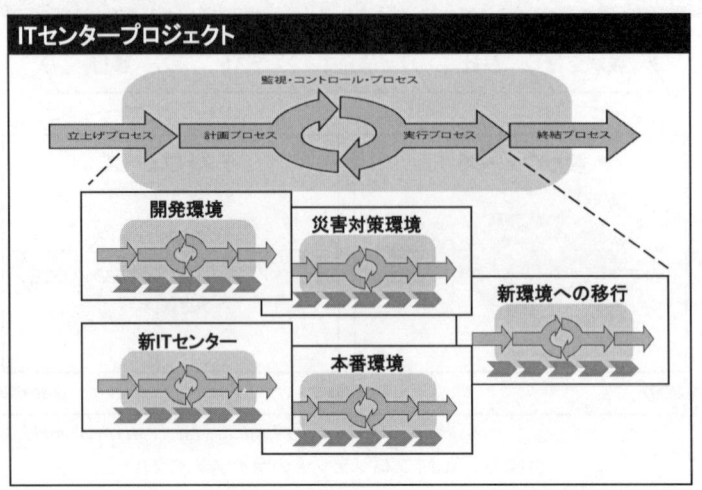

Project Management Institute, Inc.(PMI), Copyright 2008
付図 11　IT センター・プロジェクトのライフサイクル

(3)『業務改革プログラム』体制図

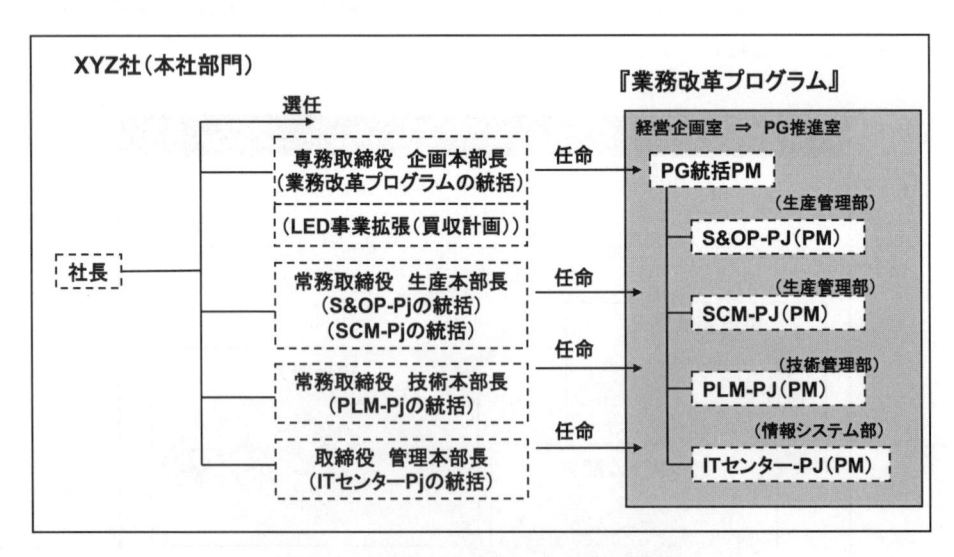

付図 12　体制図（XYZ 社：プログラム発足）

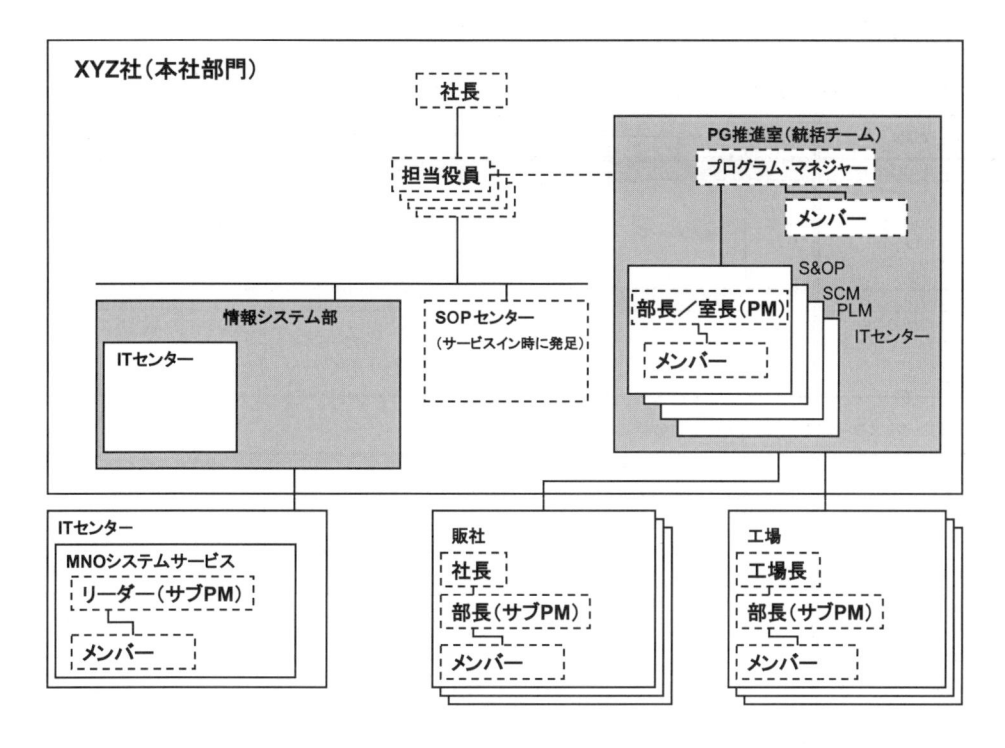

付　録

付図 13　体制図（XYZ 社：プロジェクト発足）

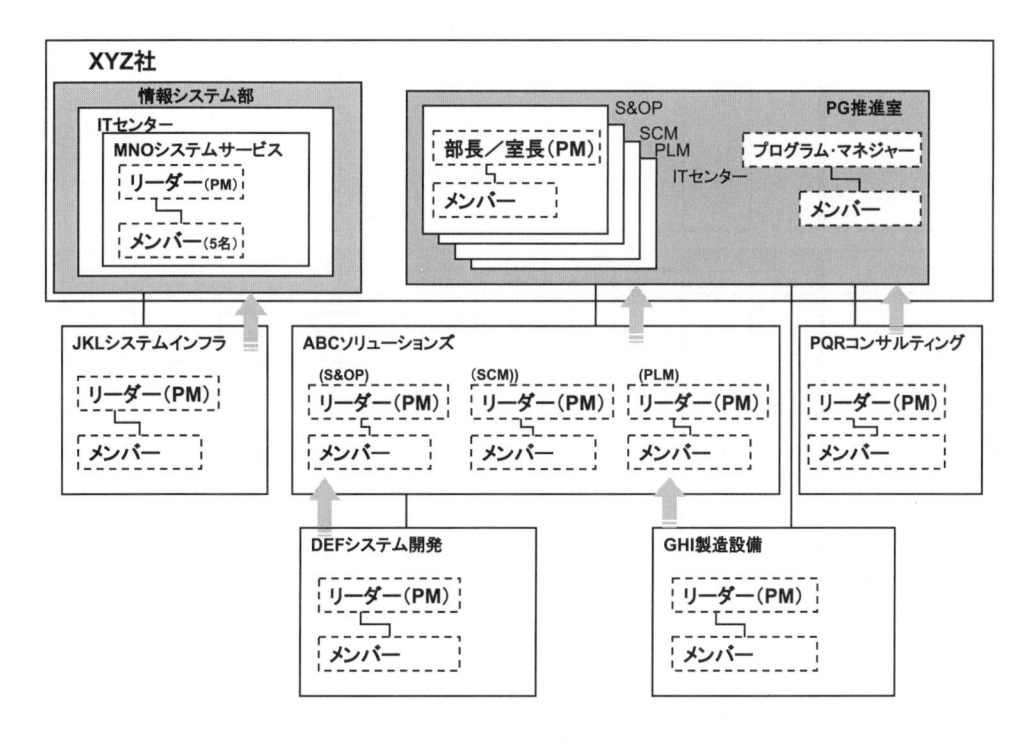

付図 14　体制図（SIer：プロジェクト体制）

(4) 『業務改革プログラム』マスター・スケジュール

1. プログラムスタート期からの推移（XYZ社の視点）

XYZ社	第59期							第60期					
	10月	11月	12月	1月	2月	3月	4月	5月	6月	7月	8月	9月
＜第59期10月企画時＞	準備段階						計画段階				実行段階		
① S&OPプロジェクト ② SCMプロジェクト ③ PLMプロジェクト ④ ITセンタープロジェクト	企画フェーズ	構想フェーズ				計画フェーズⅠ （プログラム）				計画フェーズⅡ （プロジェクト）		構築フェーズⅠ （開発）	
＜第60期9月計画変更時＞	準備段階						計画段階				実行段階		
① S&OPプロジェクト ② SCMプロジェクト ③ PLMプロジェクト ④ ITセンタープロジェクト	企画フェーズ	構想フェーズ				計画フェーズⅠ （プログラム）				計画フェーズⅡ （プロジェクト）		構築フェーズⅠ （開始）	（中断）

2. プロジェクトスタート期からの推移（協力会社の視点）

①②③協力会社	第59期						第60期					
	10月	11月	12月	1月	2月	3月	4月	5月	6月	7月	8月	9月
＜第59期3月計画時＞												
＜ABC社＞												
① S&OPプロジェクト						立上げ	要件定義			設計		開発	
② SCMプロジェクト						立上げ	要件定義			設計		開発	
③ PLMプロジェクト						立上げ					要件定義	
＜GHI社＞												
③ PLMプロジェクト											立上げ	要件定義
＜第60期9月計画変更時＞												
＜ABC社＞												
① S&OPプロジェクト						立上げ	要件定義			設計		開発	
② SCMプロジェクト						立上げ	要件定義			設計		開発	
③ PLMプロジェクト						立上げ					要件定義	
＜GHI社＞												
③ PLMプロジェクト											立上げ	要件定義
＜DEF社＞												
① S&OPプロジェクト												

④協力会社	第59期						第60期					
	10月	11月	12月	1月	2月	3月	4月	5月	6月	7月	8月	9月
＜第59期3月計画時＞												
④ ITセンタープロジェクト （開発環境：日本）						立上げ	要件定義			設計	構築	テスト	運用開始
（災害対策環境：日本）						立上げ						要件定義
（本番環境：シンガポール）						立上げ	要件定義			設計		構築	
＜第60期9月計画変更時＞												
④ ITセンタープロジェクト （開発環境：日本）						立上げ	要件定義			設計	構築	テスト	運用開始
（災害対策環境：日本）						立上げ						要件定義
（本番環境：シンガポール）						立上げ	要件定義			設計		構築	

付図15　マスター・スケジュール

付　録

第60期							第61期				
10月	11月	12月	1月	2月	3月	4月	5月	6月	7月	8月	9月
実行段階								運用段階			
構築フェーズI（開発）		構築フェーズII（システム・テスト）		移行フェーズ		運用フェーズ	継続的改善フェーズ			
実行段階									運用段階		
(再スタート)	構築フェーズI（変更の受入れ、再開発）			構築フェーズII（システム・テスト）			移行フェーズ		運用フェーズ	継続的改善フェーズ	

第60期							第61期				
10月	11月	12月	1月	2月	3月	4月	5月	6月	7月	8月	9月
開発			テスト		移行	運用開始						
テスト	移行	運用開始								
設計	開発		テスト	移行	運用開始						
設計	部品調達	製造	テスト生産		運用開始						
	再開発				テスト			移行		運用開始		
	テスト	移行	運用開始								
設計	開発		テスト	移行	運用開始						
設計	部品調達	製造	テスト生産		運用開始						
要件定義設計	開発	テスト									

第60期							第61期				
10月	11月	12月	1月	2月	3月	4月	5月	6月	7月	8月	9月
設計		構築			テスト	運用開始					
テスト	仮運用開始				運用開始						
設計					構築			テスト	運用開始		
テスト		仮運用開始					運用開始				

C. 本文のエピソードと知識エリアの関連

付表4　プロジェクトマネジメント知識エリアとの対応

(注) PFM: ポートフォリオマネジメント標準
　　 PGM: プログラムマネジメント標準

エピソード		PFM		PGM									PMBOK								
		ガバナンス	リスクM	統合M	スコープM	タイムM	コミュニュケーションM	調達M	財務M	ステークホルダーM	ガバナンス	統合M	スコープM	タイムM	コストM	品質M	人的資源M	コミュニュケーションM	リスクM	調達M
第1章　準備段階																				
企画フェーズ																				
1	XYZ社：環境の変化、新たな施策／戦略マップ	●																		
2	XYZ社：戦略目標からアクション・プラン立案／バランス・スコアカード	●																		
3	XYZ社：戦略に整合した優先度設定／ポートフォリオ	●																		
4	XYZ社：コンサルタントの選定／コンサルタント選定ガイド	●																		
構想フェーズ																				
5	XYZ社：効果的な情報伝達と情報共有／電子メール利用ガイド						●													
6	XYZ社：ステークホルダーの特定／ステークホルダー登録簿									●										
7	XYZ社：効率的な会議運営／会議運営ガイド						●													
8	PQR社：プログラム・ベネフィットの認識／プログラム憲章			●																
9	PQR社：プログラム・ベネフィットへの道／プログラム・ロードマップ			●																
10	PQR社：プログラム・レベルのリスク特定／リスク区分		●																	
第2章　計画段階																				
計画フェーズ																				
11	XYZ社：プロジェクト・マネジャーの選任／選任ガイド										●	●								
12	XYZ社：プロジェクトの開始／プロジェクト憲章										●	●								
13	XYZ社：商流・物流・金流・情報流の可視化／ステークホルダー関係図				●					●								●		
14	XYZ社：業務・相互関係の可視化／ユースケース図												●							
15	XYZ社：問題究明と課題定義／問題分析ツール群												●							
16	XYZ社：あるべき姿の創造／グループ発想技法												●							
17	XYZ社：ビジネス要求の収集／要求事項文書												●							
18	XYZ社：プロジェクト実現性の検討／WBS												●							
19	XYZ社：開発機能の優先順位付け／得点モデル												●							
20	XYZ社：SIerの選定／SIer選定ガイド							●												●
21	XYZ社：ITセンターのアウトソース先／提案依頼書							●												●
22	XYZ社：リスクを抽出・分析／リスク・チェックリスト		●																●	
設計フェーズ																				
23	ABC社：PMO出動、新人PM抜擢／標準テンプレート											●								
24	ABC社：メンバーが集まらないリスク／SWOT分析																●			
25	ABC社：PMの任命／プロジェクトマネジメント計画書										●	●								
26	ABC社：納得できる見積金額／見積り手法								●						●					
27	JKL社：不確かなインフラ要件の確定／ヒアリングシート												●							
28	JKL社：納品物確定・ゴールへの第一歩／スコープ記述書												●							
29	JKL社：コストを考慮したリスク対応計画／リスク登録簿		●						●						●				●	
第3章　実行段階																				
構築フェーズⅠ（システム開発の開始）																				
30	ABC社：進捗確認と報告頻度／モニタリング													●						
31	ABC社：相反する現場の要求／要求事項トレーサビリティ・マトリックス												●							
32	ABC社：変更のコントロール／変更管理フロー											●								
33	ABC社：プロジェクト進捗把握／マイルストーン分析													●						
34	JKL社：成果物に関する顧客合意のための立脚点／アーンド・バリュー分析														●					
35	JKL社：標準遵守と実践での変更／標準テンプレート										●	●								
36	ABC社：的確なリスク・コントロール／リスク登録簿		●																●	
37	JKL社：決まらぬ設計を裁定／重み付け得点法												●							
38	JKL社：海外との共同作業の留意点／品質マネジメント計画書															●				
39	GHI社：短納期への対応／CPMダイアグラム													●						
40	XYZ社：予期せぬ工場統廃合の激震／影響確認リスト	●		●								●								
41	XYZ社：戦略に整合した優先度見直し／ポートフォリオ	●																		

	項目																			
第4章　実行段階(2)																				
構築フェーズⅠの再スタート(変更の受入れ、再開発)																				
42	DEF社：品質確保の責任範囲／品質保証フロー														●					
43	DEF社：あいまいな作業範囲の決定／スコープ記述書														●					
44	DEF社：急激なスタート、社内の絆／バー・チャート															●				
45	DEF社：短期プロジェクトの見積即答／類推見積り															●				
46	ABC社：トラブル原因の深堀／特性要因図															●				
47	JKL社：品質の継続確認／品質改善ロードマップ															●				
48	GHI社：不安要素が残る見直し／予定・実績管理																			
49	ABC社：人員(リソース)の見直し／スキル・マトリックス												●							
50	DEF社：要求が収束しない追加開発／変更管理計画																			
51	GHI社：リスク対応計画で発生を予防／リスク分析	●			●			●											●	
52	DEF社：作業追加でもスケジュールを死守／クラッシング																			
53	GHI社：他案件の納品対応による影響／リソース管理																●			
54	ABC社：作業工程の見直し／ファスト・トラッキング																			
55	JKL社：必要な人材の見積り／コスト・ベースライン											●			●					
構築フェーズⅡ(システムテスト)																				
56	JKL社：パフォーマンスの壁／討議ガイド																			
57	ABC社：運用テストの役割見直し／ワークパッケージ													●						
58	ABC社：予想を超えた障害発生／原因分析																			
移行フェーズ																				
59	ABC社：移行の盲点、実は多様な利用現場／移行計画書	●		●																
第5章　運用段階																				
運用フェーズ																				
60	XYZ社：ITIL運用の開始／品質改善ロードマップ							●					●							
継続的改善フェーズ																				
61	ABC社：活かせこの経験、教訓の継承／教訓の知識ベース			●								●								
62	XYZ社：プログラムの終結／進捗報告サマリー、他			●																

参考文献

[1] ドラガン・ミロセビッチ、2007、PMI 東京支部（現日本支部）訳、「プロジェクトマネジメント・ツールボックス」、鹿島出版会
[2] PMI 日本支部編著、2009、「戦略的 PMO ～新しいプロジェクトマネジメント経営～」、株式会社オーム社
[3] PMI、2009、「プロジェクトマネジメント知識体系（PMBOK®）ガイド 第4版」
[4] PMI、2009、「プログラムマネジメント標準 第2版」
[5] PMI、2009、「ポートフォリオマネジメント標準 第2版」
[6] PMI、2009、「組織的プロジェクトマネジメント成熟度モデル（OPM3®）第2版」
[7] PMI、2009、「スケジューリング実務標準」
[8] PMI、2009、「プロジェクト・マネジャー・コンピテンシー開発体系 第2版」
[9] Project Management Institute Inc.,「ワーク・ブレークダウン・ストラクチャー実務標準 第2版」、（株）新技術開発センター
[10] Project Management Institute Inc、PMI 日本支部訳、「アーンド・バリュー・マネジメント実務標準」
[11] 情報処理推進機構ソフトウェアエンジニアリングセンター、2009、「共通フレーム 2007―経営者、業務部門が参画するシステム開発および取引のために 第2版」、オーム社
[12] 情報処理推進機構ソフトウェアエンジニアリングセンター、2006、「ソフトウェア開発見積りガイドブック―IT ユーザとベンダにおける定量的見積りの実現」、オーム社
[13] IT サービスマネジメントフォーラムジャパン、「ITIL®V3 サービスオペレーション」、TSO

PMI 日本支部の会員の方は、プロジェクトで利用される標準テンプレートを PMI 日本支部のホームページからダウンロードすることができます。

用語説明

経営／業務関連用語

中期経営計画
中期経営計画とは企業が3～5年後の経営目標に到達するための計画で、上場企業においては株主に開示します。一般に、売上、利益目標など定量的な数値目標を挙げ、具体的な課題と施策を明示しています。

売上総利益
粗利。XYZ社の場合、売上総利益＝売上－売上原価

営業利益
本業における利益。営業利益＝売上総利益－販売費－一般管理費

ROI（Return on Investment）
投資利益率。対象となる企業や事業に投下された資本に対してどの程度利益を上げているかを示す指標。似た指標に株主資本利益率（ROE）がある。

NPV（Net Present Value）
正味現在価値。将来において事業（プロジェクト）が生み出す価値（収益）を現在手元にキャッシュがあると仮定して金額に置き直したもの。

商流・物流・金流・情報の流れ
商流とは営業活動のバリューチェーンのこと。物流は商品等の物の流れ、輸送・貿易・保管（倉庫）が含まれる。金流は資金の流れで決済等を含む。情報の流れは企業間組織間における情報伝達を示す。

SCM（Supply Chain Management）
マーケッテッィング・販売・設計・調達・生産・在庫・配送・最終消費者までのバリューチェーンを統合的に把握し管理・実行すること。

S&OP（Sales And Operation Planning）
企業経営として、マーケッテッィング・販売・調達・生産・在庫・配送を一連の計画として立案すること。計画立案期間のスコープとしては月次ベースで36カ月程度とされることが多い。

設計と生産の同期
製品のライフサイクルの観点から設計と生産をと統合してマネジメントすること。

ロジスティクス
原材料・仕掛品・完成品の効率的な流れを計画・実行すること。倉庫の立地選択、物流手段やルートの選択が含まれる。

用語説明

プロジェクトマネジメント関連用語

ポートフォリオ（Portfolio）
　目的に合致した施策を戦略的選択実施するための管理手法。管理対象となるプロジェクト・オーナーどは必ずしも相互に依存しているわけではなく、直接関係しているわけでもない。

プログラムマネジメント（Program management）
　調和の取れた方法で１つ以上のプロジェクトをマネジメントする。個別のプロジェクトのマネジメントでは得ることのできない利益を得るために行われ、状況の変化に応じて配下のプロジェクトの開始・終結・廃止などのコントロールを行う

プロジェクト（Project）
　独自のプロダクト、サービス、所産を創造するために実施される有機的な業務

PMBOK®（プロジェクトマネジメント知識体系）
　プロジェクトマネジメントという職業における知識の総和を指す包括的な用語である。プロジェクトマネジメントに関する知識は、公開情報や非公開情報など広く散在している。PMBOK® ガイドはその中から一般に実務慣行として認められているものを特定したもの。

PMO（Program management Office）
　PMOはプロジェクトやプログラムの外部にあって共通の支援または管理機能を果たす組織。PMOの活動は標準化や情報共有の仕組みつくり、プロジェクトマネジメントの研修、さらには経営戦略の実現を計画しコントロールする役割も担うことがある。

プロジェクトマネジメント計画書
　プロジェクトを実行、監視、およびコントロールする方法を定義した、公式に承認された文書。概略なものもあり詳細なものもあり、また、いくつかの補助的なマネジメント計画書およびその他の計画文書からなることもある。

ITシステム開発 関連用語、その他

ウォーターフォール型開発方法論
　システム構築手法の１つ。滝の水が上から下に落ちるように、ユーザーの要望の確認・システム要件の定義・システム構築・試験などの工程が順に進み、途中で工程が遡らない開発方法。比較的大きなシステム開発で成果がある。

共通フレーム 2007
　IPA（独立行政法人情報処理推進機構）により発行されたシステム開発等に供するフレー

ムワーク。システム等の開発提供に関連して受発注等において混乱が起きないように、用語定義や業務内容に関する共通的に利用できる枠組みを目的としている。

ITIL® (IT Infrastructure Library) V3
: ITIL は英国政府機関 OGC（Office of Government Commerce：商務局）がとりまとめている IT サービスマネジメントのグッドプラクティス（実務で良いと認められた方法）で、JIS Q20000 として規格化されている。現在 v3（バージョン 3）が公開されている。

アジャイル・ソフトウェア開発
: 比較的小規模なシステム開発またはソフトウェア開発における開発手法群の総称。アジャイル・ソフトウェア開発の手法は一般にウォーターフォール型開発方法論と比較して、短期間、適時性、適応性に優位性がある。

ERP
: 財務を中心とした全社統合システム。生産・販売・購買・物流・会計・人事給与などが主に財務面を接点として統合されている。

BOM (Bill of Materials)
: 部品表のこと。設計・購買・組み立て・保守などの業務で必要となる部品情報や管理が異なる。以前は業務ごとに構築していたが近年統合される傾向にある。

基盤システム（インフラ）
: 情報システムを構築するときにベースとなる部分のこと。情報システムを階層的に見るとき、①ハードウェア／ネットワーク、②オペレーションシステム、③データベース／ミドルウェア、④業務アプリケーションに分類することができる。基盤という時、①から②または③の範囲を示すことが多い。

VPN (Virtual Private Network)
: 主にインターネットを利用して LAN 間接続をあたかも専用線を利用しているかのように構成するネットワークのこと。

SSL (Secure Socket Layer)
: Netscape communications 社が開発した技術でインターネットにおけるホームページなどの情報通信を暗号化する。プライバシーに関わる情報やクレジットカード情報などの入力で利用される。

索　引

【アルファベット】

BOM ·····················7、47

BSC ·····················15、45-46、274、276

CPMダイアグラム ··········170-173、208、210-211

EVA（アーンド・バリュー分析）···110、147、150、152-153、176、237

ERP ·····················5、65

ITC ·····················91、95、117、123、127、150、162、166、204、236、242、262

ITIL ·····················91、259、261-266、294

KPI（業績評価指標）·········15、18、46-47

NPV ·····················21

PLM ·····················2-5、7、18、22、42、46-47、50、53-54、58、60、74、91、100-101、108-111、122、131-132、170、175、177、208、213-215、220、228、232、240、250-251、261、278、281、292-293

PMBOK ·················9、29-30、60-61、64、71、88、102、126、166、268

PMI ·····················42、56

PMO ·····················101-104、108-109、112、131、135、154-156、179、199、213、215-216、267、269、271

RFP ·····················24、25、87-89、91-92、94、100

ROI ·····················21-22

S&OP ····················2-7、18、22、42、46-47、50、53-54、58-60、67、70、74、77-85、91、100-102、104、106、108-111、113、122、131-132、134、137-138、140、154、174-175、177-179、181-183、188、190、193、197、213-215、217、224、232、240、242、246-247、255-256、261、265、267-268、270、272、278、281、292

SCM ·····················2-6、18、22、42、46-47、50、53-54、58、60、74、81、87、91、100-101、111、113-114、122、131、142-143、146、157-158、175、177、179、181-182、200-201、213、240、246、261、278、281、292-293

SLA ·····················91-94、120

SIer ·····················5、33、81、87-89、92、100、132、174、179、295

SWOT分析 ················104-107

索 引

SSL ······················ 162
VPN ······················ 162-163
WBS ······················ 81-83、95、98、102、110、112、123-130、146-148、151、166、175-176、184、188-189、191、193-194、196、208-212、215、218、220-221、223、228-229、232、247-249、269

【あ行】

アンケート ······················ 63、71-73、77-78、80、118-119、121-123、151
アーンド・バリュー分析（EVA） ···110-111、147、150-152、176、239
インターフェース設計 ······· 125、162-163、190-191、195
インフラ ······················ 2、8-9、18、47、60、98、117、125、127、129、150、166-167、205、236-237、243、262-265
移行計画書 ······················ 256-258
運用テスト ······················ 246-248、255
営業利益 ······················ 1
重み付け得点法 ············ 80、162-165

【か行】

会議運営ガイド ············ 37-39、45
課題管理表 ······················ 217-219
環境（開発環境、本番環境、災害対策環境） ···8、89、91、95、125、166-168、179、194、204-206、236-237、240、256、294
企画書 ······················ 2、4、23-24、27-28、33、52、175-178、246、272-273、283
教訓（Lessons Learned） ···46、103、111、156、213、254、267-271
基盤 ······················ 2、8、41、91-92、95、98、117-119、125、128-131、162、166、179、272
キャッシュフロー ············ 3、25、45-46、89、239、274-275
教訓知識ベース ············ 270
業績評価指標（KPI） ········ 15、17-19、278
クラッシング ············ 224-227、240
グループ発想技法 ············ 72-76
係数見積り ······················ 114-116、197、199
継続的サービス改善 ········· 263-266

索　引

顕在リスク → リスク
原因分析……………………203、250
構想書………………………2、4、23-24、27-28、33、37、40-41、44-45、48-49、
　　　　　　　　　　　　　52-55、59-60、63、77、95、175-177、278、281、283
構築…………………………2-4、8、11、42、47、58、64、71、73、79-80、82、91-92、
　　　　　　　　　　　　　95、100、105、107、114、118、125、128-131、134、
　　　　　　　　　　　　　166-169、179、183、204-206、214、237-240、242、251、
　　　　　　　　　　　　　255、262、270-271、278
工場統廃合…………………3、174、179、279
コミュニケーション………29-31、34、38、56、88、111-112、171、191、215、225、
　　　　　　　　　　　　　236、283
コミュニケーション・スキル…236
コスト………………………3、6、8、11、18、33-34、42、46、52、56、74-75、77、79、
　　　　　　　　　　　　　81、83、85、91、99、110-115、119、124、126-128、130、
　　　　　　　　　　　　　137-138、145-149、151-153、157、160、163、175-182、
　　　　　　　　　　　　　184-185、187-189、197-198、215、218-219、225、235-239、
　　　　　　　　　　　　　241、244、249、263、278、293
コスト・ベースライン………127-128、130、146-148、151、199、236-239、248
コンサルタント……………23-26、56、255
コーディング規約…………156、269
コンポーネント……………1、9、42、49、281、285、292

【さ行】

災害対策環境 → 環境
サービスレベル合意書（SLA）…91、94
システム開発………………2-3、5、24、50、55-56、80、100-101、117、131-132、134、
　　　　　　　　　　　　　168、179、216、224-225、240、247、249
システム・テスト…………162、204、225、236-237、240、242-244、255-257
実装…………………………125、129、204、254
障害発生……………………250
スキル・マトリックス……213-216、232
スケジュール差異分析……151-152
スケジュール・ベースライン…226
スコープ記述書……………64、66、77、123-128、151、166、188-190

ステークホルダー ....27、33-36、41-42、53、56、60、61、64-66、71-73、78、80、84、86、109、138-139、141、144、180、184、191-193、218-219、247、273
　　ステークホルダー関係図 ....33、35-36、63-66
　　ステークホルダー登録簿 ....33-34、36、66
　　ステークホルダー分析グリッド ...34-36、139
　　スポンサー ....54-55、58、60-61、97、109-110、112、114、138、174、177-179、217、272-273、278
　　成果物 ....49、61、64、77、81-82、110、112、124-125、128-129、138、140-141、150-151、166、168、194、218、236、249、269、273、277
　　責任分担マトリックス ....166、168-169
　　戦略マップ ....13-17、42、50、277

【た行】
　　知識エリア ....110-111、298
　　追加開発 ....175、217、219
　　提案依頼書（RFP） ....24、87、91-94
　　テスト ....3、104-106、115、125、129、132、140、156、175、179、181-182、184、200-201、204-207、224-227、232-233、236、242-248、250-251、254、257、269-270
　　電子メール ....29-32、39、45、67-68
　　電子メール利用ガイド ....28-30、32、39
　　討議ガイド 242-245
　　特性要因図 ....161、200-203、250、252、254
　　得点モデル ....84-86、94
　　トレーサビリティ 140-141

【な行】
　　納品物 123

【は行】
　　発生確率・影響度マトリックス ...221-222
　　バー・チャート ....112、152、193-194、196、211-212、221
　　パフォーマンス ....111、242-244

307

索 引

バブル・チャート…………21-23、178
バランス・スコアカード…15-21、50、273-274
パレート図………………201-203
ヒアリングシート…………117-120、122-123、151
ビジネス要求……………77
品質チェックリスト………252-254
品質改善ロードマップ……204-207、262、264-265
品質保証フロー……………183-186、204-205
品質保証プログラム………102、184-187
品質マネジメント計画書…111、166-169
ファスト・トラッキング…227、232-235
プログラム………………2-5、8-9、23、27-29、33-36、38、40-54、60、67、77-78、82、84、87、91、93、95、100-101、108、113、117-118、122、124、126、128、131-133、137、140-141、162、174-179、180、187-188、213、224-225、228、232、236-237、239-241、246、255、261-262、265、267-270、272-274、277-279、281-283、288、291、294、296
プログラム憲章……………2、4、23-24、27-28、33、37、40-45、48、52-55、59、78、175、281
プログラム・ベネフィット…40-41、44、273-274、277-278
プログラム終結報告書……272-273、275-277
プログラム状況報告書……273-274、277
プログラムマネジメント標準…9、29、34、38、41-42、283
プログラム・リスク一覧…50
プログラム・リスク区分…49
プログラム・ロードマップ…44-45、47、51、273-275
プロジェクト………………2-9、14、17、23-24、26-28、30-34、36、38-45、47-50、52-68、70-114、117-118、122-124、126、128-143、145-147、151-152、154-158、160、162-163、167、174-185、187-189、191-194、196-201、203、206、212-219、223-229、232、239-242、246-247、249、251、254-256、258-259、261-262、265、267-273、277-278、281、283、291-295、298
プロジェクト憲章…………2、4、28、43-44、48、53、59-62、81-83、85、97、102、108-110、112、137-140、189、194、196

索　引

プロジェクト・ライフサイクル …141、291-293
フローチャート……………167、186
変更管理計画………………218
変更管理フロー……………102、142-146
変更要求票…………………143-145、154、156
ボトムアップ見積り………114-115、146-147、197、238
ポートフォリオ……………9、18、20-22、49-50、82、102、175、177-178、272、282-283、291
本番環境 → 環境

【ま行】

マスター・スケジュール …108-112、132、150、152、176、213、236、296
マイルストーン・チャート ..193-196
マイルストーン分析………146、149
モニタリング ……………99、103、134-136、158、160、223、277-278
問題分析ツール……………70

【や行】

ユースケース図……………67-69
優先度／優先順位…………20-22、71-72、74、78-80、84、137、140、163、174、176-177、179、201、219、231
要員計画……………………105-106
要求事項トレーサビリティ・マトリックス …137-138、140-141
要求事項文書………………33、77-78、80、87、91、100
要求、要件、要件定義、要求仕様…3、14、22、28、42、51、60-61、64-65、71-72、75、77-82、87-89、91-93、97-98、100-101、105、108-109、111、113、115、117-126、128-129、131-132、135、137-141、146、150-151、154、156、162-163、170-172、175、179、181、184-189、197-199、205、209、213-219、237-238、242-243、248、251、269-270
予定・実績管理……………208、210-211

【ら行】

利益（経常利益、営業利益）…1

309

リスク／顕在リスク………13、42、48-51、78-79、81-82、91、95-99、103-107、110-112、118、127-130、135、145、151、157-161、175、191、197-199、213-214、216、218、220-223、228、232-233、235、241、248、249、251、257-258、268
リスク対応計画……………95、127-128、130、220、223、241
リスク・チェックリスト……95-99
リスク登録簿………………98-99、102、127-129、157-161、200、221-222
リスク分析…………………86、107、220-223、228-229、241
リソース管理………………215、228-230
類推見積り…………………114-116、197-199
ロジスティクス……………6

【わ行】

ワーク・パッケージ………110、159、210、248

監修		神庭　弘年	（PMI 日本支部　会長　日本アイ・ビー・エム）
		高橋　正憲	（PMI 日本支部　理事　PM プロ有限会社）
		端山　毅	（PMI 日本支部　理事　株式会社 NTT データ）
		中谷　英雄	（株式会社ピーエム・アラインメント）
		田坂　真一	（PMI 日本支部　事務局長）
		内橋　勤	（PMI 日本支部　事務局）
執筆者	リーダー	村上　竜一	（日本ビジネスシステムズ株式会社）
		大野　祐子	（株式会社バーズ情報科学研究所）
		杉浦　宏美	（イノベーションフレームワークテクノロジー株式会社）
		高橋　正憲	（PM プロ有限会社）
		都甲　康至	（九州大学大学院芸術工学研究院）
		中西　文寿	（三菱総研 DCS 株式会社）
		野村　和哉	（富士通株式会社）
		保科　誠治	
		松浦　洋治	（リコー IT ソリューションズ株式会社）
		村上　出	

PM ツールの実践的活用法

2011 年 7 月 17 日　発行Ⓒ

編著者	PMI 日本支部［PM ツールの実践的活用］プロジェクト
発行者	鹿　島　光　一
発行所	鹿島出版会

104-0028 東京都中央区八重洲 2-5-14
Tel 03（6202）5200　振替 0016-2-180883

無断転載を禁じます。
落丁・乱丁本はお取替えいたします。

印刷・製本　三美印刷
ISBN978-4-306-01150-2　C3034　Printed in Japan

本書の内容に関するご意見・ご感想は下記までお寄せください。
URL：http://www.kajima-publishing.co.jp
Email：info@kajima-publishing.co.jp